中国劳动關係学院
CHINA UNIVERSITY OF LABOR RELATIONS

劳模学概论

LAOMOXUE GAILUN

中国劳动关系学院 ｜ 组织编写

杨冬梅　赵健杰 ｜ 主编

人民出版社

目　录

前　言

在中国共产党的领导下，中国劳模在经历了革命战争年代的考验、社会主义建设时期的艰苦奋斗实践和改革开放的时代洗礼，一路披荆斩棘、风尘仆仆地从历史中走来，并在实现中华民族伟大复兴中国梦的新征程中，豪情满怀、矢志不渝地大步迈向未来。作为中国工人阶级闪光的群体，劳模在不同的历史阶段，始终是彰显革命精神、民族精神和时代精神的一面旗帜，始终是推动社会进步的带头羊，始终是催人奋进的时代领跑者。劳模人物已成为全体人民共同学习的楷模，劳模的先进事迹已家喻户晓、广为传颂，大力弘扬劳模精神已成为时代的呼唤。

一、建构劳模学的必要性和基本准则

随着劳模事迹日益深入人心，深入洞悉劳模人物的初心和内在规定，成为理论的关注点。以往那种驻足于为劳模人物树碑立传、停留于对劳模现象直观描述，已经无法达到对劳模本质的深刻认识和全面理解。基于此，有必要从理论上系统研究劳模现象，从规律层面深入探讨劳模产生、发展的客观必然性，更有必要将劳模作为一门学问进行深入探索和研究。简而言之，劳模学理论建构必须实现由单纯的现象罗列、经验描述向学理化、学科化、逻辑化的理论转向，也必须实现由注重历史维度的经验总结向历史事实、现代显现和未来趋势高度统一的全方位转向，还必须由零散的、不系统的理论探讨向体系化的理论建构积极转向。

建构劳模学，是以中国的劳模现象，中国劳模的先进事迹、社会贡献及其影响，以及中国劳模的历史发展规律作为主要研究对象，在讲好中国劳模故事的实践基础上，运用科学的研究方法对其进行必要的理论概括和抽象，旨在从规律角度深刻揭示中国劳模及其现象生成的逻辑必然性，从理论角度科学揭示中国劳模及其现象蕴含的基本理论、基本观点和全部意义，从系统角度全面揭示中国劳模及其影响同周围的事物和现象具有的紧密联系。

当前，从理论上建构劳模学，是团结和凝聚工人阶级坚决听党话、跟党走的政治要求，是组织、动员、激励工人阶级和广大劳动者成为新时代奋斗者、主力军的客观需要，是为实现中华民族伟大复兴中国梦提供强大精神动力的迫切需要，是积极引领社会主义核心价值观的必然要求，也是大力弘扬劳模精神、彰显劳模时代价值、推动理论创新的需要。"这是一个需要理论而且一定能够产生理论的时代，这是一个需要思想而且一定能够产生思想的时代。"① 这也是一个需要理论创新而且一定能够实现理论创新的时代。新时代呼唤理论创新，同时为劳模学的出场提供了有利契机，建构劳模学理论正逢其时。

习近平总书记曾多次强调，时代是思想之母，实践是理论之源。他作出要"勇于推进实践基础上的理论创新"② 的重要论断，指明了实践与理论创新的基本关系和理论创新必须遵循的基本准则。

首先，建构劳模学、实现理论创新，不仅需要理论勇气，而且必须植根于丰腴的实践土壤，以实践作为创新的现实基础，这是理论创新必须遵循的

---

① 习近平:《在哲学社会科学工作座谈会上的讲话》，人民出版社 2016 年版，第 8 页。
② 《习近平谈治国理政》第二卷，外文出版社 2017 年版，第 62 页。

根本准则。劳模学作为崭新的时代命题，提出并进行深度的理论反思，正是基于具有 80 多年深厚劳模实践经验基础上的重要理论创新，亦即 80 多年的劳模历史发展实践为理论创新提供了坚实基础和丰富的经验材料，从而使劳模学的理论建构成为可能。

其次，建构劳模学、实现理论创新，必须以创新为视角，树立创新思维，明确理论创新的目标指向，勇于突破各种旧框框的束缚，努力寻求理论创新的实现路径。就劳模学的理论建构而言，应树立勇于理论拓荒的理念，着力从规律层面深刻思考和揭示劳模发展的基本线索，不仅要揭示劳模发展的一般规律，也要揭示劳模发展的特殊规律，从理论上明确劳模的先进性及其基本特征，劳模及其先进作用的发挥对时代发展、社会进步巨大的能动意义。

再次，建构劳模学、实现理论创新，必须将劳模学研究置于新时代的宏大叙事背景下，以实现中华民族伟大复兴的中国梦作为现实维度，在将劳模发展的历史维度和现实维度高度统一的前提下，以严谨的逻辑思维，对辉煌的中国劳模历史和现实以及中国劳模感人的先进事迹进行科学抽象，舍弃现象和表象，深入本质层面，深刻揭示劳模具有的丰富理论内涵、逻辑规定和基本规律，并依据和遵从学科建构原则，探究蕴含于其中的学理性，努力实现劳模学的学科化。

最后，劳模学作为一门新学科，必须从系统建构的视角，明确这门学科的逻辑起点、基本范畴、基本原理、基本观点之间的逻辑联系，以及同周围事物和现象之间的基本关系，从中全面揭示中国劳模辉煌的历史及其发展规律，中国劳模的重要政治地位、经济地位、社会地位和文化地位，中国劳模在不同历史时期发挥的重大作用以及作出的突出历史贡献等。将中国劳模现象逻辑化和系统化，是实现劳模学学科化、学理化的重要前提。逻辑化和系统化要解决的，就是避免出现理论观点无意义的简单罗列、单纯的现象描述和理论阐述杂陈等问题。因此，要以劳模学的学理化作为学科化的基础，必须通过逻辑化和系统化予以保证。

二、劳模学逻辑建构的两个主要问题

劳模学作为一门全新的学科，是理论探索的结晶。通过对中国劳模现象及其先进事迹，以及历史演进和当代贡献的深刻理论反思，着力按照学科要求进行理论建构，使其形成完整的逻辑体系。基于这一思路，在理论建构中，需要回答以下重要理论问题：劳模学何以成学？必须经过两次提升，使之符合学科建构的理论要求。劳模学如何成学？必须进行符合学理要求的逻辑安排，使之真正成为具有内在逻辑联系的学科体系。

（一）建构劳模学的两次提升

劳模学是对中国劳模运动实践的学理化表述，是对劳模理论的进一步逻辑化和系统化。劳模学若成为一门学问，需要通过两次提升才能实现。一是通过对有关劳模运动实践及其历史经验的全面总结和理论概括，使其上升为理论形态，形成相关理论，这是形成劳模学的第一次提升；二是按照学理化的基本要求，通过对劳模相关理论进一步逻辑化和系统化，形成劳模学的完整逻辑体系，这是第二次提升。就这个意义而言，一般的劳模理论还不能称为学问；劳模学则一定涵盖劳模理论，是劳模理论的进一步学理化。实现劳模理论学理化，必须按照构建学科的学术要求，对其内容进行逻辑重构；按照系统化要求，从整体上入手，构筑劳模学理论体系。

（二）建构劳模学的学理化安排

每一学科都要确立本学科的主要研究对象，都要回答本学科要解决的主要理论问题，都要阐释本学科的基本原理和基本观点，都要明确本学科的主要研究方法。劳模学在学理化的建构中，毫无例外地要回答上述问题，其中最重要的，是确立劳模学的基本逻辑结构。

劳模学的研究对象是中国劳模及其地位、作用和影响，因而，中国劳模就成为劳模学研究的逻辑起点。中国劳模运动作为中国共产党历史发展的重要内容，贯穿于中国革命、建设和改革全过程。劳模具有的特质，使其成为中国工人阶级中的先进群体，在历史发展的不同阶段作出了巨大的历史贡献。因此，研究劳模这一主要范畴，应以劳模作为能动的主体，从本体论角度深入探究劳模的本质规定、劳模劳动的基本特点、劳模意识的基本性质、劳模精神的社会影响等等。要实现对劳模主体性及其本质的揭示，必须循着这一思路，着力探讨劳模作为关系范畴获得的一系列规定。实践证明，劳模的地位、作用和影响力是通过一系列关系得以确立。其中最重要的关系，主要包括以下方面：劳模同党的关系、劳模同国家的关系、劳模同工会组织的关系、劳模同工人阶级的关系，等等。需要进一步展开的，还有以下关系：劳模同政治建设的关系、劳模同经济建设的关系、劳模同文化建设的关系、劳模同社会建设的关系、劳模同生态文明建设的关系，等等。上述内容的逻辑化安排，就构成劳模学的学理化系统。

三、建构劳模学的重要意义

新时代，从理论创新的视角建构劳模学体系，具有十分重要的政治意义、历史意义、理论意义、社会意义和实践意义。

（一）建构劳模学的政治意义

劳模学揭示的中国共产党领导与劳模先进性之间的关系，本质上是工人阶级先锋队组织同工人阶级队伍中先进群体之间的关系。实践证明，一方面，劳模的孕育、产生和成长一刻也离不开党的领导，党的领导是劳模形成先进性、发挥先进作用的根本政治保证，这是劳模学揭示的一个根本原则，须臾不可背离；另一方面，劳模的先进性及其在劳动实践中的体现，主要通过言传身教的示范形式，传递劳模人物的先进价值观、甘于奉献的伦理精神、勇于创新的高尚品格和精益求精的工作态度，潜移默化地影响周围的职工群众，由此更加密切劳模同广大职工群众的天然联系。这对于团结、凝聚和引领广大职工群众坚定不移跟党走，巩固党的阶级基础和群众基础，具有重大的政治示范效应；对于推动党的治国理政实践、实现中华民族伟大复兴中国梦这一我国工运事业的时代主题，具有重大的政治意义。

（二）建构劳模学的历史意义

劳模学揭示的中国劳模现象产生、发展的历史规律，深刻昭示了在不同历史阶段，劳模具有的不同历史特征、发挥的不同历史作用，以及共同拥有的深刻本质和杰出的历史贡献。在中国革命、建设和改革的不同历史时期，各行各业、各条战线涌现出千千万万的劳模和先进人物。他们通过自身主人翁式的劳动，以勇于进取的精神和甘于奉献的大公无私品格，强烈地影响和带动广大职工群众为了实现美好的明天而艰苦奋斗、贡献力量。纵观中国现代史，可以说，一部中国劳模发展史，就是一部中国共产党领导工人阶级的革命史、斗争史、奋斗史、贡献史和创新史，贯穿于其中的是党领导下的劳模运动体现的革命逻辑、奋斗逻辑、贡献逻辑和创新逻辑。从中国劳模发展的历史逻辑看，它以宏大的历史场景、壮丽的史诗形式，忠实地记录了中国工人阶级和劳模群体作出的伟大历史贡献、建树的丰功伟绩。新时代，依据发展的逻辑，作为中国工人阶级的先进群体，中国劳模群体将在党的领导下，在建设社会主义现代化强国的新征程中，与时俱进，开创未来，继续保持并发扬自己的先进性和光荣传统，为实现中华民族伟大复兴的中国梦，作出新的、更大的贡献。

（三）建构劳模学的理论意义

劳模学的当代出场，揭示的关于劳模的本质规定、劳模的意识现象、劳模的基本特征、劳模精神的内涵，以及劳模同党、政府、工人阶级等构成的关系系统，都具有原创性特点，都是在理论探索中形成的创新思想与观点，对于进一步丰富党的建设理论、党的治国理政思想、党的全心全意依靠工人阶级根本方针、当代工人运动时代主题等一系列思想观点，具有重要的创新意义。系统地研究和建构劳模学，其理论意义还在于：因应新时代的要求，努力发展新兴学科和交叉学科，更好地为新时代中国特色社会主义现代化建设服务。劳模学的理论建构，完全符合关于新时代理论创新的基本原则。2016 年 5 月 17 日，习近平总书记在哲学社会科学工作座谈会上发表重要讲话。在谈到理论创新时，他强调指出："我国哲学社会科学应该以我们正在做的事情为中心，从我国改革发展的实践中挖掘新材料、发现新问题、提出新观点、构建新理论"，"要加快发展具有重要现实意义的新兴学科和交叉学科"，理论创新一定要"体现原创性、时代性"。① 习近平总书记的重要讲话精神，为劳模学的理论建构提供了重要研究方法。劳模学作为一门新兴学科，正是新时代理论创新要求下的理论成果和探索结晶，是对马克思主义工人阶级思想的丰富，也是对新时代我国工人阶级理论的发展。

（四）建构劳模学的社会意义

一个轻视劳动、不尊重劳动者、蔑视劳动者创造劳动价值的社会，注定是毫无前途、没有任何出路的。马克思认为，人的本质就是劳动，劳动是人的自觉有意识的创造性活动，通过劳动体现人的本质。劳动的全部意义在于创造价值，是人类社会赖以生存和发展的决定因素。劳模学揭示的基本原理之一，就是通过对劳模及其先进事迹的广泛传播，在全社会形成尊重劳动创造、尊重劳模、崇尚劳动精神的良好风气，营造"劳动最光荣、劳动最崇高、劳动最伟大、劳动最美丽"的良好氛围。习近平总书记强调指出："我

---

① 《习近平谈治国理政》第二卷，外文出版社 2017 年版，第 344、345、341 页。

们所处的时代是催人奋进的伟大时代，我们进行的事业是前无古人的伟大事业，我们正在从事的中国特色社会主义事业是全体人民的共同事业。全面建成小康社会，进而建成富强民主文明和谐的社会主义现代化国家，根本上靠劳动、靠劳动者创造。因此，无论时代条件如何变化，我们始终都要崇尚劳动、尊重劳动者，始终重视发挥工人阶级和广大劳动群众的主力军作用。"①习近平总书记作出的重要论断，集中体现了马克思主义关于劳动的基本观点，突出了劳动创造价值的深刻道理，进而合乎逻辑地得出了全社会"始终都要崇尚劳动、尊重劳动者"这一真理性认识。

在建设和发展社会主义市场经济的伟大实践中，劳模作为劳动者的典型代表，是劳动精神的体现者和弘扬者。劳模的辛勤劳动、诚实劳动和创造性劳动对于社会具有强烈的示范作用，突出体现在对全体社会成员进行"劳动创造价值"的积极引领，以此对社会上一定程度存在的蔑视和贬损劳动、不尊重劳动者的劳动、幻想不劳而获或者一夜暴富等不良思想观念和行为，进行有针对性的矫正。劳模学理论建构的意涵之一，就是通过广泛宣传劳模的先进事迹，使"全社会都要贯彻尊重劳动、尊重知识、尊重人才、尊重创造的重大方针"②，全社会都要以辛勤劳动为荣、以好逸恶劳为耻；任何人任何时候都不能看不起普通劳动者，都不能贪图不劳而获的生活。全社会要在劳模精神的积极指引下，推动形成见贤思齐、崇尚先进、争做新时代奋斗者的良好氛围。

（五）建构劳模学的实践意义

建构劳模学依据的是延续 80 多年的劳模运动及其伟大的历史实践、时代贡献和发展趋向，涉及的是对劳模产生重大影响的宏大叙事背景，揭示的

---

① 习近平：《在庆祝"五一"国际劳动节暨表彰全国劳动模范和先进工作者大会上的讲话》，人民出版社 2015 年版，第 2—3 页。

② 《习近平谈治国理政》第一卷，外文出版社 2018 年版，第 46 页。

是关于劳模的基本理论、基本观点和基本规律。建构中国劳模学鲜明的实践意义，主要体现在如下方面。

劳模学的理论观点直接来源于鲜活的劳模运动实践，劳模的实践为中国劳模学理论的形成提供了现实基础，这是劳模理论具有真理性的客观保证。离开劳模运动的实践，劳模学的理论就会成为无源之水、无本之木。

劳模学作为新兴学科，其理论是通过对劳模丰富的实践进行概括而产生的，是高于实践经验的理性认识和规律性认识，因而，这种理论对于劳模运动实践具有重要的指导意义。缺少理论指导的实践，必然是盲目的实践。同时，劳模理论在指导劳模运动的实践过程中，通过实践不断检验这一理论的真理性，不断印证关于劳模的基本理论、基本观点以及劳模发展的基本规律是否同劳模运动实际相符合。

劳模学作为一门学问，其实践意义除了对劳模运动实践的指导意义外，还体现为对劳动教育实践的指导意义。2018 年 9 月 10 日，在北京召开全国教育大会。习近平总书记出席大会并发表重要讲话，明确指出：要努力构建德智体美劳全面培养的教育体系，形成更高水平的人才培养体系。在强调劳动教育的意义时，习近平总书记高屋建瓴地指出：要在学生中弘扬劳动精神，教育引导学生崇尚劳动、尊重劳动，懂得劳动最光荣、劳动最崇高、劳动最伟大、劳动最美丽的道理，长大后能够辛勤劳动、诚实劳动、创造性劳动。在学生中进行劳动教育，是培养社会主义建设者和接班人的重要举措。中国劳模及其先进事迹是学生学习的典范，劳模学是对学生进行劳动教育最有意义的教科书。学生们通过对劳模学相关基本原理的学习，能够真正认识劳模的先进性，懂得劳动的全部意义，以劳模人物为学习榜样，自觉地鞭策自己，端正对劳动的认识，努力争当新时代的奋斗者、中国特色社会主义建设事业的合格接班人。

第一章　劳模学的理论建构

　　中国的劳模现象及其发展迄今已有 80 多年的历史，并呈现出阶段性特点。它孕育成长于革命战争年代，发展壮大于社会主义革命与建设阶段，与时俱进于改革开放和社会主义现代化建设新时期①，在中国特色社会主义进入新时代后，又呈现出新特点。

　　在我国各个不同的历史时期，不同的行业和岗位上涌现出千千万万的劳动模范。他们是工人阶级的先进代表，是时代精神的象征。新民主主义革命时期，被毛泽东称为"中国式斯达汉诺夫"的陕甘宁边区劳模赵占魁、被誉为"中国的保尔·柯察金"的吴运铎等英模人物，他们的精神曾经激励无数工人阶级群众，为了民族独立和人民解放而忘我工作、奋力拼搏，建立了不朽的历史功勋。在社会主义革命和建设时期，大庆石油工人王进喜作为劳模的杰出代表，以"早日把中国石油落后的帽子甩到太平洋里去"的豪迈气概，以及"宁肯少活二十年，拼命也要拿下大油田"的奋勇拼搏作风，诠释着凝聚中国工人阶级先进性的"铁人精神"，并升华为一面永不褪色的时代旗帜，影响和带动了那个时代的无数工人阶级群众，为我们国

---

　　① 王永玺、张晓明：《简述中国劳模的历史发展》，《北京市工会干部学院学报》2010年第 3 期。

家建设和发展贡献出自己的力量。在改革开放新的历史时期，又涌现出李素丽、徐虎、王选、袁隆平、李斌、许振超、包起帆等劳动模范和先进人物。他们在平凡的工作岗位上，创造了不平凡的业绩，他们的名字和历史贡献被深深地镌刻在人民共和国发展的历史丰碑上。在我们国家从站起来、富起来到强起来的伟大征程中，劳模们通过自己的辛勤劳动、诚实劳动和创造性劳动，默默地奉献出自己的全部智慧和力量。凸显的卓越与辉煌除了他们创造的劳动价值，还体现在精神层面上，这就是劳模精神。它对于开辟迈向中国特色社会主义现代化强国新征程中的人民共和国而言，是一笔弥足珍贵的精神财富。

翻阅劳模成长与发展的历史篇章，其催人奋进的先进精神和可歌可泣的生动事迹扑面而来、感人至深。一部劳模史，就是一部中国共产党领导工人阶级的斗争史、奋斗史、建设史、创造史和贡献史。在这部光彩夺目的宏大史诗中，始终贯穿着显著的历史发展逻辑，始终呈现着生动的叙事逻辑，始终彰显着鲜明的时代逻辑，始终昭示着深刻的理论逻辑。基于此，在梳理劳模发展的历史逻辑时，不能仅仅驻足于对劳模人物和事迹进行经验式的描述，亟待从理论层面对劳模及其现象进行概括，从学理视角深刻揭示劳模的成长线索和发展规律；亟待从本质层面，对劳模现象进行高度的科学抽象和系统的理论分析；亟待从意义层面，对劳模及其现象具有的多重价值进行论证；亟待从关系层面，全面深入地揭示党对劳模成长的政治关怀，政府对劳模成长的高度关注、关心、关爱和激励，深刻揭示工会组织对劳模的全面维护、服务以及对社会主义核心价值观的积极引领，同时还要揭示劳模与工人阶级之间的关系，以及劳模现象与政治建设、经济建设、文化建设、社会建设和生态文明建设之间的内在联系等。总之，有必要从理论上揭示劳模现象存在和不断进步、发展的逻辑必然性，并通过系统的理论探索和科学的理论建构，使之成为一门关于劳模的学问——劳动模范学。

第一节　劳模学的研究对象

从理论上建构劳模学，是以劳模作为研究对象，揭示劳模产生和发展的规律、劳模的重要地位和作用，以及劳模广泛而深远的影响。劳模作为重要范畴，逻辑地规定了劳模学研究的走向。因此，以劳模作为研究对象，揭示其内在本质与规定，是建构劳模学的前提和基础。

一、劳模的界定及基本特征

从理论建构的视角，把劳模作为重要范畴，并且作为劳模学理论建构的逻辑起点，具有内在的合理性。其一，劳模既是劳模学的研究对象，也是建构劳模学的核心范畴。其二，劳模作为劳模学最基本的范畴，内在地涵盖了劳模及其深刻本质。劳模学涉及的全部内容，都可以在关于劳模范畴的本质规定中找到逻辑线索。其三，全面深入揭示劳模现象的本质，是劳模学全部内涵展开的逻辑出发点，亦即劳模学不过是劳模范畴所蕴含本质内容进一步的逻辑展开。因而，建构劳模学，必须在理论上、逻辑上深刻揭示劳模及其现象的本质规定。

（一）关于劳模的界定

根据已有文献，有关劳动模范（简称"劳模"）的定义，有多种不同表述，大致分为两种：一种是将劳模定义为荣誉称号，并对其如何评选和产生进行界定。比如：劳动模范是指在社会主义建设事业中成绩卓著的劳动者，经职工民主评选，有关部门审核及政府审批后被授予的荣誉称号。另一种界定则主要回答涵盖劳模内涵的基本规定。艾君在《劳模永远是时代的领跑者》一文中指出，劳模即劳动模范和先进工作者的简称。劳模是工人阶级的优秀代表，劳模是时代的永远领跑者。① 曹海英等人认为，劳动模范是民族的精英、时代的楷模。② 万江心、张云龙认为，劳动模范是工人阶级的优秀代表，是民族的精英、国家的栋梁、社会的精英、人民的楷模。③ 景双善认为，劳动模范是工人阶级和职工群众的杰出代表。④ 上述界定，主要是以陈述句形式对劳模作出的肯定性描述。综合上述关于劳模的定义，可以对劳模作如下定义：劳动模范是我们党在新民主主义革命、社会主义建设和改革开放不同历史阶段，为调动和激发工人阶级的先进性、创造性、历史主动精神，通过发现并开展选树先进典型活动而造就的优秀人物。劳动模范是工人阶级的杰出群体，是先进生产力、先进生产关系最优秀的代表，也是先进文化最优秀的代表。劳模精神既是时代精神的集中反映，也是民族精神的深刻反映。同时，劳模及其群体也是巩固国家政权的社会支柱、党和政府联系人民群众的桥梁与纽带。

上述关于劳模的界定，其合理性有以下几点。

一是深刻揭示了中国共产党同劳模产生和发展的内在联系；同时也揭示了劳模是一个历史范畴，劳模现象是一种社会历史现象。我国工人运动的历史雄辩地证明，党与劳模的形成、发展具有客观必然性。只有在党的坚强领导下，在党领导的波澜壮阔的革命运动中，才会产生劳模现象；只有在党的领导下，彻底改变劳动性质，消除剥削现象，才会使劳动者在新型劳动中形成主人翁意识和观念；只有在党的领导下，劳模队伍才会不断发展壮大，在不同历史时期发挥重大作用，作出重大历史性贡献。党的领导是劳模形成、发展的政治保证，这是劳模学建构中需要探讨的一条规律。

二是全面揭示了党和政府培养并造就劳模的目的，以及赋予劳模荣誉称号的重要意义；同时揭示了劳模产生的政策机制、基本程序和民主途径。

---

① 艾君：《劳模永远是时代的领跑者》，《工会博览》2005 年第 10 期。
② 曹海英等：《从劳模带领我们致富说起》，《工会博览》2015 年第 7 期。
③ 万江心、张云龙：《新时代的劳模精神》，《现代企业文化》2017 年第 5 期。
④ 景双善：《劳模，时代领跑者》，《当代劳模》2011 年第 6 期。

三是科学揭示了劳模与工人阶级之间的有机联系，高度概括和全面论证了反映劳模先进性的多重内涵。劳模在平凡的劳动中产生并脱颖而出，成为工人阶级群众中最先进、最优秀的群体，在劳模身上集中体现了工人阶级的先进性和高尚品质。作为先进生产力、先进生产关系和先进文化的代表，劳模群体始终是时代的楷模、引领时代的先锋。

四是高度概括了劳模及其发展在巩固国家政权、密切党和政府同人民群众之间联系过程中的重要地位与作用。

（二）劳模的基本特征

上述关于劳模的界定，集中反映了劳模的鲜明特征。

1.先进性

劳模作为工人阶级和其他劳动群众中最杰出的代表，相较于普通劳动者具有非常鲜明的先进性。就这个意义而言，先进性作为劳模的特质，是构成劳模本质、彰显劳模气质和凸显劳模全部价值的内在规定。劳模的先进性具体表现在以下方面。

其一，使命感。神圣的使命感是劳模先进性的重要体现，也是劳模具有的优秀品质和共性特征。使命感作为劳模在生产实践中实现对劳动态度和劳动行为进行有意义选择的强大驱动力，本质上是构成劳模坚强意志的重要组成部分，也是形成劳模鲜明价值取向的决定因素。使命感开阔了劳模的眼界，提高了劳模的思想觉悟，同时也决定了劳模的劳动目的和价值选择，并将劳模自身的现实劳动同革命、建设与改革的时代主题紧密联系起来。

其二，责任感。强烈的责任感是劳模先进意识的体现，是构成劳模精神的重要内容，也是劳模使命感在其劳动或工作实践中的具体体现。劳模责任感观照下的劳模劳动或工作，主要表现为恪尽职守、认真负责、兢兢业业、一丝不苟，在做好自己分内工作的前提下，追求卓越，实现一流的工作目标。

其三，创新性。劳模的先进性还体现在创新性方面。在神圣的使命感和强烈的责任感驱动下的劳模人物，专注于对本职工作的坚守，以"老黄牛"精神诠释着"干一行、爱一行"的职业操守；同时以与时俱进的姿态，实践"精一行、钻一行"的创新精神。他们将坚守的恒心与创新的勇气完美结合，将职业道德和科学探索高度统一，造就了劳模特殊的精神气质和崇高的优秀品格，成为时代精神的引领者，民族精神的书写者，革命、建设和改革精神的模范践行者。

2. 引领性

劳模作为先进性典型，是广大劳动者和人民群众学习的榜样，甚至是整个社会学习的典范。当劳模人物在社会的广泛宣传和大力推动下，成为家喻户晓、人人学习的社会楷模时，尊重劳动、崇尚劳模就会蔚然成风。劳模的引领主要在以下领域发挥重要作用。一是劳模的政治引领。主要表现为劳模热爱党，忠诚于党的事业，坚定不移跟党走，热爱国家，热爱人民，并将这种炽热的情感融入自己的劳动和工作之中，通过辛勤劳动、诚实劳动和创造性劳动，作出自己最大的贡献。二是劳模的思想引领，具体体现在价值观的引领。劳模在生产或工作领域的表率作用，将使他们被提升为符合社会要求和广大人民群众需要的价值引领人物。每一个时代，都有引领那个时代的先进模范人物，这种引领具体体现在对符合时代要求的核心价值观的引领。通过价值观的引领，在人民群众中使其内化于心、外化于行，进而形成良好的社会氛围，从而使劳模的引领作用及其效应实现最大化。新时代，劳模以蕴含于劳模精神中的主人翁精神对广大职工群众进行积极的价值引导，对于提高广大职工群众的主人翁意识将起到激励和推动作用。劳模及其精神的引领意义在于，能够激发广大职工群众的主人翁先进意识，能够在社会主义市场经济条件下充分调动职工群众的劳动主动性、积极性、创造性和历史主动精神。具体体现为：劳模以奋勇当先的姿态，主动引领职工群众以脚踏实地的干劲、勇往直前的闯劲、攻坚克难的钻劲，积极投身于进行伟大斗争、建设伟大工程、推进伟大事业、实现伟大梦想的洪流中，在实践中展现新时代奋斗者的新风采。三是劳模的文化引领。劳模文化是一种先进文化，弘扬劳模文化本质上就是弘扬劳模精神，以此来引导广大劳动者及人民群众，以劳模为榜样，以劳模精神作为激励奋勇前行的内在动力。四是劳模的社会引领。劳模人物及其生动事迹在社会上广泛传播，成为人们学习的楷模，必然给推动社会进步、构建并发展和谐社会带来积极影响。

3.示范性

示范是一种展示。劳模的示范性是向全社会进行有意义的展示，并在展示中发挥教育和激励作用，具体体现在如下方面：劳模作为学习榜样的郑重树立、劳模形象的生动塑造、劳模事迹的广泛传播、劳模精神的时代升华，对于全社会都具有十分重大的教育意义。

其一，劳模作为学习榜样，其示范性超越了具体生产劳动或工作领域的疆界，成为全国人民的学习楷模。劳模在劳动或工作实践中展现的精神风貌、优秀品质和感人事迹，对于广大人民群众而言，具有重要的教育和示范意义。

其二，劳模形象的塑造，是通过劳模外在形象的直观展示，进一步揭示劳模的精神内涵，使广大人民群众能够走进并融入劳模的内心世界，进一步体验劳模具有的先进超前的劳动意识、勤奋拼搏的劳动态度、追求卓越的劳动意志、甘于奉献的劳动品格、勇于创新的求索精神、精益求精的工作态度，进一步拉近劳模同普通劳动群众之间的距离。

其三，劳模事迹的广泛传播，是扩大劳模社会影响力的有效途径。通过各种社会传播媒介和信息平台，使劳模的示范性不断得到扩展，做到家喻户晓、人人皆知，使全社会形成学习劳模、崇尚劳模和尊重劳模的良好氛围。

其四，劳模精神的形成，是对无数劳模先进事迹进行科学概括基础上的理论升华，是劳模共有价值观的高度呈现，也是劳模优秀品质的时代张扬。

习近平总书记强调的劳模精神，即爱岗敬业、争创一流、艰苦奋斗、勇于创新、淡泊名利、甘于奉献，作为时代精神和民族精神的重要组成部分，始终是一面激励我国工人阶级为实现中华民族伟大复兴中国梦而奋斗的光辉旗帜。

（三）劳模的时代影响力

每一个时代，都会造就出属于那个时代核心价值观的英雄模范人物。劳模作为从社会生产劳动实践中脱颖而出的先进人物，在党和政府的积极倡扬与大力推动下，其饱满的人物形象、博大的劳动情怀、感人的先进事迹、催人奋进的精神风貌，通过各种宣传媒介，已经超越了生产劳动领域，成为全社会学习的榜样。劳模人物已经不再是单纯的劳动者形象，而是被赋予了全新的社会和时代意义。比如，20 世纪 60 年代"铁人"王进喜艰苦奋斗的社会形象和先进事迹鼓舞了整整一代人，以王进喜为代表的"铁人精神"被提升为那个特定年代的时代精神，甚至跨越了时代界限，对于今天的劳动者仍然具有强大的激励作用。

这是劳模人物及其精神的社会升华，劳模的社会和时代价值就体现为对原有劳动者形象的突破、对原有先进性意义的超越。这是党和政府对劳模所作伟大贡献的崇高褒奖、时代对劳模价值的高度肯定、社会对劳模意义的广泛倡扬，也是广大人民群众对劳模高度的价值认同和情感认同。

二、劳模的本质及内在规定

劳模形成于具体的劳动生产实践过程中。同样，劳模的本质也只有在劳模的劳动生产实践中才能得到集中反映和规定，并在这一过程中得以实现和展示。离开劳动实践谈劳模本质，必然是抽象的、毫无说服力的。

（一）人类劳动的本质

1. 人类劳动的重大意义

自人类出现以后，自然界实现了自我意识，其中，劳动起到决定性作用。马克思科学地阐述了劳动的内涵，指出："劳动过程首先是人和自然之间的过程，是人以自身的活动来中介、调整和控制人和自然之间的物质变换的过程。"① 恩格斯在《劳动在从猿到人的转变中的作用》一文中，提出劳动创造人的著名论断。他指出："劳动是整个人类生活的第一个基本条件，而且达到这样的程度，以致我们在某种意义上不得不说：劳动创造了人本身。"② 经过人类的劳动实践，统一的自然界被深深打上人类劳动的印记，被二重化了，形成人化自然。人化自然是人类劳动实践活动的产物和结果，但不是唯一结果，人化自然经过人类能动的改造实现了自然的人化。马克思主义经典作家在创立辩证唯物主义和历史唯物主义过程中，在对社会本质的深入探索中，将研究视角聚焦于劳动问题，深刻揭示了劳动的本质，提出劳动是人类最基本、最重要的实践活动形式，须臾不可离开。对此，马克思甚至直观地指出："任何一个民族，如果停止劳动，不用说一年，就是几个星期，也要灭亡，这是每一个小孩子都知道的。"③ 马克思用最简单的话语，阐释了劳动最深刻的道理。他在《哥达纲领批判》中，提出"劳动已经不仅仅是谋生的手段，而且本身成了生活的第一需要"④ 的重要论断。作为人类最基本的社会实践活动的劳动，是社会围绕转动的"太阳"，这一论断科学地揭示了劳动本质的社会实践性。劳动创造了社会，包括一切社会财富和一切社会关系。因而，社会必须围绕劳动这个"太阳"旋转，而不是相反。对此，马克思还指出："只要社会还没有围绕着劳动这个太阳旋转，它就绝不可能达

---

① 《马克思恩格斯全集》第 42 卷，人民出版社 2016 年版，第 168 页。
② 《马克思恩格斯全集》第 26 卷，人民出版社 2014 年版，第 759 页。
③ 《马克思恩格斯选集》第 4 卷，人民出版社 2012 年版，第 473 页。
④ 《马克思恩格斯选集》第 3 卷，人民出版社 2012 年版，第 365 页。

到均衡。"① 这种非均衡即所谓"失衡"，是完全颠倒社会与劳动之间正确关系的必然结果，表现为劳动不再是被围绕的核心，让劳动适应社会，而不是社会去适应劳动。这种顺序的本末倒置，必然颠覆本来意义上的劳动者的劳动及其地位。

2. 人类劳动的内在本质

人作为一种对象化的存在物，只有通过劳动实践才能实现，这一活动或过程将主体对象化并在对象中直观自身，确证自己的本质；劳动是将人内在的体力、智力对象化的过程，劳动的进行和成功使人确证到自己的本质力量。从这个意义上来说，劳动本身就是人的本质需要，是人生存和发展的目的，是人的自我实现、自我创造、自我升华。② 马克思说："我的劳动是自由的生命表现，因此是生活的乐趣。"③ 所以，劳动既是人生存的手段，也是人的目的的实现。

马克思指出："我在我的生产中物化了我的个性和我的个性的特点，因此我既在活动时享受了个人的生命表现，又在对产品的直观中由于认识到我的个性是物质的、可以直观地感知的因而是毫无疑问的权力而感受到个人的乐趣。"④ 在人类社会早期，人的意识和意识对象化的劳动是直接同一的，劳动是自我生命意志的表现，人根据自己的意志有目的、有计划地进行劳动；人是劳动过程的主人，是劳动的主体；这样的劳动就是自主劳动。⑤ 自主劳动体现了人的本质，也是人的本质自我确证和发展的劳动实践形式。

3. 资本主义条件下的异化劳动

马克思在揭示人类劳动一般本质和基本特征的同时，对不同社会形态的

---

① 《马克思恩格斯全集》第 18 卷，人民出版社 1964 年版，第 627 页。

② 赵汀琪：《从必然劳动到自由劳动的历史飞跃》，人民网理论频道 2011 年 1 月 25 日。

③ 《马克思恩格斯全集》第 42 卷，人民出版社 1979 年版，第 38 页。

④ 《马克思恩格斯全集》第 42 卷，人民出版社 1979 年版，第 37 页。

⑤ 赵汀琪：《从必然劳动到自由劳动的历史飞跃》，人民网理论频道 2011 年 1 月 25 日。

劳动进行了深刻的理论分析，尤其对资本主义制度下的劳动异化问题，作了尖锐的批判。异化劳动不是对人的本质的肯定，而是否定。异化劳动不再是人的创造和幸福过程，而是成为压迫人并使人感到痛苦和压抑的过程；异化劳动也不再是对劳动的尊重。马克思说："关键不在于对象化，而在于异化，外化，外在化，在于不归工人所有，而归人格化的生产条件即资本所有"。①马克思考察了资本主义异化劳动对劳动者的影响，一针见血地指出："劳动对工人来说是外在的东西，也就是说，不属于他的本质；因此，他在自己的劳动中不是肯定自己，而是否定自己，不是感到幸福，而是感到不幸，不是自由地发挥自己的体力和智力，而是使自己的肉体受折磨、精神遭摧残。因此，工人只有在劳动之外才感到自在，而在劳动中则感到不自在，他在不劳动时觉得舒畅，而在劳动时就觉得不舒畅。因此，他的劳动不是自愿的劳动，而是被迫的强制劳动。因此，这种劳动不是满足一种需要，而只是满足劳动以外的那些需要的一种手段。劳动的异己性完全表现在：只要肉体的强制或其他强制一停止，人们就会像逃避瘟疫那样逃避劳动。"②

人只有真正占有了自己的本质，才是一个真正自由的人，人的劳动才是对自身价值的肯定。资本主义制度下的异化劳动，使人丧失了自己的本质，因而也是对人的自愿劳动的根本否定。解决这一问题的根本途径，就在于消除产生劳动异化的根源——资本主义制度。

4.社会主义条件下劳动的特点

列宁领导俄国取得十月社会主义革命胜利之后，在向社会主义过渡时期，探索了工人阶级在巩固苏维埃政权和推动社会主义建设中的重要地位与作用。对于社会主义制度下劳动者劳动的特点，列宁作了如下阐述："他们千百年来都是为别人劳动，被迫为剥削者做工，现在第一次有可能为自己工

---

① 《马克思恩格斯文集》第 8 卷，人民出版社 2009 年版，第 207 页。
② 《马克思恩格斯选集》第 1 卷，人民出版社 2012 年版，第 53—54 页。

作，而且可以利用技术和文化的一切最新成就来工作了。用为自己劳动取代被迫劳动，是人类历史上最伟大的更替"。① 列宁高度赞扬了共产主义星期六义务劳动，称之为"伟大的创举"，并指出："普通工人起来承担艰苦的劳动，奋不顾身地设法提高劳动生产率，保护每一普特粮食、煤、铁及其他产品，这些产品不归劳动者本人及其'近亲'所有，而归他们的'远亲'即归全社会所有，归起初联合为一个社会主义国家然后联合为苏维埃共和国联盟的亿万人所有，——这也就是共产主义的开始。"② 共产主义星期六义务劳动，对于巩固新生的无产阶级政权，发挥了重要作用，并成为社会主义劳动竞赛的开端。列宁肯定了共产主义星期六义务劳动中工人阶级的义务奉献精神和首创精神，以及从中反映的工人阶级的先进性和历史主动精神。列宁还特别强调要充分发挥人民群众的积极性和创造性，重视提拔工农群众中的优秀分子参加国家政权和各经济部门的工作。他在探索社会主义条件下的劳动过程中，将"星期六义务劳动"作为研究视角，深刻揭示了迥异于资本主义制度下异化劳动的社会主义制度下的忘我劳动，迥异于资本主义自私自利价值观的、社会主义的爱国主义精神。

总之，由马克思主义经典作家对劳动问题的全面阐述出发，联系不同社会制度下具体劳动同劳动者之间的相互关系，可以得出如下结论。

第一，资本主义制度下的劳动和社会主义制度下的劳动，是两种根本性质完全不同的劳动。异化劳动是资本主义制度下特有的劳动形式，是对劳动者全方位的摧残。在异化条件下的劳动，限制了劳动者的创造动机和创造动力，极大地束缚了劳动者在劳动过程中的全面发展，所以，是不道德、非人道、非人性的劳动。劳动的异己性是资本主义劳动的基本特点，资本主义制度是劳动者产生雇佣意识的根源。劳动者在劳动中真正占有自己的本质，是

---

① 《列宁全集》第 33 卷，人民出版社 2017 年版，第 207 页。
② 《列宁选集》第 4 卷，人民出版社 2012 年版，第 17 页。

社会主义劳动的基本特点。由于社会主义制度消除了异化劳动产生的根源，劳动者能够在政治上当家作主，能够在劳动中形成主人翁的劳动意识，实现了将劳动的外在性向劳动的为我性的根本转变。

第二，异化劳动条件下，劳动者不会形成主人翁意识，因而也不会产生主人翁式的劳动。社会主义制度下的劳动，由于消除了异化劳动产生的根源和条件，是属于劳动者自身的劳动、为自己的劳动，是劳动的真正复归。社会主义条件下的劳动，为劳动者产生主人翁意识奠定了制度基础，也是形成劳模意识最深厚的实践基础。

（二）劳模的劳动及其深刻本质

劳动是人的劳动，人是把握劳动活动的能动主体。马克思对劳动本质的揭示，实际上就是对人的能动本质的揭示。[①] 同理，劳模作为一种特殊的社会现象，其产生同生产劳动直接相连。对劳模的诸多规定，在其从事的具体劳动过程中得以确立。因此，揭示劳模的本质，必须联系劳模从事的劳动，分析劳模作为劳动者在劳动中持有的基本劳动态度、形成的劳动动机、劳模的劳动行为选择以及作出的劳动贡献等。

劳模的劳动最显著的特点，在于对劳动外在性的积极扬弃，实现了为我劳动的价值复归。马克思曾经就劳动作为人的自主活动问题阐述了如下思想："我的劳动是自由的生命表现，因此是生命的乐趣"，"我在劳动中肯定了自己的个人生命，从而也就肯定了我的个性的特点。劳动是我真正的、活动的财产"。[②] 现实中，劳模在劳动过程中，克服了各种外在条件的束缚，在始终坚守自主劳动目标过程中，实现了自我劳动价值以及对自身本质的真正占有。劳模在劳动过程中，不仅肯定了自身的创造价值，同时也突破了外

---

① 李咏吟：《马克思美学新释二题》，《南京社会科学》1994 年第 12 期。
② 《马克思恩格斯全集》第 42 卷，人民出版社 1979 年版，第 38 页。

在劳动的限制，彰显了劳动创造价值形成的劳动幸福感和快乐感，最终在劳动中达到自由的境界。

（三）新时代劳模的劳动及新品格

1. 新时代劳模的劳动及其本质

新时代的劳模本质具有新的表现形式，被赋予新的劳动主体性特征。具体而言，主要通过辛勤劳动、诚实劳动和创造性劳动三种基本劳动实践形式实现。

首先，辛勤劳动是包括劳模在内的所有劳动者对劳动艰辛程度的认知，进而内化为对待劳动的基本态度，是对劳动者从事劳动的客观要求和价值选择。劳动者只有树立起辛勤劳动的意识，并通过辛勤劳动的真正付出，才能创造出劳动财富。习近平总书记对辛勤劳动及其重大意义作了深刻揭示，指出："'人生在勤，勤则不匮。'幸福不会从天降，美好生活靠劳动创造。""实现中华民族伟大复兴的中国梦，要靠各行各业人们的辛勤劳动。"① 作为劳动者最先进的代表，劳模既是辛勤劳动精神的弘扬者，也是辛勤劳动的实践者，同时还是辛勤劳动价值的引领者。凡是劳模人物，都是辛勤劳动的践行者。辛勤劳动作为价值观，揭示的是劳动创造价值这一深刻道理，同社会上存在的不劳而获的消极、颓废的价值观正相反对、格格不入。

其次，诚实劳动是对劳模和广大劳动者的基本伦理要求。诚实劳动是指遵循诚信原则、职业道德精神以及相关法律法规和规章的劳动；是指劳动者以主人翁的态度，对待劳动的一种道德自觉下的劳动实践行为；是指劳动者在实干原则指导下兢兢业业、踏踏实实的劳动。劳模是践行诚实劳动精神的光辉典范，诚实劳动则是劳模共有的优秀品质。在各行各业的劳模中，不论

---

①　习近平：《在知识分子、劳动模范、青年代表座谈会上的讲话》，人民出版社 2016年版，第 7—8、9 页。

是从事繁重工作的体力劳动者，还是从事创造创新的脑力劳动者，诚实劳动始终是其一贯坚守、不可动摇的劳动原则和基本的劳动伦理取向，是须臾不可违背的劳动道德律令。

最后，创造性劳动是对劳模和广大劳动者的基本价值要求。劳动的本质在于创造。劳动不仅创造物质财富，也创造精神财富，甚至创造了人本身；劳动不仅改造客观世界，人的主观世界在劳动中也得到改造。作为劳动实践的具体规定性之一，创造性劳动是指劳动主体在对象化的劳动中，按照主体的创新性意愿改变客体，使之符合并满足主体的需要。这就是价值创造过程。推动社会发展和进步，要求包括劳模在内的广大劳动者在劳动实践中，以不断创新的精神，通过创造性劳动，在满足社会需要的同时，最大限度地实现自身的价值。纵观人类发展的历史，本质上就是一部人类劳动创造价值的历史。习近平总书记在深刻阐释劳动创造的重大意义时指出："劳动创造了中华民族，造就了中华民族的辉煌历史，也必将创造出中华民族的光明未来。"[①] 在实现中华民族伟大复兴中国梦的伟大征程中，新时代的劳模，必须发挥积极的价值引领作用，通过创造性的劳动实践，带动工人阶级和广大劳动群众努力奋进，开创中华民族的美好未来。

总之，劳模及广大劳动者的辛勤劳动、诚实劳动和创造性劳动，展示的是劳动者的时代风貌，体现的则是劳动精神。可以对劳动精神作如下概括：所谓劳动精神，是指劳动者在辛勤劳动、诚实劳动和创造性劳动实践中，集中展现的艰苦奋斗、勤恳踏实、诚实守信、勇于创新的价值取向和时代风貌。劳模是高扬劳动精神的先进群体，是引领工人阶级和劳动群众发扬劳动精神的领头羊。

2.新时代劳模优秀品质的新概括

党的十九大报告指出，经过长期努力，中国特色社会主义进入新时代。

---

① 《习近平谈治国理政》第一卷，外文出版社 2018 年版，第 46 页。

作为新时代的建设者和奋斗者，劳模是工人阶级队伍中最先进的部分，也是实现中华民族伟大复兴中国梦的先锋。新时代的劳模通过辛勤劳动、诚实劳动和创造性劳动，高扬劳模精神和劳动精神，诠释着劳动最光荣、劳动最崇高、劳动最伟大、劳动最美丽的真理性认识，同时被赋予鲜明的时代特征，形成了适应新时代要求的优秀品质。

2018 年 4 月 30 日，习近平总书记在给中国劳动关系学院劳模本科班学员的重要回信中，非常明确地将新时代劳模的新特征概括为干劲、闯劲和钻劲。他指出："希望你们珍惜荣誉、努力学习，在各自岗位上继续拼搏、再创佳绩，用你们的干劲、闯劲、钻劲鼓舞更多的人，激励广大劳动群众争做新时代的奋斗者。"[1] 劳模的干劲、闯劲和钻劲，体现的是劳模在劳动实践、劳动创造中一往无前、不断奋进的优秀品质。

三、劳模意识

劳模意识以观念形态存在于劳模的头脑中，是一种先进的劳动意识，是劳模在长期劳动实践中形成的，关于劳动态度、劳动行为、劳动创造、劳动价值和劳动目的的基本看法。研究劳模意识，首先需要探讨劳动者的一般劳动意识。

（一）劳动者劳动意识的基本特点

意识是客观世界及其现象在人的头脑中的主观反映。劳动意识指劳动者对象化的劳动过程中，劳动对象、劳动实践过程在劳动者头脑中以观念的形式反映出来。劳动意识作为劳动者的内在规定之一，对劳动对象和劳动实践过程不是机械、被动的反映，而是一种积极、能动的反映。劳动者劳动意识

---

① 《人民日报》2018 年 5 月 1 日。

的形成，离不开劳动实践，劳动实践是形成劳动意识的根源；同时，劳动意识在一定条件下，对劳动者的劳动实践活动能够产生能动的反作用。在劳动对象化过程中，劳动者获得劳动主体的身份，其劳动实践活动的指向——劳动对象成为劳动客体。在劳动主体与客体对象化的关系中，劳动主体的劳动意识起到非常重要的能动作用。劳动意识就是劳动主体对劳动主、客体相互关系的主观反映，在劳动主、客体相互关系的相互作用下，构成了主、客体需要及其满足的价值关系。所谓价值，是指以主体的内在尺度为标准的一种主、客体关系状态。这是人类在经济、政治、科技、文化、道德、艺术、宗教、日常生活等领域中一切价值判断具有的共同含义。① 据此，将劳动主、客体关系的实质归结为价值关系，就具有了理论上的合理性。劳动者的劳动意识正是在劳动的对象化活动中，被赋予了价值内涵。

（二）劳模意识的本质特征

劳模意识作为劳模学的重要范畴之一，是推动劳模成长和发展的内在精神动力。劳模意识的内涵十分丰富，但其基础则是劳模的劳动意识，其他规定性不过是劳模劳动意识的进一步深化和展开。

1. 劳模的劳动意识是一种价值意识

劳动者的劳动意识具有价值属性。作为劳动者的杰出代表，劳模的劳动意识也必然具有价值属性。

价值问题可以说是人类与生俱来的问题，价值关系从来就是人类实践中的一个基本关系。在实践中，人要满足自己的需要，就不能不对自然界本身及其规律有所了解和服从。于是，满足主体需要的意识和把握客体现实的意识，就同时成为人类意识的两个基本方面。②

---

① 李德顺：《价值论：一种主体性的研究》，中国人民大学出版社 2013 年版。

② 李德顺：《价值论：一种主体性的研究》，中国人民大学出版社 2013 年版。

同理，劳动者在生产劳动过程中，都具有明确的价值指向，即人的劳动的目的性，是根据人的要求实现对劳动对象的改造，以满足人的需要。在这种劳动的主、客体关系中，劳动主体被赋予价值主体角色，而劳动客体则成为价值主体高度观照下的价值客体。

劳动者的劳动意识作为价值意识，具体体现在劳动者对待自己的劳动态度、劳动行为、劳动目的进行的价值选择。在劳动实践活动中，劳动者应以什么样的劳动态度对待自己的劳动，是兢兢业业、踏踏实实，还是三心二意、敷衍了事？劳动者应以什么样的劳动行为达到最佳的劳动效果，是追求卓越、争创一流，还是按部就班、亦步亦趋？劳动者在劳动中表现出来的劳动状态、劳动效果，都是在一定价值意识驱动下产生的必然结果。同劳动者劳动的一般价值意识相比较，劳模的价值意识是一种高度自觉的意识，是形成于劳动实践过程，又超越了具体劳动形式的价值意识。劳模在劳动中表现出来的积极性、主动性、创造性、进取性、艰苦奋斗和吃苦耐劳的精神、甘于奉献的无私品格，既是劳模始终如一的价值追求，也是其自我价值实现的有力表征。劳模的价值意识融入社会的核心价值观，就会成为这种价值观的重要组成部分，成为每一个公民都应该遵循的行为准则，并充分发挥其激励和鼓舞人心的重要作用。比如，在社会主义核心价值观中，作为公民个人层面价值准则的敬业和诚信要求，就是劳模共同具备的价值意识。总之，劳模的劳动意识反映的价值属性，具有能动、积极的意义，同时还具有引领和示范的作用。

2. 劳模的劳动意识是一种主人翁意识

主人翁作为劳动主体涵盖下的重要身份之一，在劳动实践中建立在劳动主体基础上并实现对劳动主体的积极超越。主人翁不是抽象的，而是具体的；主人翁不是空洞的口号，而是现实性的自我规定；当代主人翁不能被归结为政治概念，而是具有客观性的实在。劳模共同具有的基本特征——爱岗敬业、争创一流，艰苦奋斗、勇于创新，淡泊名利、甘于奉献，本质上是其主人翁精神的具体表现，亦即主导劳模主人翁行为的是其主人翁意识和精神。

人的意识具有能动性，也具有反思性。劳模主人翁意识的形成，是劳模以自身的劳动实践作为反思对象，并在一定时代背景下对自己的劳动行为进行高度的价值评价和劳动伦理评价，进而从应然的价值判断上升为必然的价值判断。这种意识层面自我价值的提升，使劳模将普通的劳动完全视为属于自己的劳动、属于同自己的本质高度统一的劳动、属于通过劳动全面占有自己的本质并实现自我价值的劳动，因而是自觉自愿的劳动，是高度自觉观照下的劳动，而非外在的、同自己的本质相悖的劳动。就这个意义而言，劳模主人翁意识主导下的劳动实践活动，是对劳动外在性的积极扬弃。由此可以得出如下结论：劳模的劳动是主人翁意识主导下的主人翁的劳动。劳模以主人翁的身份，从事主人翁的劳动，以主人翁意识为价值引领，在通过劳动实践创造劳动价值的同时，构造主人翁的品格，升华主人翁的形象，彰显主人翁的价值。据此可以形成如下判断：劳模的主人翁意识是形成劳模精神的思想基础；劳模的主人翁精神源于其主人翁意识，是劳模个体主人翁意识的升华。劳模精神实质上就是对内蕴其中的主人翁精神的时代表达。劳模的主人翁劳动精神是对新时代辛勤劳动、诚实劳动和创造性劳动的主动引领，是形成劳动精神的能动因素，是对劳动精神内蕴价值的提高与升华，由此构成劳模精神同劳动精神之间的逻辑联系。

改革开放 40 多年来，在以市场化为改革基本取向的社会主义市场经济建设中，我国工人阶级经历了市场经济的深刻洗礼。随着劳动关系内在利益主体身份的日益明晰，利益矛盾不断凸显，工人阶级在计划经济时期形成的主人翁意识一定程度上发生了变化。社会上，曾出现过否定工人阶级主人翁地位和作用的现象。在学术界，对于职工的主人翁身份和作用也出现过各种质疑，甚至简单地将职工的主人翁问题归结为政治概念、政治口号。

针对曾经出现的否定工人阶级主人翁身份和作用的问题，应以劳模精神反映的深层本质——主人翁意识及其在主人翁意识主导下的主人翁的劳动实践，作为破解工人阶级还是不是主人翁这一难题的有力武器。要在弘扬劳模精神过程中，以劳模的主人翁意识对抗非主人翁意识——雇佣意识。在实现中华民族伟大复兴中国梦的新征程中，必须以劳模精神作为新时代的价值引领。在贯彻落实党的十九大精神过程中，积极引导工人阶级和广大劳动群众树立主人翁意识，以主力军的担当，为实现社会主义现代化的强国梦作出应有的贡献。

3.劳模的劳动意识是具有劳动伦理规范的自觉意识

劳动伦理是指劳动主、客体在劳动全过程中，应当遵循和恪守的劳动伦理要求及职业道德规范。具体而言，是指劳动者对待劳动，应具有职业精神，其劳动动机、劳动态度、劳动行为、劳动创造乃至劳动的社会影响都应符合劳动伦理规范。劳动伦理在劳动过程中，主要体现为爱岗敬业、恪尽职守、诚实守信、遵纪守法、责任担当等职业操守。

劳模的劳动意识作为一种先进意识，内在地涵盖了劳动伦理精神，并突破了他律的外在性约束，达到自我约束的劳动道德自律。在中国特色社会主义进入新时代的社会历史条件下，习近平总书记反复强调诚实劳动的实践意义，并且确立了"空谈误国，实干兴邦"的实干原则，深刻指出："劳动是财富的源泉，也是幸福的源泉。人世间的美好梦想，只有通过诚实劳动才能实现；发展中的各种难题，只有通过诚实劳动才能破解；生命里的一切辉煌，只有通过诚实劳动才能铸就。"[①] 诚实劳动是劳动伦理的基本要求，也是构成劳模意识的基础。实践中，贯穿于劳模劳动过程的一条主线，就是劳模的诚实劳动行为和诚实劳动精神。劳模劳动中反映的全部劳动伦理规范和要求，都是建立在诚实劳动实践基础上的。

---

① 《习近平谈治国理政》第一卷，外文出版社 2018 年版，第 46 页。

（三）劳模意识生成的基本条件

劳模意识不是凭空形成的，劳动或工作实践是其产生的最直接基础。纵观我国劳模发展的历史，其成长过程无一不是同生产实际紧密联系的，无一不是在生产一线建功立业的，包括物质生产和精神生产。劳模的行为取向是与其意识相联系的。只有在一定意识的积极引导下，劳模才能在生产或工作中对自身行动作出正确的选择和规范。

劳模意识的形成，其内因具有决定性作用。劳模的主体能动性作为劳模意识的行动体现，是推动劳模成长进步的内在动力。但是，劳模意识的产生是有条件的，其外因有时具有非常重要的作用。我国劳模历史发展实践雄辩地证明：资本主义雇佣条件下，劳动者是不可能产生劳模意识的。雇佣意识作为劳模意识的对立面存在，是资本主义条件下劳动异化在劳动者意识中的具体体现，其劳动意识也被打上鲜明的异化烙印。劳模意识是在消除了产生异化劳动的社会制度和社会根源前提下形成的高度自觉的意识。社会主义制度下的劳动，使劳动者挣脱了各种束缚，明确了劳动的目的和目标，极大地激发了劳动者的生产积极性和自觉性，这是对雇佣意识主导下被迫劳动、消极劳动的根本否定。

（四）劳模意识的主体性规定

劳模意识是指建立在劳动者劳动意识基础上的先进意识，除了具备劳动意识的一般规定性以外，还具有自身的特征，主要体现在以下方面。

1.朴素性

劳模在其意识结构中，都具有相似的最原初的劳动动机。他们经常以一个应然判断对自己的劳动态度、劳动行为进行诠释，即"这是我应当做的"。这一判断反映了劳模内心的质朴和平静。对自己所作艰苦努力和伟大贡献，他们毫无任何功利性的追求，毫不过分渲染和夸张。这种低姿态表现的朴素性，恰恰是劳模从普通向高尚的飞跃，从中更加深刻地反映了劳模崇高的思想境界和可贵的思想品格。"在平凡的工作中作出不平凡的贡献"成为劳模共有的品质，这种朴素的表达，是其责任和义务达到高度统一在意识上的体现。朴素的表述却见证伟大，这就是劳模意识具有的朴素性蕴含的深刻道理。

2. 先进性

劳模的先进性是工人阶级先进性的集中表现。劳模意识的先进性通过劳模在生产劳动或工作中得到体现，这也是劳模共有的鲜明特征。凡是劳模都具有先进性，凡是劳模体现的先进性都是在劳模先进意识的主导下实现的。劳模在其先进意识的引领下，不仅严格规范自身的劳动行为，不仅不断弘扬无私奉献精神，使其保持先进性的品格，同时也以自身的言传身教，影响和带动其他劳动者共同建功立业。就这个意义而言，劳模意识的先进性不仅是对劳模自身劳动行为的自觉规范，而且还体现在对普通劳动者实现积极的价值引领，使其树立正确的劳动观念。这表明，劳模意识的先进性，既体现在具体的劳动生产实践中，也体现于对普通劳动群众进行积极的价值引导等方面。

3. 稳定性

劳模意识是在劳动过程中逐渐形成的。劳模意识一旦形成，便具有相对的恒常性和稳定性，主要表现为：在劳动生产过程中，不管遇到多大的困难，无论劳动条件多么恶劣，劳模总是能够以坚韧不拔的勇气面对艰难困苦，以百折不挠的精神迎接各种挑战，以甘于奉献的无私品格诠释人生最崇高的思想境界。劳模面对荣誉或者遭遇挫折，能够做到荣辱不惊、泰然处之，不会在工作情绪上大起大落，也不会在劳动行为上消极懈怠。劳模在思想上、行动上始终保持高度的一致性，在追求卓越过程中始终如一、表里如一的表现，都是这种稳定性的体现。

4. 坚定性

同劳模意识的稳定性密切相关的，是劳模意识的坚定性特点，这也是劳模意志品质的具体体现。意志作为人类特有的心理现象，是人的意识能动性的集中反映。劳模意志是劳模意识在劳动实践活动中的能动体现。其中，坚定性作为劳模的意志品质之一，在实现劳动目的过程中，常常表现出不畏艰难险阻、不惧任何挑战、坚韧不拔、奋勇当先、始终如一、持之以恒的精神风貌。

5.奉献性

劳模在生产劳动或工作实践中彰显的奉献精神，是构成劳模意识伦理精神的基调，是劳模共有的主要特性之一。劳模意识的奉献性特点，超越了功利性，表现为强烈的利他主义倾向。实践中，劳模的奉献性具体表现为不计名利、甘于奉献的利他精神，毫不利己、公而忘私的高贵品质，顾全大局、牺牲小我的博大情怀，等等。

6.创新性

劳模积极的进取意识，体现为劳动或工作过程中对创新的积极追求。劳模在生产劳动或工作实践中锐意进取、革故鼎新的突出表现，是劳模创新意识的外化，是劳模在其创新意识主导和支配下主动、积极、自觉的行为选择。创新性作为劳模主体意识的重要规定性之一，体现的是永不满足的积极向上精神，摒弃的是安于现状、抱残守缺和甘于平庸的消极工作态度。许多企业创办的劳模创新工作室既是劳模实现创新的重要平台，也是彰显劳模创新精神的大舞台。

（五）劳模意识与劳模精神

1.劳模意识与劳模精神的关系

劳模意识与劳模精神具有非常密切的联系。如果说劳模意识是劳模个体的先进性在其意识中的体现，那么，劳模精神反映的则是劳模意识的一般特征，是劳模集体意识的精华和升华。就这个意义而言，劳模意识是形成劳模精神的思想基础和基本前提。没有劳模意识，劳模精神就成为无源之水、无本之木。因此，劳模意识同劳模精神相互依存、相互影响。劳模精神则是升华了的劳模意识，是在一定的历史发展阶段，一定的社会经济、政治、文化和社会条件下，对劳模意识高度的理论概括，是千千万万劳模个体意识共性特征的集中体现，也是我们党、国家乃至广大人民群众，对劳模及其优秀品质、精神风貌、先进事迹高度的政治认同、思想认同、价值认同、文化认同、社会认同和情感认同。

劳模意识与劳模精神是时代的产物，在不同的历史阶段，具有不同的内涵和表现形式。同时，劳模意识与劳模精神又会以自身的先进性对整个时代产生重要影响，甚至成为特定时代的时代精神，这是社会意识反作用于社会存在最生动的体现。20 世纪 60 年代的铁人精神，不仅反映了王进喜个人的生动事迹，同时也弘扬了以王进喜为代表的劳模精神。这一精神成为我国工业战线的一面旗帜，成为那个时代大力倡扬的艰苦奋斗的时代精神。这一精神的实质直至今日仍然熠熠生辉，成为人民共和国发展史上永不褪色的辉煌篇章。

2. 劳模的主人翁意识升华为劳模精神的逻辑进路

劳模的主人翁意识作为劳模意识的本质规定，通过劳动实践活动的外化，赋予劳模的劳动以高度自觉、无私奉献、努力进取和主动创新等优秀品格，表现为对自我观照下自身利益的高度超越，以及鲜明的利他价值取向，从而突破了"小我"固有的价值局限和利益束缚，形成鲜明的、属于劳模特有的"义利之辨"，即以大局利益为重，以无私奉献的宽广情怀取代个人索取的狭隘心胸，以不计名利取代对利益的患得患失，以"小我"服从"大我"。这是劳模先进的利益取向，也是被人们积极评价的高尚道德情操。所谓利益取向，表明的是人们对利益追求具有的鲜明指向性，即利益取向是带有方向性的，是一种利益"矢量"。

如果以利益取向作为衡量是不是主人翁的标准，那么，主人翁的利益取向具有浓厚的利他色彩，这就同所谓经济人假设中人们对利益处心积虑地追求并使之最大化所彰显的利己性形成极大反差。正因为如此，也凸显和印证了劳模甘于奉献的主人翁精神与高尚品格。

以利他作为核心利益取向的劳模精神，其形成的逻辑原点应是劳模对自己主人翁身份的高度肯定和认同。这是劳模精神最深刻的本质规定，内在地涵盖了利他的伦理思想。从劳模以主人翁为精神内核的劳动实践表现到劳模精神的形成，是其主人翁意识的理论升华，是从无数劳模各具特色的模范事迹中提升出来的共性特征，于是，从理论层面概括的劳模精神内涵被赋予了普遍性品格。从劳模生动而鲜活的事迹中，我们直观到形成劳模精神的这样一种逻辑进路：劳模以平凡的劳动形式作为实践载体，通过主人翁式劳动形式外显的价值特征，获得国家或社会层面和公众舆论积极的价值评价，进而凝聚为一种精神和价值取向。具有典型意义的劳模形象、劳模事迹，甚至升华为时代精神。比如 20 世纪 60 年代的铁人精神，就成为那个时期国家和人民群众精神层面高扬的一面旗帜。就这个意义而言，劳模精神作为时代精神的重要组成部分，已完全超越了劳动的固有疆界，进而对整个社会进行辐射，产生了特别深远和广泛的影响。例如，爱国、敬业、诚信、友善，作为社会主义核心价值观中公民层面的价值准则，劳模精神内蕴并凝结于其中，这是劳模精神社会影响力之大、之深的有力表征。

劳模作为中国工人阶级最杰出的代表，劳模精神作为时代的价值导向，要发挥其积极的引领作用，需要在社会上广泛宣传。2015 年 4 月 28 日，习近平总书记指出："伟大的事业需要伟大的精神，伟大的精神来自于伟大的人民。我们一定要在全社会大力弘扬劳模精神、劳动精神，大力宣传劳动模范和其他典型的先进事迹，引导广大人民群众树立辛勤劳动、诚实劳动、创造性劳动的理念，让劳动光荣、创造伟大成为铿锵的时代强音，让劳动最光荣、劳动最崇高、劳动最伟大、劳动最美丽蔚然成风。"①

培育并弘扬劳模精神，充分发挥劳模人物的典型作用、示范作用和激励作用，需要作出全方位的安排。其中，政治上依靠是关键，制度上落实是前提，素质上提高是基础，权益上维护是保障，舆论上宣传是重点，社会上推广是关键。需要动员全社会，共同营造尊重劳动、尊重知识、尊重人才、尊重创造的浓厚氛围。

第二节　界定与建构劳模学的原则和要求

劳模学作为新兴学科，在理论建构中必须明确如下几个基础性问题，主要包括界定与建构劳模学应遵循的基本原则和基本要求等。

一、劳模学的界定与释义

劳模学是新学科，不能囿于对劳模人物及其感人事迹的单纯"解读"、对劳模现象的生动描述、对劳模发展历史的忠实还原，必须实现理论上的建构。首先要明确劳模学的定义，这是该学科得以确立的逻辑前提和理论基础。可以对劳模学作如下界定。

劳模学是以中国劳模及其现象作为研究对象的新兴学科，以马克思主义经典作家相关思想和马克思主义中国化相关理论成果作为研究方法，通过对劳模群体及其先进事迹的理论概括，旨在从规律层面深刻揭示劳模现象产生的历史必然性、劳模发展的趋向、劳模劳动的基本属性和主要特点、劳模的

---

① 习近平：《在庆祝"五一"国际劳动节暨表彰全国劳动模范和先进工作者大会上的讲话》，人民出版社 2015 年版，第 4—5 页。

本质规定、劳模的基本特征、决定劳模成长的制度机制和外在条件、劳模的成长和发展规律及其重大影响，以及劳模同党和政府的关系，同工人阶级的关系、同工会工作的关系、劳模同政治建设、经济建设、文化建设、社会建设和生态文明建设的紧密联系，进一步确证劳模在推进社会历史发展中具有的重要地位和作用。劳模学是对中国劳模现象及其发展的历史性总结、逻辑化阐述、规律化表达、理论化论证、科学化抽象和系统化概括。

上述界定至少涵盖如下内容。

一是劳模作为工人阶级的杰出代表，在我国不同历史时期，一直以表率形象发挥重要的作用，对于推动政治、经济、文化、社会和生态发展作出卓越的贡献。认真研究并系统总结劳模的地位和作用、探索劳模的成长和发展规律、建构科学的劳模理论体系，具有重大的理论意义和深远的实践意义。尤其是中国特色社会主义进入新时代后，探索新时代劳模精神对工人阶级和其他劳动群众的价值引领问题，对于实现中华民族伟大复兴的中国梦，具有重要的现实意义。

二是劳模学作为一门新兴学科，是建立在劳模及其发展坚实的实践基础上的，是劳模实践的理论抽象与升华，是对无数劳模人物先进事迹高度的理论概括和理论反思，也是对劳模发展历史逻辑、实践逻辑积极的理论建构，使其成为深刻把握劳模本质内容的一门学问。

三是劳模学的建构，是以马克思主义经典作家及马克思主义中国化相关思想作为根本的认识方法和研究方法，从而将中国劳模学研究置于科学世界观和方法论的基础之上，这是赋予劳模学科学性的重要保证。

四是劳模学是研究劳模性质、地位、作用以及发展规律的学问。实践中，劳模及其先进人物的先进事迹，对政治、经济、文化、社会以及生态发展都产生了重大影响。探讨劳模的性质、地位、作用等重大理论问题，必须将劳模置于具体的时代背景之中，把劳模同政治、经济、文化、社会和生态紧密地联系起来；在劳模与诸多方面的有机联系中，确立劳模的先进性属性；在同周围社会事物的相互关系及其影响中，肯定劳模的地位和作用。

二、劳模学的建构原则

劳模学作为系统化和逻辑化的理论体系，应遵循理论建构的基本逻辑，主要包括如下几个方面。

第一，劳模学是以劳模及其现象体现的劳模性质、地位、作用和影响作为研究对象的学问，因此，要对劳模学的核心范畴——劳动模范进行透彻的理论分析，深刻揭示其本质规定、基本特征、内在联系、重要作用、历史贡献、广泛影响和发展趋向等。

第二，在研究和理论建构中，要将劳模置于一定的社会历史条件和宏大的时代背景之下，依据当时的历史时期和特定条件，对劳模及其影响进行实事求是的分析，以保证研究及其结论的客观性。

第三，劳模学是关于中国劳模的系统化研究，因此，建构劳模学的必要性及其重大意义在于：从学术、理论和规律层面，揭示劳模的内在本质及其各种规定性，既反映其理论的全面性，也凸显其理论的深刻性。在研究中，要从大量的、生动鲜明的、丰富的劳模现象中，探索劳模的本质规定；要将个别的劳模人物及其先进事迹，通过理论抽象，提升至规律层面；要从劳模的历史过程，寻求劳模的发展趋势。其目的，就是保证劳模学研究中不会出现主观臆断、以偏概全等问题。

三、建构劳模学的基本要求

如果不从规律层面把握劳模产生、发展的历史必然性，就不能够深刻理解劳模对于整个社会发展的全部意义；如果不从理论深度探求劳模自身的本质，就无法诠释劳模何以成为劳模的内在动因；如果不从整体上研究劳模现象，就不能系统把握劳模的共性特征和时代风貌。提出建构劳模学的基本要求，就是要保证其科学性。

1. 研究劳模的规范性要求

劳模人物及其先进事迹丰富多彩、感人至深，为劳模学的理论建构提供了大量鲜活的感性材料，是建构劳模学的实践基础。把劳模人物及其具体先进事迹上升为理性认识，达到理论高度，实现劳模学的理论建构，需要严谨的综合性规范，主要包括思想政治规范、学术理论规范、研究方法规范、文字叙述规范，以及严格的逻辑规范等。

2. 研究劳模的规律性要求

一门学科得以确立的重要标志之一，就是能从理论上揭示学科对象形成与发展的规律性，从规律层面把握学科对象逻辑演进的内在联系。劳模现象的产生和发展，有内在的客观逻辑，这是不以人的主观意志为转移的客观联系。建构劳模学的理论目的就在于以客观逻辑为基础，通过主观逻辑反映客观逻辑，深刻揭示劳模及其现象产生和发展的规律，既要揭示劳模发展的一般规律，也要揭示劳模在一定历史时期呈现的特殊规律。

3. 研究劳模的系统性要求

劳模作为一种重要的社会现象，其产生、存在、发展同一定的历史条件和社会背景存在密切联系。建构劳模学必须按照全面、系统的要求，把劳模及其现象置于一定的时代背景之下，在劳模同诸多事物和现象的有机联系中，深刻揭示蕴含其中的本质和主要内容，要着力避免"就劳模论劳模"的单一、孤立、片面的研究方式。

4. 研究劳模的科学性要求

从大量的经验事实中，进行正确的理论概括，并得出合理的、符合客观事实的结论，这是确保研究问题能够符合科学性的基本要求。建构劳模学，使之成为一门学问，其研究过程必须满足如下条件：逻辑起点是否确定、逻辑主线是否清晰、研究内容是否合理、研究方法是否科学、研究目的是否明确，等等。

四、劳模学的学科性质与研究视角

劳模作为工人阶级的先进群体，他们在自己平凡的岗位上，作出了不平凡的贡献；并且在创造佳绩的同时，也使自身得到全面发展。

劳模除了共有的优秀品质，其"闪光"的内涵和令人崇敬的模范事迹，可以从多维度、多视角、多层面和多侧面得到客观反映。[①] 由此，决定了劳模学的学科性质，也决定了研究劳模学的学科视角必然是多维度、多视角、多层面及多侧面的。

（一）劳模学的学科性质

劳模学是新兴学科，在建构其理论体系过程中，首先要明确它的学科性质，这是确立其学科体系必须回答的原则问题。

科学判断劳模学的学科性质，应主要根据劳模学的研究对象——劳模的自身性质、地位、作用、意义，以及劳模的历史发展、同周围事物的内在联系和社会影响等进行确证。

1.劳模的自身性质和地位

劳模最本质的属性是其在劳动过程中体现出来的先进性，这一性质涵盖了劳模在平凡劳动中表现出来的爱岗敬业、淡泊名利、甘于奉献的精神风貌。劳模的先进性，使其成为工人阶级队伍中的闪光群体，成为最美的劳动者，成为全国人民学习的楷模和典范，在全社会拥有崇高的威望和地位。

劳模学在建构过程中研究劳模的性质和地位，必然要涉及各种学科与研究方法，诸如马克思主义关于工人阶级的基本理论、马克思主义哲学价值论、中国工人阶级运动、中国特色社会主义理论等方面的理论和方法论等。

---

① 刘向兵、赵健杰：《多学科跨学科视角下劳动模范研究与劳模教育创新》，《中国劳动关系学院学报》2018年第4期。

2.劳模的作用和意义

中国劳模作为一种影响力极广的社会现象，发轫于第二次国内革命战争时期中央苏区企业的生产领域，发展于抗日根据地和解放区的生产运动。新民主主义革命时期的劳模，主要产生于经济领域，其影响从生产领域向整个经济领域、政治领域、文化领域和社会领域扩展。新中国成立初期，劳模影响力的传播仍然沿用这一途径。在社会主义建设过程中，我国劳模的结构发生了很大改变，劳模的身份不再局限于生产领域，不同领域、不同部门、不同行业的先进工作者也汇入劳模这一先进群体，劳模影响力的传播途径进一步拓宽。劳模不仅在社会经济领域对工人阶级及广大劳动群众产生激励，而且，劳模精神与我国的政治、经济、文化乃至整个社会有着密切联系并产生深远影响。由此，必然涉及政治学、经济学、文化学、社会学、法学、伦理学等诸多学科。在中国特色社会主义进入新时代的新的历史阶段，劳模作为为实现中华民族伟大复兴中国梦而奋斗这一时代主题中最先进的群体，承担着价值引领和担当的神圣职责，具有重大的政治意义。

由此可以看出，劳模的社会影响力更多地体现在政治、思想和价值观等方面，体现在对工人阶级和劳动群众的政治引领、思想引领、价值引领等方面。据此，可以对劳模学的学科性质作出如下判断：劳模学是以政治学为主、多种学科相互交叉的新兴学科，单一学科理论和研究方法无法完全涵盖对劳模的整体性研究。

（二）劳模学研究的学科视角

劳模学作为对劳模丰富实践的理论化表达，属于马克思主义理论体系中相关学科相互交叉的新兴学科。这就决定了研究劳模及其现象具有多重学科视角和方法。

从哲学角度研究劳模及其现象，主要研究劳模劳动的性质、劳模出场与在场的重要意义、劳模的本质规定、劳模意识的结构和基本特征、劳模意识与劳模精神之间的关系、研究劳模及其现象的方法论等。

从政治学角度研究劳模及其现象，主要探讨劳模的政治作用、政治意义和政治影响，劳模在巩固党的阶级基础、群众基础和治国理政中的重要地位，劳模同国家之间的关系，以及劳模同工人阶级和劳动群众的关系、同政治建设的关系、同新时代工人运动时代主题的关系，等等。

从经济学角度研究劳模及其现象，主要揭示劳模对于推动社会经济发展的重要地位和作用、劳模对于促进企业发展的重要作用、劳模在构建并发展和谐劳动关系中的积极作用等。

从文化学角度研究劳模及其现象，重点揭示劳模的文化属性、劳模文化形成和发展的规律，包括劳模文化的界定、劳模文化中劳模价值观的理论概括、劳模精神的传播与影响、劳模文化同职工文化的关系、劳模价值观的引领作用、劳模文化同社会文化的关系等。

从历史学角度研究劳模及其现象，主要揭示劳模产生的历史背景、劳模运动发展的历史规律，正确总结劳模发展的历史经验以及具有的重大现实意义等。

从伦理学角度研究劳模及其现象，主要解析劳模劳动的伦理意义，劳模作为先进模范人物对于劳动伦理和职业道德建设的积极影响，劳模的道德人格具有的典型性、示范性及对社会的广泛影响等。

从社会学角度研究劳模及其现象，重点探讨劳模的先进性对社会建设的推动作用、劳模的优秀品质对构建和谐社会的重要影响等。

从美学角度研究劳模及其现象，重点探索劳模作为最美劳动者具有的主体美，包括美的形象、美的心灵、美的人格、美的行为，以及美的劳动过程、劳动实践中美的创造等。

研究劳模及其现象，还可以从心理学、传播学、教育学等学科视角进行深入探讨。

劳模群体客观联系的广泛性，决定了必须从不同学科视角出发进行理论研究。这就为从整体上全面而深刻地认识劳模及其现象、科学揭示劳模发展规律及其对时代、对社会发展的重大影响，奠定了方法论基础。

劳模研究中体现的研究方法的多样性、研究内容的多层面、研究问题的多视角等特点，最根本的是体现多学科中每一学科的方法论优势。不同的研究方法揭示不同问题的内涵和本质，诸多研究视角聚焦于共同的研究对象，必然达到对研究对象的全面性把握和多角度认识。①

第三节　劳模学研究的理论基础和实践基础

劳模学的建构，不是一蹴而就的，需要具备多种条件。其中，最基本的条件就是建构劳模学依据的理论基础、植根的实践基础。

一、劳模学研究的理论基础

（一）苏联的劳模实践和理论研究

对苏联社会主义建设影响最大的英模人物，是顿涅茨矿区采煤工人斯达汉诺夫。他在 1935 年 8 月 30 日创造了一班工作时间内用风镐采煤 102 吨的纪录，超过定额 13 倍多。这一生产纪录及斯达汉诺夫的先进事迹产生了广泛影响，形成了"斯达汉诺夫运动"。这一运动几乎影响了苏联半个世纪的历史。1935 年 11 月，斯大林对"斯达汉诺夫运动"的特点作出如下评价：最显著的特点是"几乎自发地从下面开始的，但当它出现后，又不是逐渐地，

---

① 刘向兵、赵健杰：《多学科跨学科视角下劳动模范研究与劳模教育创新》，《中国劳动关系学院学报》2018 年第 4 期。

而是像飓风那样空前迅速地传播到苏联各地"。① 这一评价，揭示了以"斯达汉诺夫运动"为代表的苏联劳模运动，具有行动的自发性、传播的快速性、影响的广泛性。由此表明，"斯达汉诺夫运动"完全契合当时苏联面临的严峻形势，因而具有强大的生命力和持久的影响力。

（二）我国新民主主义革命时期劳模运动的实践和理论研究

1. 中央苏区开展的评选英模和表彰先进活动及其理论研究

中国劳模是在中央苏区的公营企业中产生的。1933 年 8 月，中央苏区开展了以比数量、质量、成本等为内容的劳动竞赛，规定按时评比、表彰先进、评选模范。② 对超额完成生产任务者，给予精神和物质奖励，或送上红榜。③

这一时期，我们党在理论上对公营企业的性质、劳动属性进行了探讨。有代表性的理论观点，主要见之于刘少奇在《用新的劳动态度对待新的劳动》一文中，对非剥削制度下劳动的根本属性和劳动者应当持有的劳动态度进行的深刻分析与理论阐述。④

1934 年 3 月 20 日，他在《用新的态度对待新的劳动》一文中强调指出："国有企业与合作社企业中的工人、职员们！你们该记着，你们现在再不是为地主资本家而劳动了，而是为工人阶级自己、为人类的最后解放而劳动着。这种劳动的性质的变换，是我国历史未曾有过的最大变换，你们应该用新的态度来对待新的劳动。"⑤ 这是一篇涉及劳动者如何对待"为自己的劳动"

---

① 李燕、王立强：《社会主义价值观和斯达汉诺夫运动之辩》，《学术争鸣》2009 年第 5 期。

② 姚力：《劳模表彰与建国初期的社会风气》，《党的文献》2013 年第 4 期。

③ 中央苏区工运史征编写作小组编著：《中央革命根据地工人运动史》，改革出版社 1989 年版，第 80 页。

④ 高爱娣：《弘扬劳模精神　发挥劳模作用》，《工会博览》2016 年第 13 期。

⑤ 《刘少奇选集》上卷，人民出版社 1981 年版，第 20 页。

的重要历史文献。该文对红色根据地工人阶级从事的劳动性质和劳动态度进行了准确判断，断言在消除了剥削制度下的强制劳动后，工人阶级的劳动观念和劳动态度也应适应这种"人类历史上最伟大的更替"，并提出要用"新的劳动态度"即主人翁态度来对待属于自己的劳动。

刘少奇在该文中高度评价了两种不同性质的劳动及其变换，这种最伟大的更替是通过剥夺剥夺者的革命手段获得的。同时，他还深刻剖析了工人阶级对两种性质截然不同的劳动分别采取不同的劳动态度，并对工人阶级从事为自己的劳动提出了新要求。文中强调的用新的劳动态度对待新的劳动，就是要求工人阶级在为自己的劳动中，一定要以主人翁身份和态度来对待。这种劳动是完全属于自己的劳动，也属于为人类争取最后解放的劳动，因而是自觉、自愿、自主的劳动。刘少奇的上述论断，应当是我们党对工人阶级主人翁式劳动作出的比较早的、非常深刻的理论探索。

2.关于抗日根据地和解放区劳模运动的理论研究

中国的劳模运动，在抗日根据地和解放区开展的轰轰烈烈的生产运动中得到发展，涌现出无数劳动模范和先进群体。例如1941年，陕甘宁边区开展"五一"劳动大竞赛，共评选出劳模274位。1942年，陕甘宁边区掀起"赵占魁运动"。陕甘宁边区总工会号召，边区工厂的工人学习赵占魁"艰苦劳作始终如一的精神，及其新的劳动态度，以掀起一个广泛的运动"。1943年，陕甘宁边区政府授予马丕恩、马杏儿荣誉称号，号召边区人民向他们学习。① 这些劳模以艰苦创业的模范行动、甘于奉献的无私品格、勇于创新的探索精神，在人们心中树立起彪炳史册的历史丰碑。他们在打破国民党顽固派经济封锁、战胜自然灾害、推动抗日根据地社会经济建设中，发挥了巨大

---

① 刘传本、焦绍鑫：《陕甘宁边区劳模运动及其意义》，《郑州航空工业管理学院学报》2010年第6期。

的示范和带头作用。

总之，新民主主义革命时期的劳模现象具有如下几个特征。

一是在党的领导下，在苏区、抗日根据地或解放区革命政权的主导下，通过在生产领域开展各种劳动竞赛、生产竞赛等活动和其他工作，涌现出劳模人物，掀起劳模运动。没有党的领导和革命政权的大力主导与积极支持，就不会形成劳模运动。

二是新民主主义革命时期劳模劳动最直接的目的，是为争取革命战争取得胜利服务的，同时也是为打破反动势力封锁，建设和巩固红色苏区、抗日根据地或解放区服务的。譬如，解放战争期间，不仅在解放区的公营企业中涌现了大批劳模人物，在浩浩荡荡的支前大军中，也涌现了无数支前先进人物。他们在各自的岗位上，为赢得战争胜利贡献了全部力量。

三是在新民主主义革命各个不同历史时期形成的劳模精神，被打上鲜明的时代烙印，并被赋予不同的时代内涵。在中央苏区的公营企业，诞生了我国最早一批劳模。其劳模精神主要体现在新的劳动态度上，即抛弃雇佣劳动观念，将劳动视为自己的劳动，这是劳动观念的历史性飞跃。在其后的抗日战争和人民解放战争期间，劳模运动有了很大的发展，劳模群体不断壮大，围绕服务战争这一中心，形成了"为革命献身、革命加拼命、苦干加巧干、经验加创新"的劳模精神。①

四是伴随着从土地革命战争、抗日战争到人民解放战争的历史进程，我国的劳模运动蓬勃兴起、不断发展，其影响力越来越大。劳模评选制度逐渐完善，形成了发现劳模、评选劳模、表彰奖励劳模、宣传劳模先进事迹等比较完善的制度机制，积累了丰富的实践经验，为新中国建立后我国劳模运动

---

① 王永玺、张晓明：《简述中国劳模的历史发展》，《北京市工会干部学院学报》2010年第3期。

的健康发展，奠定了坚实的实践基础、制度基础和理论基础。

1945年1月10日，毛泽东在陕甘宁边区劳动英雄和模范工作者大会上发表题为《必须学会做经济工作》的讲话。他首先对劳模的作用和贡献进行高度评价，指出：劳模"有三种长处，起了三个作用。第一个，带头作用。这就是因为你们特别努力，有许多创造，你们的工作成了一般人的模范，提高了工作标准，引起了大家向你们学习。第二个，骨干作用。你们的大多数现在还不是干部，但是你们已经是群众中的骨干，群众中的核心，有了你们，工作就好推动了。到了将来，你们可能成为干部，你们现在是干部的后备军。第三个，桥梁作用。你们是上面的领导人员和下面的广大群众之间的桥梁，群众的意见经过你们传上来，上面的意见经过你们传下去"。[①]

毛泽东对劳模优点和作用作的三点概括，对于认识和揭示劳模的本质规定具有普遍的指导意义。首先，毛泽东深刻揭示了劳模人物最突出的共性特征就是带头示范作用和引领作用。劳模同普通劳动者的根本区别在于其先进性，劳模最主要的作用就在于必须发挥模范带头作用。其次，劳模由于具有先进性，他们在普通劳动者队伍中既是学习的楷模，也是吸引和凝聚劳动者的核心，是做好一切工作的骨干力量。最后，毛泽东从干群关系出发，提出劳模在践行党的群众路线、发扬民主作风、密切干部与群众关系方面具有重要地位和作用。毛泽东将其概括为桥梁作用，这种概括既生动又深刻，为进一步深入理解劳模的作用提供了科学的认识方法。

（三）新中国成立后我国的劳模思想研究

1.毛泽东关于劳模的基本思想

毛泽东非常重视劳模的先进作用。早在新民主主义革命时期，他就于

---

① 《毛泽东选集》第三卷，人民出版社1991年版，第1014页。

1934 年 1 月在中央苏区提出："提高劳动热忱，发展生产竞赛，奖励生产战线上的成绩昭著者"。① 新中国成立初期，我国工业基础薄弱，国民经济极其落后。面对我国一穷二白、百废待兴的具体国情，中国工人阶级在极端艰苦的条件下，开始了恢复国民经济的征程，并建立了不朽功勋。毛泽东对劳模的地位和作用作出高度评价，指出："你们是全中华民族的模范人物，是推动各方面人民事业胜利前进的骨干，是人民政府的可靠支柱和人民政府联系广大群众的桥梁。"② 毛泽东的上述重要评价，奠定了劳模的理论基础和现实地位，深刻揭示了新中国成立后劳模具有的重要历史地位，是党的全心全意依靠工人阶级根本指导方针在劳模问题上的具体反映。其一，扩大了劳模影响力的外延。毛泽东首次提出劳模是中华民族的模范人物，亦即劳模不仅是工人阶级的模范人物，而且也是整个民族的模范人物，全国各族人民都要向劳模学习。其二，对劳模在各个方面人民事业推进中具有的骨干作用作出高度评价，再次强调了劳模的骨干作用，集中反映了劳模的先进性，同时也高度肯定了劳模的中坚作用。其三，首次作出劳模在巩固人民政权中具有可靠支柱作用的重要论断，并提出劳模在人民政府联系广大群众过程中发挥桥梁作用的重要思想，这是继《必须学会做经济工作》后对劳模桥梁作用的再次强调。

2. 邓小平关于劳模的基本思想

以邓小平同志为核心的党的第二代中央领导集体，历来十分重视劳模的作用。1978 年 10 月 11 日，中国工会第九次全国代表大会胜利召开。邓小平在会上代表党中央作了题为《工人阶级要为实现四个现代化作出优异贡献》的致辞，他首先指出："在党的领导和工会的帮助下，全国各民族、各地区、各工业部门的职工群众中都涌现了一批劳动模范和革命骨干，他们至今还是

---

① 《建党以来重要文献选编（1921—1949）》第 11 册，中央文献出版社 2011 年版，第 137 页。

② 《毛泽东文集》第六卷，人民出版社 1999 年版，第 95 页。

我们学习的榜样和团结的核心。"①

邓小平的致辞，深刻表达了以下关于劳模的基本观点。

其一，突出强调了劳模及其先进人物的成长和进步离不开党的领导，也离不开工会组织的帮助。党的领导是劳模进步的重要政治保证，也是做好劳模工作必须坚持的政治原则。工会的帮助同样是劳模进步不可或缺的重要条件。作为职工自愿结合的群众组织，工会负有组织、教育、引导职工的职责。劳模作为职工群众中的杰出代表，在成长过程中，离不开工会组织的培养、教育和引导。

其二，突出强调了劳模的先进性特点，指出劳模来源于全国各民族、各地区、各工业部门的职工群众之中，他们是广大职工群众的楷模和典范。对于职工群众而言，劳模具有带头和引领作用。

其三，突出强调了劳模的重大历史贡献和巨大社会影响，并强调劳模人物曾经为我们树立了学习榜样，至今仍然是我们学习的榜样和团结的核心。以上对劳模的高度评价，贯穿着一个基本理念：劳模建树的丰功伟绩永远不可忘怀，劳模体现的时代精神永远不会过时，劳模具有的重要历史地位和作用永远不会被忽视。作为我们学习的榜样和团结的核心，劳模的先进性将会在新的征程中继续发扬光大。

其四，充分肯定了劳模在实现社会主义现代化过程中的重要作用。邓小平在中国工会九大上的致辞，以工人阶级要为实现四个现代化作出优异贡献作为主题，其中涵盖了劳模在实现现代化的伟大实践中要充分发挥模范带头作用，深刻体现了党的全心全意依靠工人阶级的根本方针。

3.江泽民关于劳模的基本观点

以江泽民同志为核心的党的第三代中央领导集体高度关注劳模群体，非常重视劳模在建设社会主义市场经济中的重要作用。2000 年 4 月，江泽民

---

① 《邓小平文选》第二卷，人民出版社 1994 年版，第 134 页。

在全国劳动模范和先进工作者表彰大会上指出："全国劳动模范和先进工作者是建设社会主义物质文明和精神文明的先锋，他们的思想和行动，体现了中国工人阶级的高贵品质，他们不愧为我们民族的精英、国家的脊梁、社会的中坚和人民的楷模。"这一讲话精神高度评价了劳模的先进性，并提出这种先进性体现在，劳模不仅是建设社会主义物质文明的先锋，同时也是建设社会主义精神文明的先锋。

4. 胡锦涛关于劳模的基本观点

2010 年，胡锦涛在全国劳动模范和先进工作者表彰大会上的重要讲话中强调，要在全社会广泛宣传劳动模范和先进工作者的先进事迹、优秀品质、高尚精神，给他们以应有的光荣和地位，推动全社会进一步尊重劳模、关心劳模、学习劳模、争当劳模，让劳模精神不断发扬光大。这再次体现了党和国家对劳动者的重视，以及对劳模精神的充分肯定。1999 年 4 月，胡锦涛在庆祝五一国际劳动节大会上指出："广大劳模的先进思想和优秀品质，充分展示了中华民族的伟大精神，昭示着我们时代前进的方向，是全社会的宝贵精神财富。"

（四）习近平总书记关于新时代劳模及劳模精神的重要论述

中国特色社会主义进入新时代的历史条件下，以习近平同志为核心的党中央在领导全国人民为实现中华民族伟大复兴中国梦的伟大实践中，形成了习近平新时代中国特色社会主义思想。作为这一思想的重要组成部分，习近平总书记关于工人阶级和工会工作的重要论述，包含着非常丰富而深刻的劳模思想和观点，是开展"弘扬劳模精神、建功新时代"主题活动的行动指南。习近平总书记关于劳模的重要思想博大精深，主要包括以下基本观点。

1. 高度赞扬不同时期劳模都作出历史贡献的观点

在我们党带领人民进行革命、建设、改革的各个历史时期，劳模始终是我国工人阶级的先进群体。他们在不同时期作出了巨大的历史贡献，因而备受人民尊敬。习近平总书记高度赞扬了劳模建树的丰功伟绩："长期以来，广大劳模以高度的主人翁责任感、卓越的劳动创造、忘我的拼搏奉献，谱写出一曲曲可歌可泣的动人赞歌，为全国各族人民树立了光辉的学习榜样。"①他还详细列举了不同历史时期的劳模人物及其建树的丰功伟绩，将劳模群体誉为工人阶级的闪光群体、最美的劳动者。

2.关于劳模是全国各族人民学习榜样的观点

劳模以自己的模范行动成为全国人民学习的楷模，正如习近平总书记指出的那样："劳动模范和先进工作者是坚持中国道路、弘扬中国精神、凝聚中国力量的楷模，他们以高度的主人翁责任感、卓越的劳动创造、忘我的拼搏奉献，为全国各族人民树立了学习的榜样。"②

3.关于激励和鞭策劳模的观点

习近平总书记指出："荣誉是继续前行的动力。广大劳动模范和先进工作者要珍惜荣誉、再接再厉，爱岗敬业、争创一流，用工人阶级的优秀品格、模范行动引导和鼓舞全体人民，再立新功、再创佳绩。"③

这是以习近平同志为核心的党中央对劳模及先进人物的殷切期待，也是新时代对劳模的新要求，对于弘扬劳模精神的先进性、激励劳模继续保持优秀品格具有巨大鞭策作用。

4.关于劳模精神的界定

当代劳模精神的出场，适应了新时代对弘扬劳模精神的需要，适应了对社会主义核心价值观积极引领的需要，也适应了凝聚广大职工群众，为实现中华民族伟大复兴中国梦充当主力军这一神圣使命的需要。2013 年 4 月 28

---

① 习近平：《在同全国劳动模范代表座谈时的讲话》，《人民日报》2013 年 4 月 29 日。

② 习近平：《在庆祝"五一"国际劳动节暨表彰全国劳动模范和先进工作者大会上的讲话》，人民出版社 2015 年版，第 4 页。

③ 习近平：《在庆祝"五一"国际劳动节暨表彰全国劳动模范和先进工作者大会上的讲话》，人民出版社 2015 年版，第 5 页。

日，习近平总书记在同全国劳动模范代表座谈时，进一步确证了劳模精神的内涵。他强调指出："在我们党团结带领人民进行革命、建设、改革各个历史时期，劳动模范始终是我国工人阶级中一个闪光的群体，享有崇高声誉，备受人民尊敬。长期以来，广大劳模以高度的主人翁责任感、卓越的劳动创造、忘我的拼搏奉献，谱写出一曲曲可歌可泣的动人赞歌，铸就了'爱岗敬业、争创一流、艰苦奋斗、勇于创新、淡泊名利、甘于奉献'的劳模精神，为全国各族人民树立了光辉的学习榜样。"劳模精神的内涵从理论上被概括为：爱岗敬业、争创一流，艰苦奋斗、勇于创新，淡泊名利、甘于奉献。这24个流光溢彩的大字，是劳动模范共有的基本特征。习近平总书记上述论断科学揭示了劳模精神更深层的本质，即高度的主人翁责任感。

5.关于在全社会弘扬劳模精神的观点

劳模作为工人阶级最杰出的代表，劳模精神作为时代的价值导向，要发挥其积极的价值引领作用，需要在社会上广泛宣传。2015年4月28日，习近平总书记指出："伟大的事业需要伟大的精神，伟大的精神来自于伟大的人民。我们一定要在全社会大力弘扬劳模精神、劳动精神，大力宣传劳动模范和其他典型的先进事迹，引导广大人民群众树立辛勤劳动、诚实劳动、创造性劳动的理念，让劳动光荣、创造伟大成为铿锵的时代强音，让劳动最光荣、劳动最崇高、劳动最伟大、劳动最美丽蔚然成风。"[①]大力弘扬劳模精神，就要在全社会形成尊重劳动者、崇尚劳动之风。

6.关于发挥劳模教育示范作用的观点

要大力弘扬劳动光荣、创造伟大的精神，并作为社会主义核心价值观的文化引领载体，有效校正社会上存在的各种贬损劳动、贬低劳动者的不正确思想。同时，要用劳模精神教育下一代，通过劳模文化进学校、进课堂，

①　习近平：《在庆祝"五一"国际劳动节暨表彰全国劳动模范和先进工作者大会上的讲话》，人民出版社2015年版，第4—5页。

"教育孩子们从小热爱劳动、热爱创造，通过劳动和创造播种希望、收获果实，也通过劳动和创造磨炼意志、提高自己"。① 习近平总书记站在培养社会主义建设者和接班人的战略高度，反复强调："要在学生中弘扬劳动精神，教育引导学生崇尚劳动、尊重劳动，懂得劳动最光荣、劳动最崇高、劳动最伟大、劳动最美丽的道理，长大后能够辛勤劳动、诚实劳动、创造性劳动。"

7. 关于培育和发展劳模必须落在实处的观点

培育劳模精神，充分发挥劳模人物的典型作用、示范作用和激励作用，需要作出全方位的安排，落在实处。其中，政治上依靠是关键，制度上落实是前提，素质上提高是基础，权益上维护是保障。为此，习近平总书记强调指出："各级党委、政府和工会组织要高度重视劳模、关心爱护劳模，支持劳模发挥骨干带头作用，帮助劳模解决生产生活中的问题，广泛宣传劳模先进事迹，使劳模精神不断发扬光大。"②

习近平总书记特别强调工会在推动劳模工作中的重要作用，要求各级工会协同各个方面，为劳动模范和大国工匠发挥作用搭建平台、提供舞台，培养造就更多劳动模范和大国工匠。

习近平总书记关于劳模的基本观点对于深刻认识劳模现象和深入研究劳模理论具有重大的指导意义，为建构劳模学提供了重要的方法论原则。

二、劳模学研究的实践基础

我国劳模运动是在党的领导下产生，并不断发展壮大的。劳模运动创造出生产奇迹，同时也为我们留下了宝贵的精神财富。建构劳模学，就必须深入考察不同历史时期的劳模运动及其特点，以及作出的重大历史贡献。

---

① 习近平：《在庆祝"五一"国际劳动节暨表彰全国劳动模范和先进工作者大会上的讲话》，人民出版社 2015 年版，第 5 页。
② 《习近平谈治国理政》第一卷，外文出版社 2018 年版，第 47 页。

（一）习近平总书记关于劳模重要论述的重大实践意义

2013年4月28日，习近平总书记在同全国劳动模范代表座谈时，高度概括了我国劳模的发展历程。他将劳模发展的历史科学划分为三个不同阶段，即革命战争年代、新中国成立后和改革开放历史新时期，并分别列举了不同历史时期著名的劳模代表人物，如革命战争年代的"边区工人一面旗帜"赵占魁、"兵工事业开拓者"吴运铎、"新劳动者旗手"甄荣典等劳动模范，新中国成立后的"高炉卫士"孟泰、"铁人"王进喜、"两弹"元勋邓稼先、"知识分子的杰出代表"蒋筑英、"宁肯一人脏，换来万人净"的时传祥等一大批先进模范，改革开放历史新时期的"蓝领专家"孔祥瑞、"金牌工人"窦铁成、"新时期铁人"王启明、"新时代雷锋"徐虎、"知识工人"邓建军、"马班邮路"王顺友、"白衣圣人"吴登云、"中国航空发动机之父"吴大观等一大批劳动模范和先进工作者。习近平总书记分别对不同历史时期劳模的基本特征和历史贡献进行了高度评价与概括，指出：革命战争年代劳模的历史贡献在于以"新的劳动态度对待新的劳动"，积极参加义务劳动，全力支援前线斗争，带动群众投身中国共产党领导的人民解放事业。新中国成立后，劳模的巨大贡献在于响应党的号召，带动广大群众自力更生、奋发图强。他尤其强调，铁人精神和大庆精神已成为激励各族人民意气风发投身社会主义建设的强大精神力量。在改革开放历史新时期，劳动模范和先进工作者充分体现出干一行、爱一行，专一行、精一行，带动群众锐意进取、积极投身改革开放和社会主义现代化建设，为国家和人民建立了杰出功勋。习近平总书记关于劳模的重要论述，为认识劳模运动规律和发展趋向、建构劳模学理论体系指明了方向。

（二）劳模评选制度对建构劳模学的实践意义

劳模在实践中的进步与发展，离不开我们党对劳模工作实践的正确领导，离不开党领导下工运事业的健康发展，离不开劳模丰富多彩的生产、工作实际和创新实践，也离不开保证劳模主人翁地位、激发劳模劳动生产积极性的政策和机制保证。从这个意义而言，如果没有相关评树机制和政策保障，就不可能产生劳模现象和劳模运动。

中国共产党为了动员广大工人阶级群众，将树典型作为重要的工作方法，通过劳模积极引领广大工人阶级群众，学习劳模的先进经验，不断提高思想觉悟，努力投身于生产劳动中，作出自己的贡献。

早在 20 世纪 30 年代初，我们党就在中央苏区领导开展了评选英模和表彰先进活动；40 年代中期，陕甘宁边区又发起了一场声势浩大的评选劳动英雄和模范工作者运动；新中国成立后，党和政府把评选全国劳模作为一项制度固定下来。①

1959 年 10 月，中共中央、国务院授予全国先进集体称号 2565 个，授予全国先进生产者称号 3267 人；1960 年 6 月，授予全国先进集体称号 3092 个，授予全国先进生产者称号 2686 人。②

自 1950 年到 2015 年，中共中央、国务院先后召开过 15 次大规模的表彰会，对全国劳动模范和全国先进工作者进行隆重表彰，累计表彰全国劳动模范和先进工作者 2.2 万余人次。党和政府也十分关心劳模的工作、学习、生活，先后采取了提高劳模退休金和进行一次性奖励，以及保障劳模就业、不准劳模下岗、安排劳模体检和疗养等措施。在深化改革和结构调整过程中，部分全国劳模特别是一些离退休老劳模的生活出现了暂时困难。党中央、国务院对此高度重视，从 2003 年起，每年拨出 6000 万元专款，由全国总工会负责，以全国劳模生活困难补助金、特殊困难帮扶资金形式，每年分两次发放给收入低于当地职工平均工资标准和生活有特殊困难的全国劳模。为提高劳模的素质和文化水平，优化其知识结构，自 1997 年起，全国总工

---

① 田罗银：《全国劳模及历史作用研究（1950—1980）》，上海交通大学 2013 年硕士学位论文。

② 齐燕庆：《中国劳模现象的历史及其沿革》，《理论前沿》1996 年第 9 期。

会在中国劳动关系学院开办劳模本科班，全国劳动模范和全国"五一劳动奖章"获得者均可免试入学。劳模本科班创办至今，已经培养了600多名劳模本科生。他们在各行各业努力工作，发挥了更大的作用。此外，各地积极出台有关政策，提高劳模待遇，帮助劳模解决生产和生活中的各种实际问题，解除劳模的后顾之忧。这为继续保持劳模的先进性和创新精神，使其继续在新时代建功立业，提供了坚实的政策和机制保障。

自从劳模表彰制度诞生以来，它彰显的调动社会情绪、统一社会思想、整合社会力量的作用，始终没有改变。①

第四节　劳模学的研究方法

"工欲善其事，必先利其器。"在理论研究中，对研究方法的正确选择和运用，直接关系到研究的成败。劳模学作为新兴学科，在建构的意义上，首先，要从探索层面正确选择研究方法；其次，要从本质层面研究劳模的诸多规定性，以及劳模同周围事物或现象的诸多联系；再次，要从理论层面建构反映劳模本质的内在逻辑，从系统角度全面反映劳模的理论内涵；最后，要从规律层面反映劳模形成和发展的历史逻辑，深刻揭示劳模的发展规律。为实现上述目标，要从研究方法层面明确研究路径，把握科学的研究工具，确立研究的指导思想，明确研究目的以及达到目的的手段。

从学科建构角度讲，劳模学作为新兴学科，概念或范畴的界定、判断的形成、结论的推出、论证的结果，不仅要符合逻辑规范，而且必须反映内在本质，而非泛泛的对已有文献的复制、对现象的感性描述、对问题粗浅直白的解释、对难题的刻意回避。基于此，在研究范式确立方面，应重点对劳模

---

① 姚力：《1977—1979年的全国劳动模范表彰》，《当代中国史研究》2015年第6期。

及其现象进行本体论研究、认识论探索、价值论深化。劳模学的理论建构应内在地体现这"三论"的研究范式,由此构成一个比较完整的研究和理论建构逻辑。这一研究逻辑应具体体现在如下具体研究方法上。

一、历史与逻辑相统一的方法

历史与逻辑相统一是一种辩证的思维方法,也是一般方法论中的重要方法。劳模作为历史范畴,有产生和发展的历史,其历史的丰富性、过程的曲折性、发展的规律性,既是历史的,也是逻辑的。劳模学研究的深化,应以历史与逻辑相统一作为一般方法论,在深入探讨劳模、劳模现象及其历史发展过程中,自觉遵循并运用这一研究方法,这关系到劳模学研究的基本方向。

其一,明确"历史的东西"及其内涵的深刻意义。"历史的东西"具有丰富性、多样性、多层次性、具体性和客观性等特点,因此,要始终坚持"历史的东西"是第一性的观点。要正确厘清和准确把握"历史的东西"与"逻辑的东西"两者之间的关系,坚持从"历史的东西"出发,将劳模作为一定历史条件下生产劳动发展的主体,按照劳模发展的客观实际揭示劳模的发展规律;而不能以颠倒的形式,从"逻辑的东西"出发,用"逻辑的东西"完全取代"历史的东西",不顾劳模及其现象发生、发展等客观事实,以主观臆断来代替客观实际。

其二,明确"逻辑的东西"的必要性。从辩证逻辑视角来看,"逻辑的东西"不是对"历史的东西"原封不动的完全复制或照抄照搬。所以,在劳模学研究中,应避免对劳模及其发展规律作现象层面的直观描述。必须看到,对劳模现象的粗浅描述,反映的仅是具体的、偶然的、非本质的内容。因而,描述的方法绝不是研究方式,代替不了逻辑思维;而缺少了逻辑概括和抽象,揭示劳模发展的客观规律就将成为一句空话。

其三，正确坚持历史与逻辑相统一的辩证关系。恩格斯在揭示这一辩证关系时指出："历史从哪里开始，思想进程也应当从哪里开始，而思想进程的进一步发展不过是历史过程在抽象的、理论上前后一贯的形式上的反映；这种反映是经过修正的，然而是按照现实历史过程本身的规律修正过的"。①在建构劳模学理论体系过程中，坚持历史与逻辑相统一的方法论意义在于，客观逻辑的起点，也是理论逻辑的起点。建构劳模学，首先要准确确证劳模学体系的逻辑起点，即劳模学中最简单、最基本的范畴，这一范畴以萌芽形式包含了劳模学体系的全部内容和发展趋势。如前所述，劳模作为一定生产劳动条件下的劳动实践主体，也是历史活动的主体，研究劳模学应当以劳模作为逻辑起点。换言之，劳模学就是劳模范畴所蕴含全部内容的历史和逻辑的展开。

实际运用历史与逻辑相统一的方法研究劳模学，应当分为两步做好劳模学的建构工作。其一，从实际出发，从大量收集有关劳模发展的历史文献和各种资料入手，或者深入基层搞调查研究，掌握第一手资料；其二，在获取客观材料基础上，对于有关劳模的事迹、经验材料和相关历史文献进行深入的逻辑加工，按照"去粗取精，去伪存真"的原则进行取舍，通过归纳和演绎、分析和综合等逻辑方法，从劳模事迹、劳模现象等具体材料中进行逻辑抽象，从中发现劳模及其发展规律，实现对劳模学的理论建构。

二、以人民为中心的唯物史观及方法论

党的十九大报告明确提出"坚持以人民为中心"的重要观点，它作为习近平新时代中国特色社会主义思想的基本内容，是基于"人民群众是历史的创造者"这一唯物史观的基本原理，在新时代对新实践的新概括和新发展。

---

① 《马克思恩格斯文集》第 2 卷，人民出版社 2009 年版，第 603 页。

"坚持以人民为中心"，就是要坚持以"一切依靠人民，一切为了人民"为基本原则。

劳模作为工人阶级的先进群体，是我们党和国家依靠的力量。坚持以人民为中心这一历史唯物主义观点作为一般方法论，研究劳模现象，应从以下方面进行深入研究。

1.突出劳模的先进性，强调劳模在促进生产发展、推动社会进步中的积极作用

坚持以人民为中心，客观上要相信蕴藏在人民群众之中的创造伟力，尊重人民群众的首创精神。在研究劳模方面，要深刻揭示劳模的创新本质，充分认识劳模对推动政治、经济、文化、社会和生态全面发展的重要作用。2015年4月28日，习近平总书记在庆祝"五一"国际劳动节暨表彰全国劳动模范和先进工作者大会上的讲话中明确指出："在前进道路上，我们要始终坚持人民主体地位，充分调动工人阶级和广大劳动群众的积极性、主动性、创造性。人民是历史的创造者，是推动我国经济社会发展的基本力量和基本依靠。推进'四个全面'战略布局，必须充分调动广大人民群众的积极性、主动性、创造性。"[1]

2.突出劳模精神的先进性，强调劳模精神永远不会过时

坚持以人民为中心，就是要坚信劳模精神在本质上是先进的，不会因为时过境迁、形势变化而丧失其先进性。自改革开放以来，在弘扬劳模精神方面出现了各种争议和质疑，需要立足于新时代，运用以人民为中心的方法论为武器，对各种责难、怀疑，在理论上进行必要的澄清和校正。实践上，要坚定不移地高扬劳模精神的旗帜，在全社会形成尊重劳模、崇尚劳模的良好氛围。要探讨扩大和加强宣传劳模的途径，利用各种传播媒介和各种宣传教

---

[1]　习近平：《在庆祝"五一"国际劳动节暨表彰全国劳动模范和先进工作者大会上的讲话》，人民出版社2015年版，第5—6页。

育平台，大张旗鼓地宣传劳模人物及其先进事迹，让劳模和先进人物进校园、进课堂，加强对学生进行劳动教育、劳模先进事迹教育，为中国特色社会主义事业培养建设者和接班人。

3.突出劳模的成长要求与发展期待，强调保持并不断激励劳模的先进性，必须有可靠的保障机制

保持劳模群体的先进性，必须在坚持以人民为中心的前提下，按照"政治上保证，制度上落实，素质上提高，权益上维护"这一总体思路，加强劳模队伍建设，不断提高劳模队伍的素质和专业技能，维护好劳模应享有的合法权益，以保持劳模群体的先进性质，使其永远站在时代前列，争做实现中华民族伟大复兴中国梦的奋斗者和排头兵。

三、辩证的方法

唯物辩证法是认识与改造客观世界的根本观点和方法。运用唯物辩证法研究劳模群体和劳模现象，揭示劳模的发展规律，可以使劳模学的建构置于科学方法论的基础之上。唯物辩证法的基本特征，即普遍联系的观点和发展的观点，既是全面认识和深入研究劳模的基本原则，也是建构劳模学重要的科学方法。

(一) 普遍联系的观点

联系的普遍性，是客观事物和现象的本质属性。同理，劳模及其现象也具有相同的本质特征。从事物普遍联系的角度看，建构劳模学应当高度关注劳模及其现象同其他社会事物存在的历史联系和现实关系，并通过系统的观察，发现主要关系和非主要关系、本质联系和非本质联系、直接关系和间接关系，并将这些关联依据固有逻辑置于劳模学的建构系统之中。

首先，劳模现象不是孤立的社会现象，而是同党、国家以及工会组织等

社会团体存在密切联系，同工人阶级和劳动群众存在最直接的联系，也同政治、经济、文化、社会以及生态存在千丝万缕的联系。其中，最主要的是党和劳模之间的紧密联系。这种联系既包括党的领导同劳模成长的历史关系，也涵盖这一关系的现实表现和未来发展趋向。

其次，劳模现象也不是孤立的社会历史现象，其产生、存在、发展和壮大总是同一定的社会历史背景和发展阶段紧密相关。劳模在每一历史阶段的存在与发展，都同那个时代的背景相适应，都是对那个时代的时代精神和民族精神的丰富与发展。

再次，劳模的积极性、创造性和历史主动精神主要体现在强大的能动性方面，主要表现为劳模及劳模精神对所处时代的价值引领，对工人阶级与广大劳动群众的示范和带动效应，对政治建设、经济建设、文化建设、社会建设以及生态文明建设的重大影响。因此，在建构劳模学过程中，一定要关注这些关系，并深入探讨它们背后的内在联系。

最后，体系就存在于逻辑关系中，通过关系发现规律，通过关系建构体系。劳模问题联系的广泛性和深刻性，要求在建构劳模学体系过程中，要多向度、多层面、多方面地分析劳模的地位、作用及贡献，既要从历史的角度，发现劳模成长的历史逻辑，也要着眼于现实，认真观察并总结劳模鲜明的时代特征、重要地位和作用以及重大影响，力求在客观、广泛的联系中，探索以劳模为逻辑起点的、联系紧密的范畴系统，发现贯穿于劳模发展过程始终的客观规律，构建以劳模为核心范畴的劳模学理论体系。

（二）发展的观点

永恒发展是任何事物及现象的辩证本性，世界上没有一成不变、停滞不前的东西。运用发展的观点看待事物，是观察、认识和解决问题的基本方法，也是建构劳模学的重要方法之一。

首先，劳模作为重要的社会历史现象，其产生、存在和发展是有规律可循的，总体趋势上，是一个不断上升的过程。伴随着时代发展和社会进步，劳模也在不断进步之中发展自身的先进性、彰显自身的社会影响力、发挥自身的积极引领作用。运用发展的观点研究劳模及其现象，要从劳模进步的历史过程中，探寻蕴含于其中的规律性。

其次，劳模的成长同一定的时代背景、社会环境、具体条件密切相关，其内在规定性伴随着时代进步而不断丰富，因而被赋予鲜明的时代特征。劳模精神作为时代精神和民族精神内涵的重要组成部分，也受一定社会历史条件的影响，不同时代将会产生适应那个时代要求的劳模精神，不同时代的劳模精神也将对那个时代产生重大影响。同时，劳模精神通过劳模文化传承，将会超越时代的疆界，继续发挥作用。诸如20世纪著名的劳动模范代表人物——"高炉卫士"孟泰、"铁人"王进喜、"两弹"元勋邓稼先、"知识分子的杰出代表"蒋筑英、"宁肯一人脏，换来万人净"的时传祥等人，他们的先进事迹和感人至深的精神，至今仍在激励广大劳动者，为实现中华民族伟大复兴中国梦而努力拼搏。

再次，劳模对社会发展的推动作用日益明显。劳模在各自的生产和工作岗位上，通过辛勤劳动、诚实劳动和创造性劳动，创造了辉煌业绩，成为生产领域的先锋模范。他们的先进事迹和影响通过各种传播途径，扩展到全社会，成为广大人民群众学习的榜样。这就意味着，劳模原本在生产领域的模范作用，被赋予全新的社会意义乃至时代意义，成为时代的楷模、民族的脊梁、时代精神和民族精神的人格化典型。

最后，劳模的本质是与时俱进的。这一规定决定了劳模进步的必然性，铸就了劳模锐意进取的优秀品质，形成了持之以恒、坚韧不拔的神圣使命感和努力奋进的进取精神。我们从当代劳模、科学家袁隆平取得的享誉世界的科研成果中，深刻体验到了劳模追求卓越的伟大品格；我们也从"抓斗大王"、劳模包起帆不断进行的技术革新中，感受到这种创新不停、奉献不止、永远进步的精神。进步与发展，是劳模彰显其先进性的关键词，也是对劳模先进性的真实诠释。伴随着劳模追求卓越、永不停息的脚步，其自身的意义和积极的价值引领效应必将在新时代大放异彩。

党的十九大宣告中国特色社会主义进入新时代，吹响了建设社会主义现代化强国的进军号角。新时代举世瞩目，新目标令人向往，新征程催人奋进。在决胜全面建成小康社会、建设社会主义现代化强国的伟大实践中，劳模作为中国道路的坚持者、中国精神的弘扬者、中国力量的凝聚者、中国价值的体现者，负有神圣的历史使命。可以预见，劳模将继续成为实现中华民族伟大复兴中国梦的主力军和新时代奋斗者的先锋，劳模精神也将继续成为引领新时代的一面辉煌旗帜。

第二章　劳模制度的历史演变与时代价值

中共中央历来高度重视发挥工人阶级的主力军作用，发挥劳动模范的示范带动作用。党的十八大以来，习近平总书记针对劳动、劳模精神、劳动精神发表了一系列重要论述，深刻地指出，劳模精神"丰富了民族精神和时代精神的内涵，是我们极为宝贵的精神财富"①，"生动诠释了社会主义核心价值观，是我们的宝贵精神财富和强大精神力量"②，"是伟大时代精神的生动体现"③；"我们要在全社会大力弘扬劳动精神，提倡通过诚实劳动来实现人生的梦想、改变自己的命运"④，要"弘扬劳模精神和工匠精神，营造劳动光荣的社会风尚和精益求精的敬业风气"。⑤ 这些重要论述既强调了劳模精神作为精神财富的重要意义，也凸显了劳模精神的时代内涵。

劳模制度借鉴了苏联时期的劳动英雄制度，发轫于中央苏区时期，曾在

① 《习近平谈治国理政》第一卷，人民出版社 2018 年版，第 46 页。

② 习近平：《在庆祝"五一"国际劳动节暨表彰全国劳动模范和先进工作者大会上的讲话》，人民出版社 2015 年版，第 4 页。

③ 习近平：《在知识分子、劳动模范、青年代表座谈会上的讲话》，人民出版社 2016 年版，第 8 页。

④ 习近平：《在知识分子、劳动模范、青年代表座谈会上的讲话》，人民出版社 2016 年版，第 9 页。

⑤ 《中国共产党第十九次全国代表大会文件汇编》，人民出版社 2017 年版，第 25 页。

陕甘宁边区得到成功实践。中华人民共和国成立后，我国的劳模评选制度经历了新中国成立初期（1949—1960 年）、改革开放初期（1977—1988 年）和常态化、制度化时期（1989 年至今）三个阶段。1982 年，"奖励劳动模范和先进工作者"被写入宪法后，劳模评选表彰逐步固化为一种常态机制。纵观不同时期劳模的构成，劳模的评选标准、评选范围及选树典型，均与当时的生产力发展水平、社会经济状况及劳动价值导向密切相关。任何时期，劳模都是时代的先锋、民族的楷模。他们身上承载和彰显的劳模精神一直发挥着引领作用，并已成为社会主义核心价值体系的重要组成部分。

第一节　劳模评选制度的由来

回顾历史，我国的劳模评选制度借鉴了苏联的"斯达汉诺夫运动"，起源于中华苏维埃共和国临时中央政府时期的群众性劳动竞赛运动，发展于陕甘宁边区政府时期的劳动生产运动和劳动英雄评选活动。劳模运动的出现与当时的生产力发展水平紧密关联，并与当时生产落后、财政困难的客观现实相关。其目的均是通过表彰奖励先进者，鼓舞人民士气，自力更生，发展生产，提高部队战斗力，解决现实困难。当时，劳模运动不仅成为经济建设的重要形式，更发展演化为实行民主政治、进行社会建设的有效途径，毛泽东、刘少奇等中共中央领导人对劳模运动给予了高度评价。中华人民共和国成立后，劳模评选表彰作为我国特有的一项制度一直沿袭下来。

一、苏联的"斯达汉诺夫运动"

苏联的群众性劳动竞赛，最早可追溯到 1919 年国内战争时期的共产主义星期六义务劳动。当时，正值苏俄国内战争的严峻时刻。为克服困难、战胜敌人、保卫苏维埃政权，莫斯科—喀山铁路工人，响应布尔什维克党发出的"立即解决铁路运输问题"的号召，自发地开展共产主义星期六义务劳动。这一活动，在苏俄广大工人中间引起极大反响，很快成为群众性的竞赛活动。共产主义星期六义务劳动，体现了已经获得解放的苏俄工人阶级"自觉自愿提高劳动生产率、过渡到新的劳动纪律、创造社会主义的经济条件和生活条件的首创精神"。① 该活动为后来开展的社会主义劳动竞赛运动创立了一个良好的开端。

1925 年年底，苏联确立工业化路线，全国掀起了社会主义工业建设的高潮，优先并加速发展重工业，为更大规模开展群众性的社会主义劳动竞赛运动提供了前提条件。1929 年 3 月 5 日，列宁格勒的红色维堡工厂向苏联所有工厂提出了劳动竞赛挑战，从而发出了社会主义劳动竞赛的讯号。到 20 世纪 30 年代初，参加劳动竞赛活动的工人越来越多，比例由 7.6% 增加到 60.8%。由于开展了社会主义劳动竞赛运动，苏联的第一个五年计划（1928—1933 年）提前 9 个月完成。到 20 世纪 30 年代中期，苏联的生产技术水平上升得很快，但随之出现了缺少精通技术的干部问题。1935 年 5 月，斯大林及时发现了这个问题。他在苏联红军高等院校学员毕业典礼上的讲话中提出："有了掌握技术的人才，技术就能够而且一定会创造出奇迹来。"② 基于此，联共（布）中央向苏联全国提出了"干部决定一切"的口号。

此时，29 岁的青年采煤工阿列克塞·斯达汉诺夫，反复学习联共（布）中央和斯大林的指示，开动脑筋，根据自己所在班组生产的实际情况，研究怎样才能提高生产效率。他经过反复思考、研究和周密安排，在两个支架工人的配合下，"在 1935 年 8 月 30—31 日一个作业班的 5 个小时内，采掘了102 吨煤，超过技术定额（定额是 7 吨）13 倍多"③，创造了新纪录。在斯达

---

① 《列宁全集》第 37 卷，人民出版社 2017 年版，第 17 页。
② 《斯大林文集》，人民出版社 1985 年版，第 45 页。
③ 《苏联大百科全书》第 40 卷，莫斯科 1957 年俄文版，第 555 页。

汉诺夫的带动下，他所在的中央伊尔敏诺矿井和整个顿巴斯煤矿以及全国各行各业，展开了赶超斯达汉诺夫的群众性生产劳动竞赛活动。于是，"斯达汉诺夫运动"就成为苏联社会主义建设史上非常著名的生产劳动竞赛运动，斯达汉诺夫也成为劳动者的表率。这个由斯达汉诺夫开创的，应用新技术、充分使用机械设备、刷新旧定额、提高劳动生产率和增加产品产量的大规模群众运动，仅在一两个月时间内便迅速传遍苏联全国。各行各业都涌现出自己的斯达汉诺夫式的模范人物，他们被称为"斯达汉诺夫工作者"。

1935 年 11 月，苏联召开了 3000 多人参加的斯达汉诺夫工作者第一次会议，与会者就采用新技术和提高生产率等问题广泛交流了经验。苏联党和政府号召全国人民学习斯达汉诺夫，并在国民经济各条战线推广他的先进经验。由于开展了"斯达汉诺夫运动"，苏联在第二个五年计划期间，劳动生产率大为提高，促进了社会主义建设事业的飞速发展。第二个五年计划期间，"工业劳动生产率提高了 82%"，这个五年计划也提前 9 个月胜利完成。"斯达汉诺夫运动"加快了苏联社会主义经济建设的步伐，苏联的经济基础更加巩固和雄厚。苏德战争爆发后，苏联得以在法西斯德国疯狂而猛烈的攻势面前立于不败之地。战后初期，苏联国民经济也是通过开展"斯达汉诺夫运动"而得到很快恢复和高速发展。经过第二次世界大战，欧洲各资本主义国家的经济一蹶不振。而深受战争创伤的苏联仅用四五年时间，就使国民经济恢复到战前的最高水平。

"斯达汉诺夫运动"，是苏联由 1935 年开展的一场声势浩大的群众性建设社会主义劳动竞赛运动。这场运动从 20 世纪 30 年代中期开始到卫国战争结束，甚至在战后的苏联经济建设事业中，一直在提高劳动生产率、推动社会主义建设快速发展，以及促进经济基础进一步巩固等方面，起着巨大的作用。苏联 20 世纪 30 年代中期以后各阶段社会主义建设的事实证明："斯达汉诺夫运动"这一群众自发的生产劳动竞赛运动，一经得到党的重视和支持，便会迅速而全面地展开，并形成推动社会主义建设的巨大洪流，为社会主义国家经济基础的巩固和物质的极大丰富，起到了巨大的推动和促进作用。①

二、中华苏维埃共和国临时中央政府时期

1932 至 1934 年在中央苏区轰轰烈烈开展的群众性劳动竞赛活动，是我国劳动人民在中国共产党的领导下取得政权后，第一次用自己拥有的生产资料和生产手段，为保卫和巩固红色政权、发展苏区生产、改善自身经济条件和生活条件，而自觉自愿开展的群众生产活动。

中央苏区的劳动竞赛始于农业生产活动。随着苏区土地革命的不断深入，广大翻身农民分田分地，获得了生产资料，粉碎了几千年间封建剥削的枷锁，劳动热情像火山一样迸发出来，迫切要求苏区政府带领他们发展生产，改善自身生活。同时，由于国民党反动派对中央苏区的"围剿"，苏区农业生产上也出现了劳动力、生产资料不足等个体小生产者无法解决的困难。为了解决这些实际困难，中央苏区一方面号召广大农民组织起来，大力开展互助合作运动，以集体劳动替代个体劳动；另一方面，号召和动员苏区军民广泛开展劳动竞赛，努力提高劳动效率。1932 年 3 月 23 日，中共中央组织局发出题为《关于革命竞赛与模范队的问题》的通知，号召全党以最大努力"发动群众积极性，用组织模范队和革命竞赛的新方式"，"转变全部工作"。中华苏维埃共和国临时中央政府土地人民委员部也发布训令，要求各级苏维埃政府"组织生产竞赛，乡与乡赛，村与村赛，家与家赛，团体与团体赛"，并制定了生产竞赛的评比标准和奖励章程。苏区广大翻身农民积极响应中华苏维埃共和国临时中央政府的号召，踊跃参加各级苏维埃政府组织的，以春耕、植树、垦荒为主要内容的劳动竞赛。1933 年，中华苏维埃共

---

① 参见姜天明：《苏联斯达汉诺夫运动及其经验与教训》，《辽宁大学学报》1991 年第 2 期。

和国临时中央政府所在地瑞金的春耕生产竞赛更是如火如荼。据中华苏维埃共和国临时中央政府机关报《红色中华》报道，在1933年的春耕生产竞赛活动中，瑞金县参加竞赛的妇女便多达1488人。通过竞赛，瑞金全县植树60.37多万株，开垦荒田1525亩，开坡修坝2340座。

在农业生产竞赛活动的影响下，中央苏区各企业和政府机关的劳动竞赛也热火朝天地开展起来。中央苏区广大工人和国家机关工作人员，积极响应中华苏维埃共和国临时中央政府"一切为着革命战争，为着前线的胜利"的号召，自觉组织生产模范队、经济核算队、生产突击队，开展各种形式的劳动竞赛活动。他们主动延长工作时间，提高劳动强度，改进工作方法，努力增加生产。中央苏区各企业和国家机关的劳动竞赛，多以增加生产数量、提高产品质量、节省材料和遵守劳动纪律、参加社会工作为主要内容，有工厂与工厂、单位与单位，以及企业内部部门、班组、个人之间各种形式的竞赛。企业之间的劳动竞赛，先由参赛的双方（或多方）订立竞赛条约，并召开参赛单位代表联席会议，对条约中规定的竞赛内容、目标、期限和检查、评比、奖励办法进行认真商讨，然后由参赛单位代表和公证人在竞赛条约上签名。企业内部的劳动竞赛先由厂长召集生产会议，提出生产计划草案，交由党支部会议和工人大会讨论通过，然后以觉悟高、技术好的党、团员和积极分子为骨干，组成生产模范队，并以此带动班组与班组、个人与个人之间的竞赛。竞赛的优胜者由工厂给予奖励并上红板。

热火朝天的劳动竞赛，激发了广大群众的劳动热情，促进了生产的发展，改善了劳动群众的生活，使中央苏区充满了朝气蓬勃的生机。劳动竞赛成为苏区人民"创造新社会和新生活的自觉的、愉快的活动"，"成为苏维埃区域内群众生活的一部分"。①1934年3月，时任苏区中央执行局委员长刘少奇，在专门为革命根据地工人所写《用新的态度对待新的劳动》一文中指

---

① 张闻天：《从强迫劳动到自由劳动》，《斗争》1934年第52期。

出："在苏维埃政权下，苏维埃的工厂企业与合作社企业，是工农大众所共有的财产。它不是为着剥削工人、生产利润去供养一部分寄生虫，而是为着供给战争，为着供给工农大众的需要，为着创造人类最大的幸福而生产"，"把那些真正的突击队员——劳动的英雄们，列在红板上去！极大地在群众中奖励他们。因为他们是革命战争中生产战线上的先锋与模范"。[①]

中央苏区的劳动竞赛，是特定历史条件下的特定产物，它的产生有深刻的社会、政治和客观原因。中央苏区的劳动竞赛，从一开始就表现出鲜明的社会主义属性和特征：一是反映了广大劳动群众当家作主，成为国家和社会的主人后，在生产劳动中发挥高度的积极性和创造性、建设新生活的强烈愿望。二是体现了劳动群众劳动目的和利益的一致性，以及劳动者之间同志式的互助合作的平等关系。苏区军民紧密团结在中国共产党和苏维埃政府周围，为了反"围剿"战争胜利这个共同的目的，浴血奋斗，忘我劳动。他们在劳动中互相学习，互相帮助，取长补短，共同提高。三是劳动者摆脱了旧的思想残余和雇佣观念的束缚，逐步树立起共产主义的劳动态度。在苏区，劳动已不再是简单的谋生手段，而是"为了无产阶级自身的最后解放与社会主义的胜利"。[②] 四是具有广泛的群众性。中央苏区的劳动竞赛是在群众自觉自愿基础上，全员、全方位开展的。从工厂、农村到政府机关，从普通的工人、农民到各级政府的领导人，都无一例外地投身到这一轰轰烈烈的群众运动之中。

三、陕甘宁边区政府时期

1937 年 9 月，陕甘宁边区政府成立。为了休养民力和恢复生产，激励

---

① 《刘少奇选集》上卷，人民出版社 1981 年版，第 20、22 页。

② 《建党以来重要文献选编（1921—1949）》第十一册，中央文献出版社 2011 年版，第 170 页。

群众的生产热情，在借鉴苏联的"斯达汉诺夫运动"和总结土地革命战争时期竞赛经验的基础上，陕甘宁边区政府领导开展劳动竞赛，利用英雄和先进人物的带头作用提高劳动生产率。

1938年1月，陕甘宁边区政府举办制造品竞赛展览会，并奖励了一些先进工厂和劳动英雄，正式开启了劳模评选运动。此后，陕甘宁边区开展大生产运动，各行各业都涌现了一批劳动英雄和模范工作者。1939年，陕甘宁边区政府陆续颁布《人民生产奖励条例》《督导民众生产运动奖励条例》等，对在大生产运动中取得重大成绩者予以奖励。1940年1月，陕甘宁边区第二届农工展览会在延安举行，展览分为农业、工业、卫生三个部分。在展览会开幕典礼上，毛泽东发表讲演指出："边区政府要得到老百姓的拥护，要作出许多好事，这是热心作出来的，只有热心还不行，还要力求进步，今年的展览会就是进步，我们要奖励这些劳动英雄们，因为他们不但热心，而且求进步。"[1]1942年，随着大生产运动的深入发展和生产大竞赛的普遍开展，各行各业都有劳动英雄和模范工作者不断涌现，延安农具厂工人赵占魁便是其中的优秀代表。1942年下半年，陕甘宁边区政府要求各抗日根据地的公营工厂，开展以模范工人赵占魁为旗帜的"赵占魁运动"。1942年9月11日，《解放日报》发表题为《向模范工人赵占魁学习》的社论，介绍了赵占魁的模范事迹，号召全体工人向赵占魁学习。10月，陕甘宁边区总工会发出《关于开展赵占魁运动的通知》，要求工人们立即行动起来，学习赵占魁，"以掀起一个广泛的运动"，并确定了开展这一运动的目的、方针和方法。[2] 毛泽东高度赞扬"赵占魁运动"，看到《解放日报》的那篇社论后，立即给中共中央职工运动委员会书记邓发打电话说："奖励赵占魁这件事做得很好，这不是奖励一个人的问题，而是全边区和其他根据地提高生产、改进工作的

---

① 《毛泽东同志演讲词》，《新中华报》1940年2月3日。

② 中国工运研究所编：《新编中国工人运动史》上卷，中国工人出版社2016年版，第240页。

新生事物。平时我听说你们要找斯达汉诺夫，赵占魁同志就是中国式的斯达汉诺夫。你们把他的优点总结起来，树立标兵，推广到各工厂各生产单位去。"① 同年 12 月，毛泽东在中共中央西北局高级干部会议上进一步号召："改善职工会的工作，发展赵占魁运动于各厂。"② 从此，"赵占魁运动"在陕甘宁边区各公营工厂普遍开展起来。"赵占魁运动"的深入开展，促进了陕甘宁边区工业生产的迅速发展，使陕甘宁边区公营工厂的面貌发生了巨大变化。各工厂在生产上做到了数量增加、质量提高、原料节省、成本降低。"赵占魁运动"的开展，还激发了工人的生产热情和主人翁精神，涌现出一大批赵占魁式的劳动英雄，比如袁广发、孙云龙、贾国兴、苟在朝、王河海、杨双庆、王国初、张宪武、柳云贵、李凤莲等人。

　　陕甘宁边区政府就把这些劳动英雄当作典型，除予以报道外，还进行了办黑板报、举行生产展览会、秧歌、民歌等形式的各种宣传活动，在群众中广泛推广。为了有效开展生产运动，陕甘宁边区政府相继制定并颁布一系列奖励条例，向在大生产运动中作出特殊成绩的团体、个人颁发劳动英雄奖章或奖状、农具或耕牛、日常用品、奖金等。1943 年，陕甘宁边区各分区的劳动英雄代表大会相继召开，《劳动英雄和模范生产工作者及其代表选举办法》颁布。该办法不仅规定劳动英雄和模范生产工作者要由群众选举产生，还详细规定了选举的范围、标准、方式等。1943 年 11 月 26 日至 12 月 16日，陕甘宁边区第一届劳动英雄代表大会在延安召开。大会表扬和奖励了185 名劳动英雄，其中的 25 人获特等奖励，每人得奖金 3 万元；获得甲等奖和乙等奖者以及参加大会的其他劳动英雄，也获各种不同形式的奖励。其间，毛泽东等中共中央领导人亲切接见了与会劳模代表，并同他们座谈。中共中央还专门为劳动英雄们举行了招待会，劳模们"受到空前未有的尊重"。

---

　　①　陕西省总工会工运史研究室编：《陕甘宁边区工人运动史料》下册，工人出版社1988 年版，第 591 页。

　　②　《毛泽东文集》第二卷，人民出版社 1993 年版，第 464 页。

陕甘宁边区第一届劳动英雄代表大会以后，"劳动光荣"的号召更加深入人心，陕甘宁边区的劳模运动进入更高阶段，劳模运动在各个行业普遍展开，各项建设运动中均产生了更多的劳模。1944年5月，陕甘宁边区工厂职工代表大会奖励了200余位特等及甲等劳动英雄，一批劳模还当选为陕甘宁边区第三届参议会工人参议员。1944年12月21日至1945年1月14日，第二次陕甘宁边区劳动英雄和模范工作者大会在延安召开。到会代表476人，比第一届增加了两倍多。毛泽东在会上发表重要讲话，明确指出了劳动英雄和模范工作者的带头作用。1945年11月，中共中央西北局决定以县为单位召开劳模会议。1946年10月，陕甘宁边区政府决定各县以区为单位召开劳动英雄大会。1947年后，国民党军进攻陕甘宁边区，劳模大会无法正常召开，劳模运动也随之停止，但表彰典型作为一种组织形式和工作方法延续了下来。①

在农业生产劳动竞赛的带动下，工厂、机关、部队、卫生、司法等各个行业的劳动竞赛和劳动英雄评选活动，也如火如荼地开展起来，掀起了劳动竞赛的高潮。1942年，朱德提出，驻守陕甘宁边区的八路军部队在大生产运动中，要"以丰富的劳动力，投入有用的活动，以减轻人民负担，改善部队生活，密切军民关系"②，号召陕甘宁边区留守部队开展劳动竞赛活动。陕甘宁边区各留守部队在生产劳动中开展了热火朝天的劳动竞赛，涌现出一大批劳动英雄。

综上，陕甘宁边区的劳模运动大致分为4个阶段。第一阶段从陕甘宁边区政府成立到1938年，处于劳模运动的萌芽阶段。其目的是消除农民对劳动的错误认识，提高农民的生产积极性，使农民更愿意投入到生产劳动中。第二阶段为1939到1941年，是劳模运动的初步发展阶段，制定了一系列法

---

① 参见贾晓明：《陕甘宁边区的劳模运动》，《党史文苑》2017年第9期。
② 《建党以来重要文献选编（1921—1949）》第十九册，中央文献出版社2011年版，第578页。

律和规章制度，规范了劳模评选活动。第三阶段为 1942 至 1944 年，是劳模运动的逐步成熟阶段，举办了两届劳动英雄代表大会，劳模运动的开展深入到陕甘宁边区各行各业，掀起了劳模运动的高潮。第四阶段为 1945 至 1947 年。该阶段不再进行全边区范围内的劳模评选工作，改为由各县进行。1947 年，由于国民党军对陕甘宁边区的进攻，逐步停止了劳模运动。

陕甘宁边区的劳模运动持续了近 10 年，这期间制定了劳模评选范围、条件、标准和奖励办法，初步确立了劳模评选制度。劳模评选也经历了从个人到集体、从农业生产领域到各行各业、从重数量到重质量的过程。在劳模评选中层层选拔，坚持"从群众中来，到群众中去"的工作方法。评选出的劳动英雄不仅具有优良的生产技术，更具有很高的道德水平和良好的群众基础。在党的领导下，这一时期，劳模评选制度不仅实现了从无到有，而且在党的局部执政中积累了丰富的实践经验，各条战线上涌现出的劳动英雄为革命根据地建设和政权建设作出了突出贡献。1945 年 1 月，毛泽东在题为《必须学会做经济工作》的讲话中给出了这样的评价：劳动模范"是全中华民族的模范人物，是推动各方面人民事业胜利前进的骨干，是中国政府的可靠支柱和人民政府联系广大群众的桥梁"。[1]

第二节　1949 年以来劳模评选制度的演变

中华人民共和国成立以来，截至 2015 年，我国进行了 15 次全国范围的劳模表彰，共表彰劳动模范和先进工作者 31192 人。通过表彰宣传在劳动竞赛、发展生产活动中涌现出的模范人物，引领全国各族人民自觉投入到生产建设中去。经过由新民主主义向社会主义过渡、社会主义建设探索、改革开

---

[1]　《毛泽东文集》第六卷，人民出版社 1999 年版，第 95 页。

放等不同时期的积极实践，形成了中国特色的劳模评选制度，虽然形式和范围多有变化，但为国家建设、发展作贡献的价值导向是一致的。

一、中华人民共和国成立初期（1949—1960 年）

新中国成立初期，百废待兴，既要保家卫国，又要发展生产。此时的劳模表彰工作，既要对革命战争时期涌现出来的模范人物进行表彰，又要顺应新中国成立初期的政治、经济形势，团结号召全国各族人民发展生产，努力改善生产、生活条件，稳步迈入社会主义。这 10 多年间，中共中央、国务院共举行了 4 次劳模表彰工作会议（见表 1）。

表 1　新中国成立初期劳模表彰情况

序号	名称（时间）	颁奖机构	表彰情况	代表人物
1	全国工农兵劳动模范代表会议（1950 年 9 月 25 日—10 月 2 日）	中央人民政府	全国劳动模范 464 人	李凤莲、赵占魁、孟泰等人
2	全国先进生产者代表会议（1956 年 4 月 30 日—5 月 10 日）	中共中央、国务院	全国先进集体 853 个，全国先进生产者 4703 人	孟泰、裔式娟、林巧稚、华罗庚、钱学森、夏鼐等人
3	全国工业、交通运输、基本建设、财贸方面社会主义建设先进集体和先进生产者代表大会（即全国群英会）（1959 年 10 月 25 日—11 月 8 日）	中共中央、国务院	全国先进集体 2565 个，全国先进生产者 3267 人	王崇伦、倪志福、张秉贵、时传祥、王进喜、赵梦桃等人
4	全国教育和文化、卫生、体育、新闻方面社会主义建设先进单位和先进工作者代表大会（全国文教群英会）(1960 年 6 月 1—11 日)	中共中央、国务院	全国先进单位 3092 个，全国先进生产工作者 2686 人	林巧稚、陆玉琴、吕济德等人

资料来源：中华全国总工会经济技术部：《新编劳模工作手册》，中国工人出版社 2012 年版，第 149—153、154—181、182—201、202—227 页。

从这 4 次表彰情况看，不同时期的侧重点有所不同。1950 年受表彰的劳动模范，主要来自工业、农业和军队等方面。鉴于新中国成立之初我国以农业生产为主的国情，在劳模评选标准中专门规定了农业劳模的评选条件，把"带领组织群众实行生产互助或精耕细作勤劳增产，发家致富取得显著成绩者"作为首要条件。[1] 而到了1956年表彰先进生产者时，把"提前完成第一个五年计划规定指标""达到优等质量指标"作为评定的重要指标。[2]受表彰的个人和集体大部分来自工业系统，而且，1956年是受表彰人数最多的一次。之所以呈现这个特点，与当时的时代背景有着密切关系。1956年，我国处于第一个五年计划期间。为确保第一个五年计划顺利实施，不仅将表彰大会的名称定为"先进生产者代表会议"，并且将评选的重点放在工业战线。这充分体现了对过渡时期工业战线涌现出的先进生产者的褒奖。

1959年10—11月，全国工业、交通运输、基本建设、财贸方面社会主义建设先进集体和先进生产者代表大会（即全国群英会）在北京举行。1960年6月，全国教育和文化、卫生、体育、新闻方面社会主义建设先进单位和先进工作者代表大会（即全国文教群英会）也在北京举行。显然，1960年的全国文教群英会是1959年全国群英会的继续，对全国的文化与教育、卫生事业起到了振奋、激励和引导作用。与前两次劳模评选相比，它们的评选范围进一步扩大，由工业战线扩大到教育、文化战线。此外，这两次劳模评选，来自农业战线的劳模大幅度减少，"先进"的内涵更为宽泛，受表彰的人数众多，并开始强调对先进集体的表彰。1960年，受表彰的先进集体数量多于先进个人。

中华人民共和国成立10年间，经济社会迅速发展。受表彰的先进对象来自工、农、教、文、卫、体等各条战线，既有生产能手、岗位标兵，又包括科技人员、教育工作者。这10年间的4次表彰大会，在会议名称、评选

---

[1]　姚力：《中华人民共和国成立初期的劳模表彰及其社会效应》，《党的文献》2013年第4期。

[2]　姚力：《中华人民共和国成立初期的劳模表彰及其社会效应》，《党的文献》2013年第4期。

条件及受表彰对象等方面呈现明显差异。表彰的重点从工农兵转移到工业战线的先进人物，再转移到文教战线的先进人物。这与国家恢复生产、发展工业、提高劳动生产力水平的需要紧密呼应。通过对先进生产者和先进工作者有目的、有组织的评选宣传，既凸显了工人阶级作为领导阶级的政治地位，又将"人民是国家的主人"这一政治理念转化为全民族的劳动实践，实现了"艰苦奋斗、无私奉献"劳动价值观的广泛传播，并使其在潜移默化中成为民众认同的价值观念，对国家的经济社会发展起到了重要促进作用。

第二个五年计划前期，提出了脱离实际、人为加快的超高发展指标，很快因难以维系而回落。1960年的发展速度下降至4.7%，1961年和1962年出现大幅度的负增长。党和政府不得不在"二五"计划的后两年（1961—1962年），对国民经济进行调整；然后再用3年时间继续调整（1963—1965年），作为第二个五年计划与第三个五年计划（从1966年开始）之间的过渡阶段。① 这一时期，劳模评选活动因政策调整而相应暂停。1966年以后，受当时"文化大革命"的影响，我国的经济发展遭受严重损失。社会主义建设的许多正确原则，一概被当作修正主义和资本主义加以批判，导致人们的生产热情低落、科技进步缓慢、经济效益普遍大幅度下降。② 一直到1977年3月，全国范围的劳模评选活动暂时中止。

二、改革开放初期（1977—1988年）

随着"文化大革命"的结束，劳模评选工作迅速得到恢复。从1977年4月到1979年12月，短短两年多的时间里，中共中央、国务院连续举行了

---

① 中共中央党史研究室：《中国共产党历史》第二卷（1949—1978）下册，中央党史出版社2011年版，第741页。

② 中华全国总工会编：《中国工会百科全书》上卷，经济管理出版社1998年版，第968页。

5 次全国劳模表彰大会，开启了劳模表彰工作的第二个高潮（见表 2）。之所以进行如此密集的劳模表彰，主要原因是"文化大革命"期间，国家的经济社会发展遭受巨大创伤。此时需要通过劳模的榜样引领作用，动员引导社会各界继续艰苦奋斗、努力发展经济，把精力转移到社会主义现代化建设上来。

表 2　改革开放初期劳模表彰情况（1977—1988 年）

序号	名称（时间）	颁奖机构	表彰情况	代表人物
1	全国工业学大庆会议（1977 年 4 月 20 日—5 月 14 日）	中共中央、国务院	全国大庆式企业、全国先进企业 2126 个，全国先进生产者 385 人	王崇伦、黄荣昌、王运岐等人
2	全国科学大会（1978 年 3 月 18—31 日）	中共中央、国务院	全国先进集体 826 个，全国先进科技工作者 1213 人	陈景润、林巧稚等人
3	全国财贸学大庆学大寨会议（1978 年 6 月 20 日—7 月 9 日）	中共中央、国务院	全国财贸战线大庆式企业 736 个，全国劳动模范和先进生产者 381 人	张秉贵、李秀玲等人
4	国务院表彰工业、交通、基本建设战线全国先进企业和全国劳动模范大会（1979 年 9 月 28 日）	国务院	全国先进企业 118 个，全国劳动模范 222 人	陈福汉、顾思乡等人
5	国务院表彰农业、财贸、教育、卫生、科研战线全国先进单位和全国劳动模范大会（1979 年 12 月 28 日）	国务院	全国先进单位 351 个，全国劳动模范 340 人	申纪兰、袁隆平等人

资料来源：中华全国总工会经济技术部：《新编劳模工作手册》，中国工人出版社 2012 年版，第 228—232、233—243、244—250、251—254、255—259 页。

这一时期劳模评选范围主要向 4 类人员倾斜：对超额完成全国先进定额和计划指标有重大贡献者，在完成生产建设任务、实现增产节约方面有重大贡献者，在生产技术上有重大改革或者有重大合理化建议者，在创造发明、科学研究方面有重大贡献者。从评选标准和评选条件来看，这一时期劳动价值导向的时代性特征十分明显，那就是紧紧服务于社会主义现代化建设。①

　　总体而言，这一时期的劳模表彰具有频率高、名称多、标准单一、来源广泛等特点。3 年内进行了 5 次表彰，相比以前平均 4 至 5 年表彰一次来说，其表彰频率之高，可见一斑。1979 年，中共中央、国务院首次对"先进"进行了理论概括，即："各条战线的劳动模范和先进集体，必须是先进生产力的优秀代表，能够体现社会发展的方向。"② 显然，生产力标准成为这一时期劳模评选的主要标准。随着明确了"知识分子是工人阶级的一部分"，袁隆平、陈景润等知识分子和科研工作者成为劳动模范队伍中的新成员。在全社会重心向经济建设转移的变革背景下，这 5 次表彰中的前 3 次以中共中央、国务院名义进行表彰，表彰对象多为 1960 至 1978 年的劳动模范，带有拨乱反正、落实政策的性质；后两次仅以国务院的名义进行表彰，表彰对象为 1978 至 1979 年的先进典型，表彰对象逐步转移到社会主义现代化的建设者，这种变化体现出党的十一届三中全会前后党的路线方针政策的重大转变。

三、劳模评选常态化、制度化时期（1989 年至今）

　　从 1950 年到 1979 年的 9 次劳模表彰，名称各不相同，频率高低不一；对象也不相同，人数变化大，既有集体，又有个人；受当时经济社会发展的影响，表彰具有较强的不确定性。从 1979 年到 1988 年，受各种因素影响，没有开展全国性的劳模评选。直到 1989 年 9 月，全国劳动模范和先进工作者表彰大会在北京隆重召开；之后从 1995 年开始，固定为每 5 年召开一次全国劳动模范和先进工作者表彰大会（见表3）。1989 年以来，共有 6 次全

---

　　①　中华全国总工会编：《中国工会百科全书》上卷，经济管理出版社 1998 年版，第 177 页。

　　②　游正林：《我国职工劳模评选表彰制度初探》，《社会学研究》1997 年第 6 期。

国性劳模表彰，从表彰名称、表彰频率到表彰人数、表彰对象，逐步趋于稳定、一致，这意味着劳模评选表彰进入常态化、制度化阶段。

表3　劳模评选常态化、制度化时期表彰情况（1989年至今）

序号	名称（时间）	颁奖机构	表彰情况	代表人物
1	全国劳动模范和先进工作者表彰大会（1989年9月28日—10月2日）	国务院	全国劳动模范1987人，全国先进工作者803人	徐虎、申纪兰、包起帆、邓稼先、蒋筑英、聂卫平等人
2	全国劳动模范和先进工作者表彰大会（1995年4月29日）	国务院	全国劳动模范2157人，全国先进工作者716人	徐虎、申纪兰、孔繁森等人
3	全国劳动模范和先进工作者表彰大会（2000年4月29日）	国务院	全国劳动模范1931人，全国先进工作者1015人	徐虎、李素丽、吴登云等人
4	全国劳动模范和先进工作者表彰大会（2005年4月30日）	国务院	全国劳动模范2124人，全国先进工作者845人	许振超、姚明、刘翔、孔祥瑞、宋鱼水、王顺友等人
5	全国劳动模范和先进工作者表彰大会（2010年4月27日）	国务院	全国劳动模范2115人，全国先进工作者870人	窦铁成、李瑞英等人
6	庆祝"五一"国际劳动节暨表彰全国劳动模范和先进工作者大会（2015年4月28日）	中共中央、国务院	全国劳动模范2064人，全国先进工作者904人	巨晓林、白永明等人

资料来源：中华全国总工会经济技术部：《新编劳模工作手册》，中国工人出版社2012年版，第260—278、279—298、299—320、321—343、344—367页；《中共中央、国务院关于表彰全国劳动模范和先进工作者的决定》，《人民日报》2015年4月29日。

回顾30多年来的劳模评选变化状况，这一时期的劳模评选伴随着改革开放深入推进，呈现出5个特点：一是评选方式更加科学、民主。评选工作坚持公开、公平、公正原则，推荐人选自下而上产生，并接受公众监督。二是评选标准更加合理。在倡导"无私奉献"的同时，将"对社会有突出贡献"作为劳模评选的重要条件，并且在评价指标中增加了敬业精神、创新精神和职业道德等要素。三是评选范围更加广泛，劳动模范的构成呈现多样化。随着人们对劳动认识的深化，评选对象不仅包括工人、农民、知识分子，个体经营者、私营企业主、体育明星等均可参加全国劳模的评选。四是注重持续提高一线职工和农民的劳模比例。2000年，劳模评选分配原则规定："企业一线职工不得低于总数的35%，农民应占总数的20%；企业负责人不得超过总数的8%"。2010年，劳模推荐评选要求："坚持面向基层和工作一线，其中企业职工不低于45%，农民不低于20%。"① 五是表彰规模日趋稳定。每次受表彰的人数均在3000左右，而且只对个人进行表彰，不再表彰集体。值得关注的是，自1979年9月以后，全国劳模的表彰单位由中共中央、国务院变更为国务院；从2015年4月开始，全国劳模的表彰单位再次回归为中共中央、国务院。这一回归充分体现出，在迈向中华民族伟大复兴的征程中，党和国家对劳模评选表彰工作的高度重视。

第三节　劳模精神的形成与发展

党的十九大报告指出：要"弘扬劳模精神和工匠精神，营造劳动光荣的社会风尚和精益求精的敬业风气"。②2015年，习近平总书记在庆祝"五一"国际劳动节暨表彰全国劳动模范和先进工作者大会上的讲话中指出："劳动模范和先进工作者是坚持中国道路、弘扬中国精神、凝聚中国力量的楷模，他们以高度的主人翁责任感、卓越的劳动创造、忘我的拼搏奉献，为全国各族人民树立了学习的榜样。"③

---

① 中华全国总工会经济技术部：《新编劳模工作手册》，中国工人出版社2012年版，第39、84页。

② 《中国共产党第十九次全国代表大会文件汇编》，人民出版社2017年版，第25页。

③ 习近平：《在庆祝"五一"国际劳动节暨表彰全国劳动模范和先进工作者大会上的讲话》，人民出版社2015年版，第4页。

一、劳模精神的形成

劳模评选制度随着革命、建设、改革的主题任务改变而发生嬗变，每一时期都产生了具有时代特征的劳动模范，劳模精神的内涵也相应地被赋予特有的时代元素，这充分体现了事物发展中"变"的特质。此外，劳动模范作为时代的领跑者，劳模精神作为时代精神的具体体现，引领社会大众投身于社会主义建设事业的导向作用不曾改变，这又充分体现了具有规律性的"不变"的特质。

劳模精神来源于全体劳动者的伟大劳动实践，劳模群体的奋斗经历和优秀品质是劳模精神形成的源头活水。马克思主义认为，社会实践决定社会意识，社会意识的发展依赖于社会实践的发展。劳模精神的孕育、成长和发展，是与中国共产党领导的中国革命、社会主义建设和改革开放伟大实践紧密联系在一起的。

（一）革命战争时期的劳模精神

中国的劳模最早诞生于土地革命战争时期中央苏区的公营企业和革命竞赛中，尔后出现在抗日战争时期的陕甘宁边区大生产运动和各项建设中。为了巩固抗日根据地，取得抗日战争的胜利，抗日根据地军民积极响应"自力更生、艰苦奋斗"的号召，开展了一系列大生产运动，具有代表性的是南泥湾生产运动，涌现出大批劳动英雄，极大地鼓舞了抗日根据地群众战胜困难的信心，培育了抗日根据地军民以新态度对待劳动的新的劳动思想。解放战争时期，各地人民群众积极支援前线作战，大力支持新解放区工农业生产的恢复和发展，其间涌现出众多支前劳模和工业劳模。因此，这一时期的主导思想是"服务战争"，劳模精神则是"为革命献身、革命加拼命、苦干加巧干、经验加创新"。这一时期的劳模，主要包括生产好的劳动英雄和工作好的模范工作者两大类。他们来自农村、工厂、军队、机关、合作社、学校等，分布在农业、工业、商业、纺织、运输、合作、财政金融贸易、卫生保育、行政、保安、司法等多个领域，涵盖经济、军事、政治、文化等各项建设。成员既有畜牧、植棉、打盐、运盐、安置移民、办义仓、拥军优抗、防奸的劳动英雄，还有退伍残疾军人、妇女、青年、学生、抗属、工属等劳动英雄。其优秀代表人物，主要有赵占魁、吴运铎、甄荣典、李位、晏福生、刘建章等人。

这一时期的劳模运动，经历了从个人到集体、从生产领域到各个方面、从上级指定到群众评选、从数量增多到质量提高、从提倡号召到按规定标准予以推广、从革命竞赛到全面群众运动的发展过程，体现了"服务战争、支援军事"的指导思想和"为革命献身、革命加拼命、苦干加巧干、经验加创新"的劳模精神，呈现出"革命型"的劳模特征。劳模评选极大地调动了军民斗争、生产、工作的积极性，引发了一场思想革命，在群众中首次树立了"劳动光荣、劳动致富"的劳动观念；不但推动了苏区、抗日根据地以及解放区生产、建设事业和各项工作的大发展，改善了军民生活，提高了军事素质和工作效率，还创新了生产组织形式和工作方式，密切了军民关系、干群关系、党群关系，增强了劳动人民的团结，并为党领导下的新民主主义革命取得胜利、建立新中国作出了重要贡献。

（二）社会主义建设时期的劳模精神

新中国成立后，我国成为人民民主专政的社会主义国家，消灭了阶级剥削，消除了异化劳动。工人阶级和广大农民实现了政治、经济上的翻身，获得了主人翁和当家作主的地位，心中充满了感恩和报答国家的劳动热情。为恢复并发展国民经济、完成社会主义改造、进行社会主义工业化建设，广大劳动者以主人翁的姿态，满怀报效国家的劳动激情，参与到社会主义劳动生产中去。各个行业、各个岗位涌现出众多的劳动模范和先进工作者，特别是工业和农业领域，出现了许多让人钦佩和令人振奋的劳模事迹。

这一时期，党和政府坚持沿用革命战争时期的经验与做法，依托社会主义劳动竞赛和生产运动开展形式多样的劳模运动，评选出了成千上万的劳模和先进生产者。从 1950 年 9 月至 1960 年 6 月这 10 年间，党和政府先后召开了 4 次大规模的全国性劳模和先进生产者代表大会，评选产生了 1 万多名劳模和先进工作者。这些劳模广泛分布在工业、农业、部队、交通运输、基本建设、财贸、教育、文化、卫生、体育、新闻等国民经济和社会建设的多个方面，既有生产能手、岗位标兵、技术人员、科技工作者，又有先进生产者、优秀组织者和管理者。典型代表人物，有吴运铎、孟泰、王进喜、时传祥、李四光、钱学森、华罗庚、焦裕禄、赵梦桃、郝建秀、倪志福、郭凤莲、张秉贵等人。在他们身上体现出的是社会主义理想和爱国报恩的价值追求，其蕴含的劳模精神的内涵是"不畏困难、艰苦奋斗、自力更生、无私奉献、刻苦钻研、勇于创新、不怕牺牲、团结协作、爱岗敬业、多作贡献"。这一时期的劳模主要来源于基层，一线产业工人是主流，"一不怕苦、二不怕死"的硬骨头精神和"老黄牛"形象是他们的真实写照。提高操作技能和熟练程度、提升技术水平和生产能力、提出合理化建议和总结推广先进经验、从生产型向技术革新型转变，是劳模们的典型特征。中华人民共和国成立初期劳模队伍的迅速壮大及其具有的示范引领作用，为新中国国民经济的恢复、社会主义建设在各条战线的起步与发展作出了重大贡献，对树立社会主义劳动观念、推广劳模经验、提高生产工作效率、提升组织管理协作水平发挥了重大作用。

改革开放以来，我国进入社会主义建设新时期。围绕以经济建设为中心的指导方针，广大劳动群众满怀劳动热情，积极投身于改革开放的伟大实践。也正是在马克思主义劳动观的指导下，我国工人阶级和全体劳动群众，以中华民族勤劳勇敢、吃苦耐劳的文化传统为根基，在中国共产党的领导下，通过自己的劳动创造，为中国的经济社会发展汇聚了强大的正能量。

20 世纪 70 年代末至 80 年代末，开始采用生产力标准评选劳模，陈景润、袁隆平、邓稼先等科研工作者成为代表人物。这一时期的劳模不仅具有无私奉献、拼命苦干的"老黄牛"精神，更强调对生产力发展的促进作用和对事业的突出贡献。进入劳模评选常态化、制度化时期，大部分劳模渐渐具有知识型、创新型、技能型、管理型等特点[①]，许振超、李素丽、包起帆、徐虎、孔祥瑞等一大批高技能人才成为劳动模范的代表人物。

2005 年 4 月 30 日，胡锦涛在全国劳动模范和先进工作者表彰大会上指出："一代又一代先进模范人物，以自己的实际行动铸就了'爱岗敬业、争创一流，艰苦奋斗、勇于创新，淡泊名利、甘于奉献的伟大劳模精神'"。[②]胡锦涛首次用这 24 个字对劳模精神进行了生动概括，至此，劳模精神的内涵形成完整表述。之后，在 2010 年与 2015 年表彰全国劳模和先进工作者时，都用这 24 个字阐释和宣传劳模精神。

（三）劳模精神的丰富内涵

"爱岗敬业、争创一流，艰苦奋斗、勇于创新，淡泊名利、甘于奉献"，构成了劳模精神的丰富内涵。就其内在逻辑而言，"爱岗敬业、争创一流"是劳模的奋斗目标，"艰苦奋斗、勇于创新"展现了劳模的精神风貌，"淡泊名利、甘于奉献"体现了劳模的思想境界，这三方面相辅相成、互为补充。[③]"艰苦奋斗、勇于创新"的精神风貌是实现"爱岗敬业、争创一流"奋斗目标的基础，"淡泊名利、甘于奉献"的思想境界又是展现"艰苦奋斗、勇于创新"精神风貌的必要条件。这就要求，新时期的劳模精神应具有敬业、创新和奉献三方面的特质。敬业是劳模精神的核心，所有劳模都应具备脚踏

---

① 王永玺、张晓明：《简述中国劳模的发展历史》，《北京市工会干部学院学报》2010 年第 9 期。

② 胡锦涛：《在全国劳动模范和先进工作者表彰大会上的讲话》，2005 年 4 月 30 日。

③ 徐大慰：《劳模精神的时代内涵及其现实价值》，《中国井冈山干部学院学报》2016 年第 9 期。

实地、求真务实的敬业精神；创新是时代赋予劳模精神的新内涵，新时期劳模不仅是敬业、奉献的"老黄牛"，更应当是知识型、技能型、创新型人才的典范；奉献则是劳模精神的主旋律，任何时代的劳模均需具有默默奉献、勇于付出、不计回报的精神特质。

爱岗敬业、争创一流是劳模精神的本质特征。劳动模范是中国梦的领跑人，他们用自身的模范行为带动广大群众立足本职、尽职尽责、精益求精，在平凡的工作岗位上作出不平凡的业绩，筑牢实现中国梦的坚实根基。浙江省劳动模范吴斌突遭重创时临危不乱，强忍剧痛将驾驶的公交车停稳，用生命践行了忠于职守的职业观，被人们誉为"最美司机"。艰苦奋斗、勇于创新是劳模精神的品质体现。劳动模范是辛勤劳动、创新劳动的实践者，他们解放思想、奋发图强、敢为人先，把自己先进的工作理念和技术技能传授给普通群众，带动广大群众拓展新视野、掌握新知识、增强新本领，为实现中国梦凝聚力量。20 世纪 60 年代以来，全国劳动模范袁隆平院士使中国在矮秆水稻、杂交水稻育种和超级杂交水稻育种方面领先世界水平。20 世纪 70 年代初，袁隆平发表水稻有杂交优势的观点，打破了自花授粉作物育种的禁区，被誉为"世界杂交水稻之父"。淡泊名利、甘于奉献是劳模精神的价值追求。劳模有强烈的事业心和高度的责任感，对党和人民极端负责，比如王进喜、孔繁森等人。他们默默地为祖国和人民奉献一切，却从不计较名利得失，吃苦在前，享受在后。全国劳动模范吴仁宝带领华西村干部群众创造了"天下第一村"的奇迹，但他始终以淡泊名利、甘于奉献精神严格要求自己。从 20 世纪 70 年代起，吴仁宝就给自己立下了"三不"规矩：不住全村最好房子，不拿全村最高工资，不拿全村最高奖金。他应得的奖金累计超过 1.3 亿元，却分文不取，全部留给集体。随着时代变迁，劳模精神的内涵不断丰富发展，但劳模精神的价值追求和精神引领未曾改变。每一时期的劳模都不计名利、甘于平淡、默默奉献、勇于创新，在体现党和国家价值导向的同时，带领着更多的人积极投身于社会主义建设事业。

二、习近平新时代中国特色社会主义思想对劳模精神的新发展

习近平总书记在一系列重要讲话中多次提及劳动模范和劳模精神，并用较多篇幅论述劳动模范的历史贡献和劳模精神的宝贵价值。2013 年以来，他先后使用"是民族的精英、人民的楷模""是我国劳动人民的杰出代表，是祖国和人民的骄傲""是坚持中国道路、弘扬中国精神、凝聚中国力量的楷模""是劳动群众的杰出代表，是最美的劳动者"等表述，来充分肯定广大劳动模范和先进工作者。对于他们的贡献，习近平总书记两次用"他们以高度的主人翁责任感、卓越的劳动创造、忘我的拼搏奉献，为全国各族人民树立了学习的榜样"予以强调。习近平总书记的这些重要论述，充分体现出中共中央对劳动模范成绩的高度认可、对劳动模范的殷殷关怀。

（一）新时代的劳模精神

习近平总书记指出，劳模精神"丰富了民族精神和时代精神的内涵，是我们极为宝贵的精神财富"①，"生动诠释了社会主义核心价值观，是我们的宝贵精神财富和强大精神力量"②，"是伟大时代精神的生动体现"。③ 这些重要论述既强调了劳模精神作为精神财富的重要意义，更凸显了劳模精神的时代内涵。党的十九大报告提出，要"弘扬劳模精神和工匠精神，营造劳动光荣的社会风尚和精益求精的敬业风气"。④ 在 2018 年"五一"国际劳动节来临之际，习近平总书记给中国劳动关系学院劳模本科班学员回信，向他们并向全国所有劳动模范、向全国广大劳动者致以节日的问候，希望广大劳模在

---

① 《习近平谈治国理政》第一卷，人民出版社 2018 年版，第 46 页。

② 习近平：《在庆祝"五一"国际劳动节暨表彰全国劳动模范和先进工作者大会上的讲话》，人民出版社 2015 年版，第 4 页。

③ 习近平：《在知识分子、劳动模范、青年代表座谈会上的讲话》，人民出版社 2016 年版，第 8 页。

④ 《中国共产党第十九次全国代表大会文件汇编》，人民出版社 2017 年版，第 25 页。

各自岗位上继续拼搏、再创佳绩，用干劲、闯劲、钻劲鼓舞更多的人，激励广大劳动群众争做新时代的奋斗者。从国家层面上讲，我们要始终弘扬劳模精神、劳动精神，为实现中华民族伟大复兴中国梦注入强大的精神动力。从社会层面上讲，弘扬劳模精神有利于在全社会营造崇尚劳动的浓厚氛围和精益求精的敬业风气，为中国特色社会主义事业汇聚起强大的正能量。从个人层面上讲，榜样的力量是无穷的，劳模精神可以感染并引领广大劳动者勤奋做事、勤勉为人、勤劳致富，培育并践行社会主义核心价值观。新时代背景下，习近平新时代中国特色社会主义思想在充分继承马克思主义劳动哲学与中华优秀传统文化的基础上，开创了新时代中国特色社会主义劳动思想的新境界，为实现"两个一百年"奋斗目标、中华民族伟大复兴中国梦提供了强大的思想引领。

（二）劳模精神与工匠精神

劳模精神是以爱国主义为核心的民族精神和以改革创新为核心的时代精神的生动体现。"爱岗敬业、争创一流，艰苦奋斗、勇于创新，淡泊名利、甘于奉献"构成了新时期劳模精神的丰富内涵。

2017 年 3 月，李克强总理在《政府工作报告》中提出："质量之魂，存于匠心。要大力弘扬工匠精神，厚植工匠文化，恪尽职业操守，崇尚精益求精，完善激励机制，培育众多'中国工匠'，打造更多享誉世界的'中国品牌'，推动中国经济发展进入质量时代。"中华优秀传统文化发展演进的历史长河中，工匠精神在农耕文明发展中日益形成独具一格的精神特质。这些特质主要体现在 3 个方面：首先是"擅工尚巧"的创造精神。作为一名工匠，对其最基本的职业要求就是擅工尚巧，这也是工匠个人努力追求的职业美德。当然，匠人的"巧"不仅仅在手工操作方面体现为技巧，还在创造性思维方面体现为巧思。其次是"精益求精"的工作态度。在古代，一名娴熟工匠制造器物时，往往追求将技艺的精湛与产品的精致完美结合，以器物精致细腻的工艺造型闻名于世，其背后常常凝结着古人精益求精、精雕细琢的工作态度。最后是"道技合一"的人生境界。对于匠人这一职业而言，一般是从技艺开始的，这是从业的基础和凭借。在练就高超技艺、打造传世作品的过程中，他们也希望通过手中的技艺领悟"道"的真谛，从而实现人生境界的升华，所以，对技艺和作品精益求精的不懈追求是古代工匠通往"道"的一种途径。可见，工匠精神不仅是精雕细琢、精益求精的劳动态度，也是追求完美、坚持敬业的道德气质，更是自我否定、勇于创新的精神追求。

就精神载体而言，劳模精神和工匠精神在产生机制、评价标准、时代背景、职业基础等方面存在明显区别。但是，这两种精神的内涵也具有共同性特征，都继承了中华民族优秀传统文化中的劳动文化精髓，具有共同的文化底蕴；都立足于职业岗位，取得了突出业绩，作出了重要贡献，具有共同的价值导向；都练就了卓越技能，用个人的劳动实践阐释了劳动的精致境界，具有共同的价值实现。从一定意义上来说，劳模精神的核心就是工匠精神。因此，纵观不同时期的劳模模范，许多劳模也堪称大国工匠，而今日的很多大国工匠也无愧于劳模的荣誉称号。

（三）劳模精神与社会主义核心价值观

2014 年 5 月 30 日，习近平总书记在北京市海淀区民族小学主持召开座谈会时指出："我们倡导的富强、民主、文明、和谐，自由、平等、公正、法治，爱国、敬业、诚信、友善的社会主义核心价值观，体现了古圣先贤的思想，体现了仁人志士的夙愿，体现了革命先烈的理想，也寄托着各族人民对美好生活的向往。"①2015 年 4 月 28 日，在庆祝"五一"国际劳动节暨表彰全国劳动模范和先进工作者大会上，习近平总书记再次指出："爱岗敬业、

---

① 《习近平谈治国理政》第一卷，外文出版社 2018 年版，第 181 页。

争创一流，艰苦奋斗、勇于创新，淡泊名利、甘于奉献"的劳模精神，生动
诠释了社会主义核心价值观，是我们的宝贵精神财富和强大精神力量。① 党
的十九大报告强调："中国特色社会主义文化，源自于中华民族五千多年文
明历史所孕育的中华优秀传统文化，熔铸于党领导人民在革命、建设、改革
中创造的革命文化和社会主义先进文化，植根于中国特色社会主义伟大实
践。"② 可见，中国特色社会主义文化由中华优秀传统文化、革命文化和社会
主义先进文化三大部分组成。劳动模范一直是时代先锋和行动楷模，他们身
上承载的劳模精神一直发挥着引领作用，是革命文化的重要内容和生动体
现，已成为社会主义核心价值体系的重要组成部分。"富强、民主、文明、
和谐，自由、平等、公正、法治，爱国、敬业、诚信、友善"构成了社会主
义核心价值观，这一价值观传承着中华优秀传统文化的基因，寄托着近代以
来中国人民上下求索、历尽千辛万苦确立的理想和信念，也承载着每个人的
美好愿景。这一价值观是社会主义先进文化的具体体现，也是中国特色社会
主义文化的实践成果。劳模精神与社会主义核心价值观都是中国特色社会主
义文化的重要内容，二者都彰显着共同的价值追求。

劳模精神与社会主义核心价值观都是中国特色社会主义核心价值体系的
重要组成部分，二者在很多方面具有高度契合性：在文化传承方面，劳模精
神和社会主义核心价值观均植根于中华优秀传统文化与社会主义先进文化的
沃土，成为构筑中国精神、中国价值、中国力量的重要基石。在爱国情怀方
面，"热爱国家"是劳模评选的首要条件，而"爱国"是社会主义核心价值
观的第一个基本理念。这既是标准，又体现了共同的价值导向。在道德提升
方面，劳模精神包含的"敬业、创新、奉献"品质，与社会主义核心价值观
倡导的公民基本道德标准，在公民道德教育的目标定位上具有一致性，都是

---

① 习近平：《在庆祝"五一"国际劳动节暨表彰全国劳动模范和先进工作者大会上的
讲话》，人民出版社 2015 年版，第 4 页。

② 《中国共产党第十九次全国代表大会文件汇编》，人民出版社 2017 年版，第 33 页。

道德教育的重要内容。在教育导向方面，劳模精神在不同历史时期都起到了调动社会情绪、整合社会力量、增强人民信心、鼓舞人民斗志的积极作用；社会主义核心价值观则是当代中国精神的集中体现，凝结着全体人民共同的价值追求。两者都是社会主义核心价值体系的重要内容，具有共同的文化整合功能和教育导向功能。二者相融相通、相辅相成。当代劳模，用自己的实际行动生动诠释了社会主义核心价值观。作为个体，他们以"爱国、敬业、诚信、友善"为行为准则，是个人践行的典范；作为公民，他们以"自由、平等、公正、法治"为社会价值取向，是价值引领的旗帜；作为人民的一分子，他们以"富强、民主、文明、和谐"为奋斗目标，将"小我"融入国家发展的潮流中，是价值实现的楷模。

新时代背景下，只要以劳模精神为引领，最充分调动广大劳动人民的积极性、主动性和创造性，就一定能为早日实现中国梦提供强有力的精神支撑。

三、劳模精神的历史地位与时代价值

劳模精神是一笔宝贵的精神财富，有着独特的历史地位。劳模精神的形成、发展、革新贯穿了整个中国社会的变革、发展过程，对社会主义事业的发展起到了重要作用。中国长期的革命实践中，党和老一辈工人阶级在革命事业发展中表现出来的坚定的理想信念、高超的智慧结晶，为劳模精神的形成作出了不可替代的重要贡献。劳模精神不仅在历史条件下激励中国共产党和工人阶级迎难而上、克服困难，创造了宝贵的物质财富，更重要的是给党和亿万劳动人民留下了跨越时空的精神财富。历史的事实表明，劳模精神是社会主义事业发展的精神支柱，具有突出的历史贡献和历史作用。具体而言，主要表现在以下几个方面。

（一）劳模精神是中国共产党人智慧的结晶

以毛泽东同志为核心的党的第一代中央领导集体，开创性地对马克思主义的劳动观念进行了中国特色化。他们通过自身对马克思主义劳动观深层内涵的理解和把握，又结合中国革命和社会主义建设的实际经验，丰富和发展了马克思主义劳动观。毛泽东通过对中国革命、建设和马克思主义劳动理论的把握，认为教育需要和生产劳动相结合，在生产建设中要注重"脑体合一"，要充分调动工人阶级和农民阶级的积极性，加强对体力劳动者的保护和尊重；同时，要团结知识分子，发挥脑力劳动者在革命、建设中的作用。毛泽东对从各条战线上涌现出的劳动模范给予极高肯定，并号召全国人民向劳动模范学习。在 1950 年和 1956 年的全国劳模代表会议上，毛泽东都作出重要指示。在 1950 年全国劳模代表会议上的祝词中，他称赞广大劳动模范"是全中华民族的模范人物，是推动各方面人民事业胜利前进的骨干，是人民政府的可靠支柱和人民政府联系广大群众的桥梁"。[①] 毛泽东对劳动、对劳动模范的思想观念，极大地鼓舞了劳动人民，特别是在当时的时代背景下，极大地调动了工人阶级和农民群众的生产积极性。因此，在这一时期，涌现出了许多劳动英雄和劳动模范代表。

改革开放以后，劳动模范的群体开始多元化。在过去基层苦力劳动者和工人阶级的基础上，增加了知识分子、技术骨干等群体。这一时期，以邓小平同志为核心的党的第二代中央领导集体，在面对社会主义建设新时期的生产力发展新要求时，作出了"科学技术是第一生产力"的重要论断，并提出"尊重知识、尊重人才"。邓小平鼓励劳动致富、实现共同富裕的重要劳动思想，极大地调动了劳动人民特别是知识分子的劳动积极性和创造性，为解放和发展社会主义社会生产力、推动改革开放事业顺利进行奠定了坚实的基础。邓小平特别重视发挥劳动模范的榜样作用，号召全体社会主义劳动者积

[①]　《毛泽东文集》第六卷，人民出版社 1999 年版，第 95 页。

极地向劳模学习，争做社会主义现代化的"四有"新人。1975 年 5 月，邓小平强调："在落实政策时，还要特别注意那些老工人、技术骨干、老劳模，要把这一部分人的积极性调动起来。"①1978 年 10 月，邓小平在中国工会九大上的致辞中提出："在党的领导和工会的帮助下，全国各民族、各地区、各工业部门的职工群众中都涌现了一批劳动模范和革命骨干，他们至今还是我们学习的榜样和团结的核心"，"任何人对四个现代化贡献得越多，国家和社会给他的荣誉和奖励就越多，这是理所当然的"。② 邓小平关于劳动模范的重要论述对当时的劳动大军起到重要影响，这在我们国家事业发展、经济快速提升的过程中都可以体现出来。

进入改革开放新时期以后，以江泽民同志为核心的党的第三代中央领导集体，对中国化的马克思主义劳动观作了新的诠释。在 2002 年的党的十六大报告中，江泽民提出了尊重劳动、尊重知识、尊重人才、尊重创造的新型社会主义劳动观，尊重劳动被正式提升到理论高度，强调要尊重并保护一切有益于人民和社会的劳动。江泽民认为，在全面推进中国特色社会主义伟大事业的历史进程中，要在全社会学习和发扬劳动模范人物的崇高精神，形成学习先进和争当先进的良好风尚。江泽民 3 次出席全国劳模表彰大会，并在 1995 年和 2000 年的全国劳模表彰大会上发表重要讲话，强调"全社会都要尊重、爱护劳动模范"③，"他们的思想和行动，体现了中国工人阶级的高贵品格。他们不愧为我们民族的精英、国家的脊梁、社会的中坚和人民的楷模"。④

进入 21 世纪以来，中国特色社会主义建设事业跨入新的发展阶段。胡锦涛顺应世界发展潮流和中国发展状况，提出了以辛勤劳动为荣、以好逸恶劳为耻的劳动观以及实现体面劳动、构建和谐劳动关系的思想。胡锦涛多次肯

---

① 《邓小平文选》第二卷，人民出版社 1994 年版，第 11 页。
② 《邓小平文选》第二卷，人民出版社 1994 年版，第 134、136 页。
③ 江泽民:《在全国劳动模范和先进工作者表彰大会上的讲话》，1995 年 4 月 29 日。
④ 江泽民:《在全国劳动模范和先进工作者表彰大会上的讲话》，2000 年 4 月 29 日。

定和赞扬劳模精神，认为劳模用自己的辛勤劳动铸就了伟大的劳模精神，是我国工人阶级的优秀代表，集中展现了我国社会主义劳动者的崇高品格和时代风貌。胡锦涛在 2005 年全国劳动模范和先进工作者表彰大会上的重要讲话中指出："一代又一代先进模范人物，以自己的实际行动铸就了爱岗敬业、争创一流、艰苦奋斗、勇于创新、淡泊名利、甘于奉献的伟大劳模精神"，"广大先进模范人物不愧为民族的精英、国家的栋梁、社会的中坚、人民的楷模"，"全党同志和全国人民都要以劳动模范和先进工作者为榜样，学习他们忠于党和人民的伟大情怀，学习他们坚信中国特色社会主义事业必胜的坚定信念，学习他们脚踏实地、埋头苦干的优良作风"，"推动全社会进一步尊重劳模、关心劳模、学习劳模，使劳模精神不断发扬光大"。①2008 年 10 月，胡锦涛在出席中国工会十五大时，要求各级党委和政府高度重视发挥劳模的积极作用，热情关心劳模的成长进步，在全社会大力弘扬伟大的劳模精神。

　　党的十八大以来，我国进入全面建设小康社会的新时期，中国化的马克思主义劳动思想进行着与时俱进的创新和发展。劳模精神也随着劳动观念的不断发展，在新时期迸发出新的科学内涵和时代价值。以习近平同志为核心的中共中央一直非常尊重劳动、关心劳动者，在多个场合多次提及劳动和劳动者。习近平总书记指出，要"建设知识型、技能型、创新型劳动者大军，弘扬劳模精神和工匠精神，营造劳动光荣的社会风尚和精益求精的敬业风气"②，"劳动是人类的本质活动，劳动光荣、创造伟大是对人类文明进步规律的重要诠释"③。习近平总书记强调："我们一定要在全社会大力弘扬劳模精神、劳动精神，引导广大人民群众树立辛勤劳动、诚实劳动、创造性劳动的理念，让劳动光荣、创造伟大成为铿锵的时代强音，让劳动最光荣、劳动

　　①　胡锦涛：《在全国劳动模范和先进工作者表彰大会上的讲话》，2005 年 4 月 30 日。

　　②　《中国共产党第十九次全国代表大会文件汇编》，人民出版社 2017 年版，第 25 页。

　　③　习近平：《在庆祝"五一"国际劳动节暨表彰全国劳动模范和先进工作者大会上的讲话》，人民出版社 2015 年版，第 3、4 页。

最崇高、劳动最伟大、劳动最美丽蔚然成风"。①

中国共产党带领人民经过艰苦卓绝的斗争，推翻了压在中国人民头上的三座大山，取得了新民主主义革命的胜利，建立了新中国。在这极其艰难曲折的过程中，无数中国共产党人用生命和鲜血铸就了红船精神、井冈山精神、长征精神、延安精神、西柏坡精神等革命精神，包括劳模精神。正是这些伟大的革命精神，使我们党与以往的政党、使我们的军队与旧式的军队在精气神上有了根本区别，得到广大人民群众的衷心拥护和支持，在敌我力量相差悬殊的情况下，由小变大，从弱到强，指引和推动中国革命在艰难中奋进、在曲折中前行，从胜利走向新的胜利。中国共产党几代中央领导人在不同时期对劳动模范和劳模精神都作出了重要论述，在革命、建设、改革过程中提出了新的思想认识和观点，是对中国化劳动精神和理论品格的生动展示，充分彰显了劳动者在中国这个社会主义国家的主体地位和使命价值，为劳模精神的形成、发展注入了中国特色的理论源泉。

（二）劳模精神是中国特色社会主义劳动文化的生动体现

文化是一个民族的基因，也是一个民族最基本的特性，能使一个民族千秋万代保持有别于其他民族的独特个性。源远流长、博大精深的中华优秀传统文化，积淀着中华民族的精神追求，包含着中华民族的精神基因。

劳模精神植根于中华优秀传统劳动文化。中华民族素来以热爱劳动、勤劳勇敢和吃苦耐劳的形象为大家所称道，崇尚劳动是中华民族延续数千年的传统美德。几千年来，中华儿女以辛勤的劳动实践，创造了我国光辉的历史和灿烂的文化，锻造了中国人民热爱劳动、勤劳勇敢的优秀品格。在我国，从远古的先民开始，就已经形成崇尚劳动的光荣传统。在神话和传说时代，

---

① 习近平：《在庆祝"五一"国际劳动节暨表彰全国劳动模范和先进工作者大会上的讲话》，人民出版社 2015 年版，第 5 页。

钻木取火、构木为巢、神农氏教民稼穑、大舜善于耕田、大禹擅长治水等劳动故事就广为流传，表明在当时，劳动已经被摆在一个很高的位置。我国古代劳动人民创造的辉煌成就和灿烂文化，不仅体现了劳动人民对劳动创造的热爱，还展现了人们对劳动精神的推崇、对劳动文化的继承和发扬。成书于南北朝时期的《齐民要术》，是中国杰出农学家贾思勰所著一部综合性农学著作，也是世界农学史上最早的专著之一。书中系统总结了6世纪以前黄河中下游地区劳动人民的农牧业生产经验、食品的加工与贮藏、对野生植物的利用，以及治荒的方法等，展示了当时我国劳动人民丰富的生产经验和精湛的生产技术。北宋沈括所著《梦溪笔谈》，是一部涉及古代中国自然科学、工艺技术及社会历史现象的综合性笔记体著作，详细记载了古代劳动人民进行辛勤劳动、创造性劳动的历史事迹，反映出我国古代劳动人民在科技、人文等方面的劳动创造。而形成于明代的《天工开物》是世界上第一部关于农业和手工业生产的综合性著作，全书收录了农业、手工业诸如机械、兵器、火药、纺织、染色、制盐、采煤等生产技术，集中体现了我国古代劳动人民的劳动创造和发明成就。事实证明，我们中华民族是勤于劳动、善于创造的民族。因为劳动人民的劳动创造，我们才能从历史中走来；也正是因为劳动人民的劳动创造，才形成了今天催人奋进的劳模精神。

中国古代文人撰写了许多关于劳动的诗篇。比如，《国风·豳风·七月》描绘了周代早期的农业生产情况和农民的日常生活情况，反映了一年四季劳动人民多层次的工作面和高强度的劳动；李绅在《悯农》中，短短4句诗，就形象描述了劳动人民在烈日当空的正午于田间辛勤劳动的情景，表现了诗人对劳动人民的尊重和深切同情；白居易的《观刈麦》生动记述了麦收时节劳动人民的农忙景象，表达了诗人对劳动者的深切关怀；李商隐在《咏史》中发出"历览前贤国与家，成由勤俭破由奢"的感叹，鲜明地体现了"以辛勤劳动为荣、以好逸恶劳为耻"的劳动观。这些劳动诗歌生动描绘出劳动与人们的生产、生活息息相关，也是构成人们生活的重要内容。传统劳动文化深刻反映了我国劳动人民从古至今对于劳动实践的尊重和认同，融汇贯穿于中华民族千百年来的精神血脉当中，最终形成了中国人民热爱劳动、勤劳朴实、吃苦耐劳的劳动精神和劳动品质。

劳模精神与革命文化一脉相承。我国自清代实施闭关锁国之后，近代社会发展逐渐衰落，特别是在1840年鸦片战争之后，更是受到帝国主义的侵略与剥削。在封建制度的束缚下，社会发展举步维艰。启蒙思想家魏源提出"师夷长技以制夷"的思想，提倡向西方学习先进的科学技术，进而抵御列强侵略；洋务派则提出"师夷长技以自强"，以"中学为体、西学为用"为宗旨，倡导学习西方先进的科学与军事，探索国家自强之路；资产阶级维新派提出"变法维新"，他们以"保国、保种、保教"为号召，以"变法""改制"为旗帜，期望通过自上而下的社会改良，改革封建专制政体，建立君主立宪制，发展资本主义，不仅要学习西方的科学与军事，还要学习西方的政治制度；孙中山提出"三民主义"学说，他要求借鉴西方的政治、经济、文化，期望能够"人能尽其才，地能尽其利，物能尽其用，货能畅其流"，进而实现国富民强、天下为公的大同社会，在中国建立一个真正的资产阶级共和国。然而，这些都没能使近代中国摆脱被侵略、被奴役的命运，获得独立与自强。俄国十月革命一声炮响，给中国送来了马克思列宁主义，鼓舞中国人民寻求民族解放。随后的革命历程中，中国共产党在科学的、革命的马克思主义指导下，结合中国实际，领导中国革命一步步走向了胜利。在这一伟大革命历史进程中酝酿、产生和发展起来的革命文化，凝聚了中国共产党和劳动人民的伟大精神，它根本扭转了中华文化面临的封闭状态与衰落趋势。在中国共产党带领全国人民反帝反封建的浴血奋战中，形成的红船精神、井冈山精神、长征精神、抗战精神、延安精神、西柏坡精神等革命精神，是中国共产党革命文化生成与演进的内在统一，同时也是劳模精神形成和发展的源泉。新民主主义革命时期，中国共产党通过培养和塑造一批批劳动模范，在引领和发展革命根据地社会经济建设中发挥了巨大的示范和带头作用，为革命取得最后胜利奠定了扎实的社会基础。劳动模范这个群体作为时代的产物，更促进了劳动起家、勤劳致富、劳动光荣的劳动理念和劳动精神的形成，其背后积淀的厚重历史实践经验同样值得后人不断发掘和继承。尤其在当前大力弘扬劳模精神已经被提到一个政治新高度的背景下，重视弘扬劳模事迹和劳模精神，以期在新时代为进一步引领广大人民树立辛勤劳动、诚实劳动、创造性劳动的崇高理念，已成为一个显性热点话题。在革命文化的熏陶下，劳模群体在实践中将自强不息的劳模精神镌刻于骨血之中，又在实践中将劳模精神外化为共同的特质。他们以高度的主人翁责任感、卓越的劳动创造、忘我的拼搏奉献，谱写出一个个令人称赞的故事。

劳模精神是社会主义先进文化的重要内容。在社会主义先进文化中，社会主义核心价值观是当代中国精神的集中体现，是凝聚中国力量的思想道德基础，也是决定社会主义先进文化性质和方向的最深层次要素。2015 年 4 月 28 日，在庆祝"五一"国际劳动节暨表彰全国劳动模范和先进工作者大会上，习近平总书记明确指出："劳动模范和先进工作者是坚持中国道路、弘扬中国精神、凝聚中国力量的楷模，他们以高度的主人翁责任感、卓越的劳动创造、忘我的拼搏奉献，为全国各族人民树立了学习的榜样。'爱岗敬业、争创一流，艰苦奋斗、勇于创新，淡泊名利、甘于奉献'的劳模精神，生动诠释了社会主义核心价值观，是我们的宝贵精神财富和强大精神力量。"① 劳模精神的形成过程中，先进思想的武装、共同理想的激励、民族精神的传承、时代精神的塑造、价值观念的校正，都融入其中，并成为劳模精神的构成要素。劳模精神已经成为社会主义核心价值体系的重要组成部分。社会主义核心价值观是社会主义先进文化的精髓，决定着中国特色社会主义的发展方向。因此，以劳模精神为核心的劳模文化既是对社会主义核心价值

---

① 习近平：《在庆祝"五一"国际劳动节暨表彰全国劳动模范和先进工作者大会上的讲话》，人民出版社 2015 年版，第 4 页。

观的践行，也是社会主义先进文化的重要组成部分。

（三）劳模精神的时代价值

实现中华民族伟大复兴中国梦，是以习近平同志为核心的中共中央提出的重大战略思想，也是党和国家面向未来的政治宣言。它着眼于坚持和发展中国特色社会主义，体现了中国共产党高度的历史担当和使命追求。2012年11月29日，习近平总书记在参观《复兴之路》展览时提出"中国梦"，随后在一系列重要讲话中深刻阐述了中国梦的定义、基本内涵、奋斗目标和实现路径，逐步使中国梦成为系统的重大战略思想。在党的十九大上，习近平总书记重申要"实现中华民族伟大复兴的中国梦"。①2015年，习近平总书记在庆祝"五一"国际劳动节暨表彰全国劳动模范和先进工作者大会上的讲话中特别指出，要"以劳动托起中国梦"。②

一是有利于为"以劳动托起中国梦"提供精神动力。中国梦首先是强国之梦，是实现国家富强之梦。国家富强了，民族振兴才有坚实的基础，人民幸福也才有根本的保障。从古至今，千千万万中国人民用自己的辛勤劳动推动了社会发展。在原始社会时期，原始人类通过劳动来获取食物，进而也推进了自身的进化、发展。正是劳动创造了今天的社会。劳动力是伟大的生产力，为社会发展提供源源不绝的动力。劳动力、生产力、社会发展力构成了社会发展的动力体系。人类社会的运动、变化、发展，是由这个社会动力系统推动的。要实现伟大的中国梦，必须依靠我们的双手。改革开放40多年来，我国经济社会发展取得了巨大成就，人民生活水平不断提高。这些成就，是改革红利、自然资源红利、人口红利、国际贸易投资环境红利等综合贡献的结果。当前，我国同时面临人口红利逐渐消失、资源和环境约束不断

---

① 《中国共产党第十九次全国代表大会文件汇编》，人民出版社2017年版，第57页。

② 习近平：《在庆祝"五一"国际劳动节暨表彰全国劳动模范和先进工作者大会上的讲话》，人民出版社2015年版，第14页。

强化、投资和出口增速放缓、传统的发展动力不断减弱等发展瓶颈。转变发展方式、优化经济结构、转换增长动力，是突破瓶颈、跨越"中等收入陷阱"的唯一出路，必须拥有一支爱劳动、能劳动、会劳动的劳动者大军，建设人力资源强国。因而，在新时代大力弘扬劳模精神，有利于培育一支高素质的产业工人队伍和大量的"能工巧匠""大国工匠"，为"中国速度"向"中国质量"转变、"制造大国"向"制造强国"转变、"中国制造"向"中国创造"转变、"人口大国"向"人力资源强国"转变，提供人力支撑、智力支撑和创新支撑。

中国特色社会主义事业是前无古人的美好事业。推动事业发展、实现美好蓝图，要依靠全体劳动人民的智慧和创造。"空谈误国，实干兴邦"，只有脚踏实地地劳动，真抓实干、埋头苦干，才能改变个人发展和社会发展，从而改变国家发展。中国走社会主义道路，是人民的选择，是历史的必然。无论时代怎样变化，无论技术怎样进步，无论经济怎样发展，劳动者的创造始终是历史前进的根本动力。所以，必须大力弘扬劳模精神，"以劳动托起中国梦"，进行伟大斗争、建设伟大工程、推进伟大事业、实现伟大梦想，全面建成小康社会，进而建成富强民主文明和谐美丽的社会主义现代化强国，让国家的基础建设、社会发展、经济运行处于良性循环。

二是有利于营造尊重劳动、热爱劳动的良好氛围。劳模精神凝结着中华民族的优秀品德，闪烁着社会主义道德的耀眼光辉，具有引领人们崇德尚义、向上向善的强大力量。大力弘扬劳模精神，有助于进一步激发人们心中蕴藏的道德热情，焕发人们参与传承劳模精神的积极性。劳模精神包含的公而忘私的共产主义风格、艰苦奋斗的革命精神，也充分体现了中华民族传统美德。大力弘扬劳模精神，有助于引导人们树立尊重劳动、爱护劳模、学习劳模、争当劳模的思想意识。习近平总书记强调指出，劳动是人类的本质活动。劳动光荣、创造伟大是对人类文明进步规律的重要阐释。人世间的美好梦想，只有通过诚实劳动才能实现；发展过程中的各种难题，只有通过诚实劳动才能破解；生命里的一切辉煌，也只有通过诚实劳动才能铸就。当前，全国各族人民正满怀信心为实现"两个一百年"奋斗目标而努力，归根结底要靠辛勤劳动、诚实劳动、创造性劳动。只有在全社会大力弘扬劳模精神，才能汇聚强大的正能量。弘扬劳模精神、筑牢思想根基、让职工更有定力地劳动，是时代对我们提出的迫切要求。党的十八大以来，党和国家领导人在一系列讲话中提出要尊重劳动、爱护劳模、学习劳模、争当劳模，得到全社会的拥护，这是引领大家实现中国梦的幸福之路。劳动模范和先进工作者，是坚持中国道路、弘扬中国精神、凝聚中国力量的楷模。"爱岗敬业、争创一流，艰苦奋斗、勇于创新，淡泊名利、甘于奉献"的劳模精神，生动诠释了社会主义核心价值观，是我们的宝贵精神财富和强大精神力量。正如习近平总书记指出的，无论时代条件如何变化，我们始终都要崇尚劳动、尊重劳动者。要进一步弘扬劳模精神，进而调动广大职工的积极性、主动性、创造性，教育、引领他们牢固树立中国特色社会主义理想信念，发扬工人阶级伟大品格，用先进思想、模范行动影响和带动全社会，增强历史使命感和责任感，立足本职、胸怀全局，自觉地把人生理想、家庭幸福纳入国家富强、民族复兴的伟业之中，把个人梦与中国梦紧密联系在一起，把实现党和国家确立的发展目标变成自己的自觉行动。弘扬劳模精神，有利于打造劳模品牌阵地，构建和谐劳动关系，引导劳动者以更高的热情劳动。在全社会倡导尊重劳动、热爱劳动、尊重劳模、争当劳模，这是我们党的根本宗旨和我们国家性质的体现。无论是过去的革命战争年代，还是今天的改革开放新时期，我们都要始终牢记党的根本宗旨，时刻把劳动人民放在心上，信任和依靠劳动者，尊重劳动者的创造精神。我们在全社会弘扬劳模精神，创造尊重劳动的社会氛围，就是要通过大力表彰劳动模范和先进工作者，大力弘扬在他们身上得到充分体现的劳模精神，以此来推动整个社会的全面协调可持续发展。大力弘扬劳模精神，有利于营造社会良好的劳动氛围，促进社会公平、正义的发展，为劳动者的发展提供更多的机会和选择。只有让每个劳动者都公平分享国家改革发展的成果，使发展成果更多、更公平地惠及全体人民，才能真正实现居民收入增长和经济发展同步、劳动报酬增长和劳动生产率提高同步，让劳动者实现体面劳动、全面发展，更加热爱劳动。大力弘扬劳模精神，创造尊重劳动的社会氛围，是对上上下下提出的更高要求，是一种良性互动。从管理层面来说，要切实实现好、维护好、发展好广大劳动人民的经济、政治、文化权益。要进一步扩大社会主义民主，健全社会主义法治，切实保障广大劳动人民的民主权利，保证他们依法行使当家作主的权利。要在经济发展的基础上，不断提高广大劳动人民的生活水平和质量，使他们都能享受到改革发展的成果。要进一步建立健全劳动关系协调机制，完善劳动保护机制，切实维护和实现劳动关系的和谐与稳定，依法保障各方面劳动群众的权益。要通过建立健全社会保障体系、完善利益协调机制，切实保障困难群众的基本生活，让他们感受到社会主义大家庭的温暖。从劳动者层面来说，要通过理论学习、文化教育、技能培训和职业道德建设，不断提高思想道德素质和科学文化素质、增强劳动能力和劳动水平，真正成为有理想、有道德、有文化、有纪律的社会主义劳动者。

三是有利于培育培养德智体美劳全面发展的社会主义建设者和接班人。习近平总书记指出："实现我们的奋斗目标，开创我们的美好未来，必须紧紧依靠人民、始终为了人民，必须依靠辛勤劳动、诚实劳动、创造性劳动。"[1] 他对广大青少年培养深厚的劳动情怀抱有殷切期望。2013年，习近平总书记提出"三爱"教育的观念，即"爱学习、爱劳动、爱祖国"。2014年4月30日，习近平总书记在乌鲁木齐接见劳动模范和先进工作者、先进人物代表时指出："要通过各种措施和方式，教育引导广大青少年牢固树立热爱劳动的思想、牢固养成热爱劳动的习惯，为祖国培养一代又一代勤于

---

[1] 《习近平谈治国理政》第一卷，人民出版社2018年版，第44页。

劳动、善于劳动的高素质劳动者。"①2015 年 4 月 28 日，习近平总书记在庆祝"五一"国际劳动节暨表彰全国劳动模范和先进工作者大会上的讲话中强调："要教育孩子们从小热爱劳动、热爱创造，通过劳动和创造播种希望、收获果实，也通过劳动和创造磨炼意志、提高自己。"②2018 年 9 月 10 日，在全国教育大会上，习近平总书记再次指出："要在学生中弘扬劳动精神，教育引导学生崇尚劳动、尊重劳动，懂得劳动最光荣、劳动最崇高、劳动最伟大、劳动最美丽的道理，长大后能够辛勤劳动、诚实劳动、创造性劳动。要努力构建德智体美劳全面培养的教育体系，形成更高水平的人才培养体系。"③ 中国特色社会主义伟大事业，需要依靠一代又一代中国人的辛勤劳动、接续奋斗来实现。青年一代有理想、有本领、有担当，国家就有前途，民族就有希望。加强劳动教育、培育青少年深厚的劳动情怀，对于实现中华民族伟大复兴的中国梦至关重要。

教育同生产劳动相结合是我们党历来坚持的教育方针，但从现实来看，由于家庭的宠爱、学校劳动教育的不足和社会风气的影响，还存在着"劳动教育在学校中被弱化、在家庭中被软化、在社会中被淡化"的现象。一部分青少年缺乏最基本的劳动习惯，劳动情怀也比较淡薄，劳动价值观存在一定偏差。构建德智体美劳全面培养的教育体系，加强劳动教育，是回归人之本质、回归学生自身的主体性教育方式，能够帮助学生在自主实践中发现自我，通过双手改变和创造自己的生活。党的十九大报告指出："中国特色社会主义进入了新时代"。④ 在新时代背景下，加强学生的劳动教育、努力提高学生的劳动素质，对学生的成长和国家的发展意义深远。第一，要加强辛

---

① 习近平：《在乌鲁木齐接见劳动模范和先进工作者、先进人物代表时的讲话》，2014 年 4 月 30 日。

② 习近平：《在庆祝"五一"国际劳动节暨表彰全国劳动模范和先进工作者大会上的讲话》，人民出版社 2015 年版，第 5 页。

③ 习近平：《在全国教育大会上的讲话》，2018 年 9 月 10 日。

④ 《中国共产党第十九次全国代表大会文件汇编》，人民出版社 2017 年版，第 8 页。

勤劳动教育，培养青少年的奋斗精神。自强不息是中华民族的优良传统，是改善民生、创造人民幸福生活的重要保证，正如习近平总书记指出的："人世间的一切幸福都需要靠辛勤的劳动来创造。"① 从一定意义上说，青少年德行的养成、奋斗精神的培养始于辛勤劳动教育。引导青少年在成长过程中辛勤劳动并以此为荣，树立劳动最光荣、劳动最崇高、劳动最伟大、劳动最美丽的信念，这是教育的重点与方向。在教材设计中，要鼓励青少年从小主动辛勤劳动，践行孝敬父母、尊重老师、乐于助人等德行，通过日积月累的点滴劳动，塑造青少年正确的人生观、价值观。第二，要加强诚实劳动教育，培养青少年的诚信品质。所谓"诚实劳动"，在于敬业实干，热爱并踏实地做好自己的工作，充分发扬工匠精神；还在于发乎本心，遵循天道。习近平总书记在谈到"诚实劳动"对国家发展、人民生活的意义时指出："人世间的美好梦想，只有通过诚实劳动才能实现；发展中的各种难题，只有通过诚实劳动才能破解"。② 要教育青少年诚实劳动，遵守职业道德，学习并遵循社会发展的规律，努力为国家社会经济发展作出贡献。在诚实劳动教育的实践中，重在学生"诚"的品质的培养。第三，要加强创造性劳动教育，提高学生的创造能力。新时代，建设中国特色社会主义现代化强国，要大力实施创新驱动发展战略，将经济发展与科技创新紧密结合。这对我国教育事业的发展提出了新的更高要求。要通过提倡"创造性劳动"，重点培养一支专业技能过硬、自主创新能力高强的新型劳动者队伍，以适应时代发展需要，实现教育、科技与经济三者协调统一发展。

精神是一种融于主体内心的人格模式，其内涵是主体价值观的重要组成部分，并外化于被社会认同的日常行为当中，往往具有持久性、稳定性、引领性等特征。在新时代，弘扬劳模精神，建立以劳模精神为引领的劳动教育

---

① 《习近平谈治国理政》第一卷，外文出版社 2018 年版，第 4 页。
② 《习近平谈治国理政》第一卷，外文出版社 2018 年版，第 46 页。

机制，有利于学校教育同生产劳动、社会实践有机结合，为青少年提供更多认识国情、了解社会、投身实践的机会，在亲身参与中体悟劳模精神，在增长才干和磨炼意志中感受劳动带来的收获与乐趣，逐步形成尊重劳动、热爱劳动的真挚情感。弘扬劳模精神，建立以劳模精神为引领的劳动教育机制，让青少年有机会近距离接触劳动模范、感受劳模精神、聆听劳模故事、观摩精湛匠艺，有利于充分发挥劳模先进事迹和优秀品质的感召作用，培养学生辛勤劳动、诚实劳动、创造性劳动的精神气质，从而加强青少年的劳动教育，使其成为德智体美劳全面发展的社会主义建设者和接班人。弘扬劳模精神，建立以劳模精神为引领的劳动教育机制，还有助于青少年正确理解甘于奉献的含义，正确认识个人与集体和国家的关系、理想与现实的关系，从而激励当代青少年志存高远，在国家发展和民族复兴中规划青春、奋力拼搏、奉献自我，将个人梦想与事业追求结合起来，投身于时代发展的滚滚洪流之中。

80多年来，劳模的评选标准、评选范围、表彰形式、表彰人数、表彰频率、表彰名称等，随着经济社会发展而不断演变，但无论怎么变化，劳模都是时代的楷模和学习的榜样。劳模精神已成为社会主义核心价值体系的重要内容，一直发挥着调动社会情绪、统一社会思想、整合社会力量的积极作用。劳模的先进事迹能够感召社会，劳模的优秀品质可以引领风尚。进入新时代，大力弘扬劳模精神，有利于培养造就一支有理想守信念、懂技术会创新、敢担当讲奉献的宏大产业工人队伍；有利于在全社会营造崇尚劳动的浓厚氛围和精益求精的敬业风气，让"劳动最光荣，奋斗最幸福"成为时代最强音；有利于引领广大劳动者勤奋做事、勤勉为人、勤劳致富，积极培育并践行社会主义核心价值观。在实现伟大梦想的征程中，只要充分发挥劳模精神的引领作用，充分调动广大劳动人民的积极性、主动性和创造性，持续提升广大劳动者的思想境界和能力素质，就一定能最大限度地聚合起人们饱满的奋斗热情、激发起昂扬的拼搏斗志，从而为实现中国梦凝聚起磅礴的中国力量。

第三章　劳模与政治建设

在最本质的意义上，具有中国特色的劳模现象一开始就是政治的产物。尽管劳模的选树直接源于党的政权建设框架下的经济诉求，甚至在后期制度化的体系中，一直将其上级主管机构置于工会系统的劳动经济部门，但究其本源，可以发现经济表象背后潜在的丰富的政治内涵。马克思在1859年出版的《政治经济学批判》一书中指出："人们在自己生活的社会生产中发生一定的、必然的、不以他们的意志为转移的关系，即同他们的物质生产力的一定发展阶段相适合的生产关系。这些生产关系的总和构成社会的经济结构，即有法律的和政治的上层建筑竖立其上并有一定的社会意识形式与之相适应的现实基础。"① 由此出发，综合考量20世纪30年代以降的中国劳模发展轨迹、演进谱系及其嬗变逻辑，我们可以得出这样的结论：无论是在20世纪三四十年代，还是在新中国成立后的社会主义建设初期，无论是改革开放的历史进程，还是进入新时代以来的中国梦建构，劳模在整个党和国家的政治建构中，都担负着不可或缺的重要功能。甚至进一步说，在党和国家政治建构的某些特殊时段，特别是在具有划时代意义的历史时段，劳模更是起到了举足轻重、中流砥柱、无可替代的作用。

---

① 《马克思恩格斯选集》第2卷，人民出版社2012年版，第2页。

具有中国特色的劳模文化，可以更清晰地用一句话来概括：劳模政治是具有中国特色的社会主义政治建设的有机组成部分。劳模具有独特的政治属性，更准确地说，是国家治理体系和主流意识形态的重要符号象征。从劳模运动的运行逻辑来讲，劳模评选表彰活动并不直接是政治本身，尽管在某个历史时段，其政治性得以凸显并发挥了等同于政治建构的重要功能；但毫无疑问的是，劳模文化具有独特的政治功能——劳模选树起源于经济诉求，并成为党的政治建设和国家政权建构的"中间人"，成为人民大众和政治建设之间的桥梁与纽带。或者更准确地说，劳模成为处于普通劳动者和社会主义理想劳动者之间的行动者、示范者、引领者。劳模群体以其思想信念、理想追求、职业操守、品格风范、创新创造和担当奉献，成为党在各个历史时期和国家治理体系之中的重要支撑。

毫无疑问，劳模是一种理想化的劳动者，但其普通人、平凡人的身份及其劳动故事，又给普通劳动者以信念、希望和目标：只要足够努力，只要向劳模学习，就可以实现自我价值和国家诉求的统一，进而构建个体和国家的利益共同体、价值共同体与命运共同体，并最终成长为优秀劳动者的标杆和楷模。作为劳动的客观结果，在这样的成功规律和自我建构中，经济目标得以实现，国家治理、政治诉求和政治目标也得以完成。

第一节　劳模在各个历史时期的政治贡献

劳模是根植于中国大地、反映中国劳动者面貌、适应中国和时代发展进步要求的伟大群体。历史和现实充分证明，作为最优秀、最卓越的劳动者代表，在中国革命、建设、改革的各个历史时期，中国劳模都具有走在前列、勇挑重担、创新求变、主动奋斗的光荣传统，劳模选树始终都同党的中心任务紧密相连。可以说，在党和国家的建设过程中，劳模作为中国劳动者的优秀分子，永远是时代的引领者和领跑者；劳模在工作、生活中发挥了先锋和排头兵作用，他们以辛勤劳动、诚实劳动和创造性劳动，为党和国家的政治建设作出了重要贡献，持续推动着革命发展、国家建设、社会进步和民族复兴。

一、劳模的产生是中央苏区政治发展的必然结果

劳模的产生发展与中国政治密不可分。一方面，政治的变革发展，促进了中国劳模的产生发展；另一方面，劳模也以其特殊的功能，反作用于政治，并在一定程度上推动中国的政治进程。作为中国共产党普遍采用的治理体系，中国劳模选树的历史之久、范围之广、内容之多、影响之强、作用之大，都对中国政治建设产生了不可或缺甚至无可替代的重要作用。一句话，中国政治孕育了劳模文化，劳模文化促进了中国政治。

选树劳模的历史，最早可以追溯到土地革命战争时期。1932 年 3 月 23 日，中共中央组织局发布通知第八号《关于革命竞赛与模范队的问题》。该通知指出，正是"工农群众的积极性和觉悟性的增长"，中国共产党才取得了"罢工运动的沸腾，苏维埃区域的巩固与扩大，红军的胜利等"。因此，为了促进革命、巩固和扩大苏区，必须继续执行此项政策，"我们不只一次的号召全党，尽量发动群众积极性，用组织模范队和革命竞赛的新方式是转变全部工作中所必须的"，"在红军中，在工厂中，在学校中，组织起模范队，模范队是革命竞赛运动中的基本"。① 通过组建模范厂、模范学校、模范连、模范营、模范团等，并通过在群众中深入开展工会与工会、支部与支部、区和区之间的革命竞赛和模范队运动，切实提高中央苏区社会各个建设

---

① 中华全国总工会编：《中共中央关于工人运动文件选编》中，档案出版社 1985 年版，第 181 页。

主体的积极性和觉悟性，进而实现中央苏区经济社会的优化发展，最终实现中央苏区政治和党的政治的合法性建构。

由此可以看出，此种竞赛并非一般意义的竞赛，而是属于"革命"的竞赛，最终目标是为了"革命"。因而，模范队的组建、模范的选树，都是基于"革命"这个最为核心的目标。简而言之，劳模的产生与发展，特别是在其产生之初，就具有既定的政治基因，就是中央苏区乃至在白区社会经济建设中的重要举措，是早期党的政治链条中至关重要的一环，恰如1934年1月第二次全国苏维埃代表大会通过的《关于苏维埃经济建设的决议》指出的："一切这些事实证明，苏维埃政府不但是革命战争的领导者与组织者，而且也是群众经济生活的领导者与组织者。苏维埃政府不但能够破坏旧的经济制度，而且能够建设新的。"①

正是因为革命竞赛对革命具有重要功能，就在《关于革命竞赛与模范队的问题》这个通知下发后不久，中华苏维埃共和国临时中央政府土地人民委员部也发布政令，要求各级苏维埃政府"组织生产竞赛，乡与乡赛，村与村赛，家与家赛，团体与团体赛"②，并制定了关于竞赛的评比标准和奖励章程。1932年9月至11月，中央兵工厂和中央印刷局之间开展了为期3个月的劳动竞赛，主要内容是"增加生产、节省材料和参战工作、文化教育工作"。③1933年2月27日，中华全国总工会发布《中华全国总工会执行局拥护中央政府关于春耕训令的决议》，指出了春耕的重要意义："加紧春耕，增加生产，非但可以改善工农劳苦群众的生活，而且是争取革命战争胜利的重要条件之一"；同时，也强调了革命竞赛的具体细节："每个工会委员会，应该在革命竞赛方法之下，动员各个支部的会员，利用工作

---

① 中共中央文献研究室、中央档案馆编：《建党以来重要文献选编（1921—1949）》第十一册，中央文献出版社2011年版，第168页。

② 周晓庆：《中国农业百年》，中国时代经济出版社2011年版，第84页。

③ 蒋自饶、刘仲英：《中央苏区的劳动竞赛》，《江西社会科学》1991年第6期。

时间以外和星期日休息时间到农村中区帮助一个村的农民耕种。不仅要实际帮助他们工作，而且要组织宣传队和化装演讲，广泛的宣传加紧春耕与增加苏区的生产与革命战争的关系，鼓励农民耕种的热忱"。①1933 年 5 月 19 日，中华苏维埃共和国临时中央政府在中央苏区瑞金县武阳区召开春耕生产赠旗大会。毛泽东亲自主持大会，临时中央政府土地人民委员部代理部长胡海、秘书王观澜也出席了大会。在本次大会上，毛泽东就革命战争的大好形势，以及革命战争与发展生产的关系、改善群众生活等项工作作了报告；表扬了武阳区全体干部群众参军支前、发展生产的好精神；并号召到会人员学习武阳区的好经验，把它推广到全苏区去。会上，毛泽东代表临时中央政府，将写有"春耕模范"的锦旗赠给武阳区和石水乡群众。②1933 年年底，上杭、新泉、武平、代英四县的土地部部长在福建才溪召开联席会议，决定开展以冬耕积肥、植树种棉和兴修水利为主要内容的四县竞赛，并签订了冬种劳动竞赛条约。③ 此外，影响较大的革命竞赛，还包括中央兵工厂、中革军委印刷厂、中央被服厂等 14 个中央直属工厂之间的劳动竞赛，上杭、长汀、宁化三县的革命工作竞赛，以及由中华全国总工会组织的中央财政部、粮食部、合作总社等 11 个中央国家机关之间的革命竞赛等。在这些革命竞赛中，诞生了罗吉昌、赖祥瑞、陈嫩娣等中国历史上第一批劳模。

毫无疑问，20 世纪 30 年代的劳动竞赛对中央苏区经济社会发展发挥了重要作用。1934 年 1 月，第二次全国苏维埃代表大会通过的《关于苏维埃经济建设的决议》如此总结："在苏维埃区域内，不论帝国主义、国民党怎

---

① 中华全国总工会中国职工运动史研究室编：《中国工会历史文献》（1930 年 4 月—1937 年 6 月），工人出版社 1958 年版，第 589 页。

② 陈家墩、姚荣启：《劳模历史探源》上，《工会信息》2015 年第 11 期。

③ 《上、新、武、代四县土地部长联席会议关于冬种运动的竞赛条约》，1933 年 12 月 10 日。

样残酷的进攻，怎样用经济封锁政策，企图来制苏区千百万民众的死命，苏维埃区域内的经济建设在第一次全苏代表大会之后，尤其在去年一年内，在临时中央政府正确执行第一次全苏大会关于苏维埃经济政策的原则决定之下，得到了极大的成功，保障了前方红军四次战争中的给养，大大的改善了广大工农群众的生活！"① 因而，在今后中央苏区的经济工作中，"必须更进一步来发扬与提高苏区工农群众的劳动热忱。乡村中由农民自己所组织的生产突击队、冲锋劳动队以及国家企业中的革命竞赛等，应该广泛的散布出去以提高生产。苏维埃政府应该特别奖励模范的乡村的农户、模范的工厂、生产队以及个别的劳动战线上的英雄，鼓励广大妇女群众参加农业上与工业上的生产，对于发展苏区生产是非常必要的。私人资本企业中，在工人自愿，改善工人生活，在苏维埃政府与工会监督的条件之下，亦得增加劳动生产率。必须每个工农群众了解，苏维埃政权下生产的发展，是同全体民众生活的改善不能分离的。共产主义礼拜六必须真正开始。对于劳动的共产主义的态度，首先应该在国家企业内极大的发扬起来，教育工人群众为苏维埃政府的劳动，即是为了无产阶级自身的最后解放与社会主义的胜利而劳动。在苏维埃企业内的劳动纪律，应该是无产阶级纪律的模范。一切提高生产力的发明都应该得到苏维埃政府的奖励。熟练劳动力的培养亦是提高生产力的必要条件"。②

不可忽略的是，中国劳模之所以产生，是特定历史过程中的特定产物，也是党的政治发展的必然结果。正是中央苏区的建立，改变了劳动的特征和劳动者的身份，才具有了催生劳模的土壤和机遇。综而言之，中央苏区建设提供了劳模产生的思想、政治、经济、社会层面的基础。

----

① 中共中央文献研究室、中央档案馆编：《建党以来重要文献选编（1921—1949）》第十一册，中央文献出版社 2011 年版，第 167 页。

② 中共中央文献研究室、中央档案馆编：《建党以来重要文献选编（1921—1949）》第十一册，中央文献出版社 2011 年版，第 169—170 页。

在思想层面，毛泽东、刘少奇、张闻天、博古等众多中央苏区的领导同志，经常在各种场合及报刊发表讲话和文章，直接指导劳动竞赛的进行和发展，并阐述劳动竞赛的意义、作用、内容和方法。毛泽东在第二次全国苏维埃代表大会上强调："提高劳动热忱，发展生产竞赛，奖励生产战线上的成绩昭著者，是提高生产的重要方法。"① 张闻天的《从强迫劳动到自由的劳动》、刘少奇的《论国家工厂的管理》《用新的态度对待新的劳动》② 等，从哲学、社会学、心理学等层面，对劳动主体、劳动价值观、劳动伦理、劳动态度、劳动对象等进行了详细论述和有效阐释，进一步奠定了劳模得以产生的思想理论基础。

在政治层面，1931 年 9 月中旬，中央红军取得了第三次反"围剿"战争的胜利，将赣南和闽西两块革命根据地连成一片，形成了中央革命根据地，即中央苏区；同年 11 月，在瑞金召开了中华工农兵苏维埃第一次全国代表大会，成立了中华苏维埃共和国临时中央政府。中央苏区工农民主政权的建立和土地革命的实行，使广大劳动群众在政治上、经济上和思想上获得了彻底的解放，中央苏区的工人、农民在身份上确立了主人翁地位，"用新的态度来对待新的劳动"才成为可能。同时，中共苏区中央局和中华苏维埃共和国临时中央政府将组织生产模范队、经济核算队等活动，列入中共中央组织局颁布的《苏维埃国家工厂支部工作条例》，以制度化的方式保证实施。这些奠定了劳模得以产生的政治基础。

在经济层面，1934 年年初，中央苏区已有工人约 11 万人，并有较大的国营工厂 32 个，以及为数众多的地方国营企业和手工业企业；建立了各种合作社 2300 多个，社员达 572658 人。公有制经济即国营和集体经济，已

① 中共中央文献研究室、中央档案馆编：《建党以来重要文献选编（1921—1949）》第十一册，中央文献出版社 2011 年版，第 137 页。

② 张闻天：《从强迫劳动到自由的劳动》，《斗争》1934 年第 52 期。刘少奇：《论国家工厂的管理》，《斗争》1934 年第 53 期；《用新的态度对待新的劳动》，《斗争》1934 年第 54 期。

成为中央苏区的重要经济成分之一。中央苏区公有制经济的建立、发展和壮大，保证了劳动者的积极性和创造性能够得到最大限度的发挥，才使得中央苏区的劳动竞赛大规模、大范围地产生，从而具备了劳模产生的经济基础。

在社会层面，中央苏区相对独立的经济社会条件，以及广泛的社会动员，形成了对劳动竞赛和劳模的广泛社会认同。当时，中央苏区的主要报刊，譬如中华苏维埃共和国临时中央政府机关报《红色中华》、中国共产党苏区中央局机关报《斗争》、中华全国总工会执行局机关报《苏区工人》等，经常发表有关劳动竞赛的社论和署名文章，宣传推广劳动竞赛中涌现出来的先进事迹和先进经验。毛泽东充分肯定了革命竞赛的重要意义："为了争取苏维埃工作的质量与速度，使工作做得好又做得快，革命竞赛的方法与突击队的组织，应该在各乡各村实行起来。"[1] 张闻天也指出，革命竞赛已成为苏区人民新生活的重要组成部分："创造新社会和新生活的自觉的、愉快的活动"，"成为苏维埃区域内群众生活的一部分"。[2]

客观而言，中央苏区开展的劳动竞赛活动以及劳模选树，是苏区劳动者在党的领导下，于建立政权后，首次以主人翁的劳动姿态，为发展苏区生产、保卫和巩固红色政权、改善劳动者生活条件而自觉自愿开展的群众生产活动。在中国劳模的萌芽期，尽管出现了一批劳模，但毫无疑问的是，这些劳模的典型性和影响力都还较为薄弱，更多的是以"模范厂、模范学校、模范连、模范营、模范团"[3] 等模范集体形式出现，其规范性、制度化、辐射力、影响力还远未成熟。

---

① 《毛泽东文集》第一卷，人民出版社 1993 年版，第 357 页。

② 张闻天：《从强迫劳动到自由的劳动》，《斗争》1934 年第 52 期。

③ 中华全国总工会编：《中共中央关于工人运动文件选编》，档案出版社 1985 年版，第 182 页。

二、劳模的发展与陕甘宁边区政治建设密不可分

开展劳模运动作为一种相对成熟的治理方式，从而成为党的政治建设的重要组成部分，集中出现在陕甘宁边区的大生产运动时期。① 当时，陕甘宁边区是中共中央的所在地，也是各抗日根据地的总后方。陕甘宁边区的大生产运动，是中国共产党在抗日战争时期，为克服严重的财政经济困难、坚持持久抗战和夺取中国革命胜利而进行的一项伟大创举。在此时期，劳模运动在党的政治建设体系中的重要性进一步加强，并在一定程度上增强了党的政治建设的经济基础、社会基础和文化基础，主要体现在以下几个方面。

第一，劳模运动支撑了陕甘宁边区政权的经济建设。日伪军对敌后抗日根据地的军事"扫荡"、国民党政府对陕甘宁边区的经济封锁，再加上陕甘宁边区自身恶劣自然环境的影响，给中共中央带来了前所未有的困难和挑战。毛泽东如此谈到当时严峻的经济状况："我们曾经弄到几乎没有衣穿，没有油吃，没有纸，没有菜，战士没有鞋袜，工作人员在冬天没有被盖。国民党用停发经费和经济封锁来对待我们，企图把我们困死，我们的困难真是大极了。"②1939 年 2 月，毛泽东在延安党政军生产动员大会上尖锐地指出，困难面前，是"饿死呢？解散呢？还是自己动手呢？饿死是没有一个人赞成的，解散也是没有一个人赞成的，还是自己动手吧"。他还说："从古以来的人类究竟是怎样生活着的呢？还不是自己动手活下去的吗？为什么我们这些人类子孙连这点聪明都没有呢？……总之，我们是确信我们能够解决经济困难的，我们对于在这方面的一切问题的回答就是'自

---

① 在这一时期，其他抗日根据地在陕甘宁边区劳模运动的影响下，也相继开展了劳模运动，并对各个抗日根据地的经济社会以及政治建设产生了重要推动。鉴于各抗日根据地的劳模运动具有共通性，本书以陕甘宁边区为代表进行论述，对其他抗日根据地不再赘述。

② 《毛泽东选集》第三卷，人民出版社 1991 年版，第 892 页。

己动手'四个字。"① 在这种情况下，中共中央和陕甘宁边区政府领导边区广大军民，开展了以农业为主，兼办工业和商业的大规模生产自给运动。通过赵占魁、杨朝臣、黄立德、刘建章、郭凤英、杨步浩、张芝兰、马丕恩、马杏儿、李凤莲、沈鸿等典型劳模，以及八路军第359旅在南泥湾开展大生产运动的示范效应，劳模运动取得了辉煌的成绩，并产生了深远而广泛的影响。农业方面，陕甘宁边区的耕地面积由1937年的826.6万亩，扩大到1945年的1425.6万亩；1944年，陕甘宁边区结余粮食28万石，连同前几年的结余，陕甘宁边区积存的粮食达70万石以上；棉花产量为300万斤，可以织布150万匹，自给率达到2/3。工业方面，到1945年，陕甘宁边区军民生活所需的毛巾、肥皂、火柴、纸张、陶瓷、卷烟、袜子等，全部或大部分可以自给；重工业与化学工业也得到较大发展，能够炼油，修造机器，配置军需品，制造盐酸、硫酸和玻璃等。②1944年，八路军第359旅的指战员们，实现了物资、经费全部自给；粮食不仅全部自给，还向陕甘宁边区政府上交公粮1万石。在八路军第359旅影响下，"晋绥边区部队，全军开荒十六万六千亩，共收粮食两万石，菜蔬除极少数部队外，均能全部自给。晋察冀边区部队，共种地七万多亩，收获一万五千石以上粮食，菜蔬差不多可完全自给"。③ 这对减轻陕甘宁边区政府和人民负担、促进陕甘宁边区经济社会发展，有着极其重要的意义。同时，劳模运动还达到了增加产量、提高效率的目的，"陕甘宁边区各工厂的平均增产皆达到30%—50%，有的厂高达120%—150%。不但产量提高了，而且产品质量提高很大"。④

　　第二，劳模运动夯实了陕甘宁边区政权的社会基础。通过开展劳模运动，以及颁布《陕甘宁边区人民生产奖励条例》《机关、部队、学校人员生

---

① 《毛泽东文集》第二卷，人民出版社1993年版，第460、460—461页。

② 宋金寿、李忠全：《陕甘宁边区政权建设史》，陕西人民出版社1990年版，第351页。

③ 《解放日报》1945年3月5日。

④ 陈丽珠：《延安精神与大生产运动》，《中共郑州市委党校学报》2007年第5期。

产运动奖励条例》和《陕甘宁边区督导民众生产运动奖励条例》等文件，将劳动竞赛和劳模评选制度化。特别是领导层次高、参与人数多、覆盖面广、影响力大的劳模表彰活动，形成了强大的、具有巨大作用力的社会动员效应。规模较大的劳模表彰活动主要有：1938 年 1 月 1 日，陕甘宁边区政府举办了延安工人制造品竞赛展览会。会上评选出名誉奖 2 个，团体奖 11 个，个人甲等、乙等、丙等奖共 154 个。毛泽东亲自为颁给劳动英雄的奖状题词。此外，竞赛展览会奖励并宣传了一批先进工厂、合作社及劳动英雄。1939 年 1 月，在陕甘宁边区政府建设厅主持举办的第一届农产品展览会上，对恢复和发展农业有成就的各类生产人员都给予了奖励；5 月，在第一届工业展览会上，表扬和鼓励了工业方面的得力人员。1940 年，陕甘宁边区政府会同中共中央机关及边区党委，联合召开生产总结、颁奖大会，奖励了各机关、学校在生产运动中涌现出的劳动模范。1941 年，陕甘宁边区开展"五一"劳动大竞赛，评选出 274 位劳动模范。1943 年 11 月 26 日至 12 月 16 日，陕甘宁边区第一届劳动英雄代表大会在延安召开，一批劳模被选为主席团成员。大会表扬和奖励了 185 名劳动英雄，其中的 25 人获特等奖励。1944 年 12 月 21 日至 1945 年 1 月 14 日，第二次陕甘宁边区劳动英雄和模范工作者大会在延安召开。大会评出了特等劳模 74 人、甲等劳模 200 人、乙等劳模 189 人、模范单位 14 个。通过各种层次的劳模选树表彰，形成了强大的社会动员力，夯实了党和陕甘宁边区政权的群众基础。

第三，劳模运动增强了陕甘宁边区政权的文化活力。党在陕甘宁边区广泛开展的劳模运动，是领导社会生产和各项建设事业有效的组织形式和科学的工作方法，不仅改变了陕甘宁边区军民的劳动态度，改善了他们的生活；而且还在各个岗位培养了一大批劳动英雄模范，造就了伟大的劳模精神，丰富了民族精神和革命文化。它不仅成为动员和鼓舞陕甘宁边区人民战胜困难、坚持抗战的精神动力，而且为我们后来的社会主义经济建设和精神文明建设积累了宝贵经验。劳模运动中最为典型的劳模赵占魁，其所代表的劳模精神，成为一种崭新的文化精神，融入中国共产党的意识形态体系之中。陕甘宁边区通过树立劳动英雄的典范、开展学习劳动模范运动，使陕甘宁边区民众在思想上和行动上有了很大的改变，"以辛勤劳动为荣"的观念深入人心，取代了几千年来"劳动下贱"的封建观念。随着这种新的劳动观念的盛行，陕甘宁边区劳动人民的面貌焕然一新，新的劳动态度在广大劳动人民心中树立起来，生产热情空前高涨。在这种社会风气的推动下，社会上存在的一些不务正业、游手好闲的"二流子"也转变了观念，变成积极劳动、自给自足的社会公民。比如，劳动英雄刘生海原来是一个到处游逛的"二流子"，但在劳模运动大氛围的带动下，短短几年时间，就转变为劳动英雄。

事实表明，陕甘宁边区劳模运动创设的典型示范、激励措施和奖赏制度，产生了巨大的社会动员和激励作用，不仅使党度过了经济困难时期，也使党逐步获得了政治上的合法性，树立起领袖个人与政党的政治权威性。还需要指出的是，陕甘宁边区的劳模运动也是中国共产党初步推行政治社会化的有益尝试，并且为群众路线的开展和日后对国家的管理积累了丰富经验。

三、劳模评选的制度化是党和国家政治建设的重要元素

新中国成立后的 1949 至 1978 年间，中共中央、国务院先后召开过 7 次劳模表彰大会，表彰全国英模时授予的荣誉称号，除"全国劳动模范"和"战斗英雄"称号外，还有 1956 年全国先进生产者代表会议，1959 年全国工业、交通运输、基本建设、财贸方面社会主义建设先进集体和先进生产者代表大会（即全国群英会），1977 年全国工业学大庆会议和 1978 年全国财贸学大庆学大寨会议等授予的"全国先进生产者"称号。考察这一时期的劳模运动，与党的政治建设的联系更趋密切。甚至可以说，作为一种典型的治理方式和政治路径，劳模运动已成为党的政治建设的重要组成部分。

　　1950 年 9 月 25 日至 10 月 2 日，全国战斗英雄代表会议和全国工农兵劳动模范代表会议在北京举行，评选产生了 464 名劳动模范。作为一次承前启后的劳模表彰大会，本次大会上入选者既有解放战争时期的劳模代表，又有新中国成立后新涌现出来的劳模代表，恰如中央人民政府副主席张澜在讲话中指出的那样："各位代表同志们来出席这个会议，真正是全国各地战斗英雄和劳动模范的胜利大会师，是显示了新中国人民的力量，具有无比的英勇的战斗精神和伟大辛勤的劳动态度。真正是新中国开国功臣、建国功臣的大会合。""在您们的身上，是象征着从军事战线上、从生产战线上取得光辉胜利的一面旗帜；在您们的身上，永远标志着胜利和光辉。"而这一切的取得，都有一个基本前提，那就是党的领导下的国家政权的建立，"只有在共产党的领导之下的一切人们，都可在为革命为群众的事业中，尽量发挥自己的天才知识和创造性，获得伟大的成就，使自己成为英雄，成为模范，被人民敬佩，被人民表扬"。[1] 新的政党、新的政权和新的国家，不仅仅是政权的更替，更是社会、文化、意识形态等方面的重造；必须实现新的经济社会发展，带领人民进入新的生产、生活。因此，对历史进行总结，对现实进行谋划，对未来进行展望，政党、政权进行合法性建构，都需要强有力的意识形态要素。作为实现社会动员、促进社会整合的有效元素，劳模具有的劳动价值观、劳动态度、劳动伦理、劳动习惯和劳动技能成为"社会主义新人"的典范。新中国成立之初，要完成社会主义改造，改变一穷二白的落后面貌，必须调动广大劳动者的积极性、主动性和创造性，"为了减轻人民负担、开展生产运动；为了鼓励全国工人发扬新的劳动态度，克服困难、提高劳动生产率；并为了鼓励全国农民实行生产互助，改进技术，深耕细作、增加农业生产、扩大耕地面积"。[2]

---

[1]　《张澜副主席的讲词》，《人民日报》1950 年 9 月 26 日。

[2]　《张澜副主席的讲词》，《人民日报》1950 年 9 月 26 日。

　　事实上，如果细致考量劳模运动发展的历史过程，在此后关于劳模评选、劳模大会、劳模宣传的历史场景中，劳模都和当时的政治发展紧密连接。1956年4月30日，全国先进生产者代表会议在北京体育馆开幕。中共中央、国务院授予全国先进集体称号853个，授予全国先进生产者称号4703人。1959年10月25日，全国工业、交通运输、基本建设、财贸方面社会主义建设先进集体和先进生产者代表大会（即全国群英会）在北京人民大会堂开幕。中共中央、国务院授予全国先进集体称号2565个，授予全国先进生产者称号3267人。1960年6月1日，全国教育和文化、卫生、体育、新闻方面社会主义建设先进单位和先进工作者代表大会（即全国文教群英会）在北京人民大会堂开幕。中共中央、国务院授予全国先进单位称号3092个，授予全国先进工作者称号2686人。1977年4月20日至5月14日，全国工业学大庆会议先后在大庆油田和北京召开。中共中央、国务院授予全国大庆式企业、全国先进企业称号2126个，授予全国先进生产者称号385人。1978年3月18日，全国科学大会在北京开幕。中共中央、国务院授予全国先进集体称号826个，授予全国先进科技工作者称号1213人。1978年6月20日，全国财贸学大庆学大寨会议在北京开幕。中共中央、国务院授予全国财贸战线大庆式企业称号736个，授予全国劳动模范和先进生产者称号381人。同时，作为经济建设和国家意识形态不可或缺的一环，党和政府也明确了劳模评选成为一项国家行为。1950年12月14日，周恩来签发《关于全国工农兵劳动模范代表会议的总结报告的批示》。这个批示说："关于全国工农兵劳动模范代表会议的总结报告，业经政务院第五十九次政务会议批准，兹公布之，作为今后全国进行劳模运动的指针。"在《关于全国工农兵劳动模范代表会议的总结报告》中，全国总工会党组书记、副主席李立三建议中央要加强对劳模的宣传，在劳动竞赛中组织推广劳模的工作经验，并提出要"把评选劳模形成固定的制度"，定期召开全国性的劳模表彰大会。通过上述表彰，我们可以看出，"先进生产者"成为这一时期表彰劳模的主要荣誉称号。其主要原因在于，这一时期，特别是"文化大革命"之前和"文化大革命"之后，党和国家对经济建设高度重视。这一时期出现的劳模代表，如郝建秀、赵梦桃、王崇伦、马恒昌、倪志福、张秉贵、史来贺、申纪兰、钱学森、华罗庚、时传祥、陈景润、袁隆平等人，具有鲜明的劳模精神特征：既要爱岗敬业、踏实朴素、艰苦奋斗、无私奉献，又要具有一定的技术水准、具备一定的创新创造能力。在一定意义上，劳模的成功也是党和国家的成功，劳模的胜利也是党和国家合法性的确立。

1978 年召开的党的十一届三中全会，作出了把全党工作重点转移到社会主义现代化建设上来的战略决策。1989 年以来，全国劳模和先进工作者评选表彰工作基本形成了每 5 年一次的固定届次，每次评选表彰先进个人 3000名左右，由国务院，现由中共中央、国务院授予全国劳动模范或全国先进工作者称号。可以说，在此时期，党和国家的政治建设，进一步完善和决定了劳模评选表彰的制度建设、组织建设、人员结构等问题，主要体现在：

党和国家的政治建设促进了劳模选树的制度建设。如果说，周恩来在20 世纪 50 年代签发的《关于全国工农兵劳动模范代表会议的总结报告的批示》，首次确定了劳模运动的制度化，那么，经过"文化大革命"期间长时段的中断之后，在改革开放产生新的社会经济和政治诉求条件下，劳模评选制度被纳入国家制度体系的轨道之中。1980 年 3 月 8 日，中华全国总工会发布关于试行《劳动模范工作暂行条例》的通知（工发总字〔1980〕44 号），开始实行《劳动模范工作暂行条例》，对劳模的评选、使用、管理和福利待遇等问题都作了明文规定。1982 年，国务院发布的《企业职工奖惩条例》第六条规定："对职工的奖励分为：记功、记大功，晋级，通令嘉奖，授予先进生产（工作）者、劳动模范等荣誉称号。"1982 年，《中华人民共和国宪法》第四十二条规定："国家提倡社会主义劳动竞赛，奖励劳动模范和先进工作者。"1992 年、2001 年、2009 年的《中华人民共和国工会法》第三十二条规定：根据政府委托，工会与有关部门共同做好劳动模范和先进生产（工作）

者的评选、表彰、培养和管理工作。由此，劳模评选表彰以国家基本法和相关法律的形式确定下来，并逐步成为国家治理体系中的常态机制和有机组成部分。

党和国家的政治建设促进了劳模选树的组织建设。改革开放以来，劳模评选表彰进入规范化、制度化、经常化的状态。特别是1989年9月，召开全国劳动模范和先进工作者表彰大会之后，从1995年开始，劳模表彰大会固定为每5年召开一次，先后在1995年、2000年、2005年、2010年、2015年召开了全国劳动模范和先进工作者表彰大会。在评选机构、表彰频率、表彰主题、表彰名称、表彰数量、表彰对象等方面，整体上呈现出一种稳定性，从而表明劳模评选表彰进入常态化、制度化、规范化阶段。评选机构的组成部门不断增加并呈现出相对固定的态势，由中华全国总工会等20余家部委协同成立全国劳动模范和先进工作者表彰大会筹备委员会。该委员会的办公室设在全总，负责日常工作。同时，劳模评选表彰的机构、程序、范围、过程等方面，也随着国家治理体系和治理能力现代化的逐步发展，越来越成为一项严肃的政治工作，更趋于公开、公平、公正。特别是从2000年劳模评选工作开始，为进一步体现公开、公正的原则，并提高评选工作的透明度，全国劳动模范和先进工作者表彰大会筹委会决定，将经过上报初审同意的表彰名单发回各地及中央有关系统，进行公示。在表彰大会召开前夕，全国31个省、自治区、直辖市都已分别通过当地报纸或电台、电视台进行了公示，最高人民法院、最高人民检察院系统在其专业报上进行了公示，当时的中直机关工委、中央国家机关工委、中央企业工委、中央金融工委、解放军采取内部通报的方式进行了公示。[①] 评选公示是劳模评选工作的一项重要改进，有利于充分发扬民主，让广大群众监督评选工作，保证把那些有广泛群众基础、真正是各行各业先进模范人物及先进工作者的同志推

---

① 《全国劳模和先进工作者评选公示引起广泛关注》，《人民日报》2000年4月29日。

荐为全国劳模和先进工作者；此外，评选公示也收到了宣传劳模事迹、弘扬劳模精神的良好效果。从 2005 年起，全国劳模和先进工作者人选在全国范围内进行公示；同时，劳模推荐程序增加了事前监管环节，要求被推荐的企业负责人须经工商、税务、人力资源和社会保障、安全生产、环保、卫生计生、审计、纪检监察等一共 8 个部门签署意见，对私营企业负责人还要征求统战和工商联两个部门的意见。从 2015 年起，劳模评选工作又从以下 5 个方面予以改进：一是简化程序，取消不必要的部门盖章。对参评全国劳模的企业负责人，不再由劳模本级推荐单位分别征求工商等 8 个部门的意见并盖章，改由省（区市）委、省（区市）政府统一签署推荐意见并加盖省（区市）委或省（区市）政府印章，将 8 个章减少为 1 个章。二是加强管理，强化监督。严格执行初审、复审及拟推荐人选本人所在单位公示、省级公示、全国公示的"两审三公示"做法，尤其是充分发挥三个公示环节的监督作用，适当延长公示时间，畅通举报渠道，严肃公示纪律，严格执行公示结果，保障人民群众的参与权、监督权。三是建立责任追究机制。对不按照评选要求推荐人选的，严肃追究有关推荐单位及其负责人的责任，做到"盖章必有责，有责必追究"。四是充分发挥有关部门的职能作用。省级公示前由省级推荐机构统一征求工商等部门的意见，全国公示前再就拟表彰人选统一征求当时的工商总局等相关部委的意见，保证评选质量。五是合理确定劳模评选表彰工作安排和时间进度，尽量给推荐单位预留充足的工作时间，把工作做细做实。

党和国家的政治建设优化了劳模选树的人员结构。随着国家治理体系和治理能力现代化的不断发展，也随着党和国家中心任务的不断变化，劳模选树的对象、范围、结构都在日益变化，评选范围更加广泛，劳模的构成也更加多样化。评选对象不仅包括传统的工人、农民、知识分子，也包括个体经营者、私营企业主、社会新阶层人士等。1989 年，《国务院关于召开全国劳动模范和先进工作者表彰大会的通知》明确，表彰范围是："工业、农业、交通、财贸、建设、教育、科研、文化、卫生、体育等各行各业的工人、农民、专业技术人员、管理人员、思想政治工作者及其他工作人员。"由此，之前 9 次大规模评选劳模涉及的对象都被纳入评选范围。1994 年，《国务院关于召开全国劳动模范和先进工作者表彰大会的通知》明确，表彰范围是："1989 年以来，在改革开放、经济建设、工农业生产和各项社会事业中做出突出贡献的工人、农民、专业技术人员、管理人员、机关工作人员及其他人员。"其中，表彰范围去掉了关于行业方面的规定，"思想政治工作者"也改为"机关工作人员"。2000 年，《国务院关于召开 2000 年全国劳动模范和先进工作者表彰大会的通知》明确，表彰范围是："1995 年以来，在改革开放、经济建设、工农业生产和各项社会事业中做出突出贡献的工人、农民、科教人员、企业管理人员、机关工作人员及其他人员。"在表彰范围方面，对历史境况和行业领域作了规定，明确了"改革开放、经济建设、工农业生产和各项社会事业"的宏观范围，并将"专业技术人员、管理人员"进一步明确为"科教人员、企业管理人员"。2004 年，《国务院关于召开 2005 年全国劳动模范和先进工作者表彰大会的通知》明确，表彰范围是："2000 年以来，在改革开放、经济建设和各项社会事业发展中作出突出贡献的工人、农民、科教人员、企业管理人员、机关工作人员及其他社会各阶层人员。"表彰对象的领域更加简洁、集中，将"改革开放、经济建设、工农业生产和各项社会事业"浓缩为"改革开放、经济建设和各项社会事业发展"，"工农业生产"包含在上述三个层面之中；同时，将"其他人员"进一步明确为"其他社会各阶层人员"，私营企业主和进城务工人员被纳入评选范围。2010 年，《国务院办公厅关于做好 2010 年全国劳动模范和先进工作者评选表彰工作的通知》明确，表彰范围是："2005 年以来，在社会主义经济建设、政治建设、文化建设、社会建设以及生态文明建设和党的建设等方面作出重大贡献，取得优异成绩的工人、农民、科教人员、管理人员、机关工作人员及其他为祖国富强贡献力量的社会各阶层人员。"把表彰对象的领域明确为"社会主义

经济建设、政治建设、文化建设、社会建设以及生态文明建设和党的建设";
对"其他社会各阶层人员"的规定，则将"为祖国富强贡献力量"作为前
提。2015年，《中共中央办公厅、国务院办公厅关于做好2015年全国劳动
模范和先进工作者评选表彰工作的通知》明确，表彰范围是："2010年以来，
在社会主义经济建设、政治建设、文化建设、社会建设、生态文明建设和党
的建设等方面作出重大贡献，取得优异成绩的工人、农民、科教人员、管
理人员、机关工作人员及其他为祖国富强贡献力量的社会各阶层人员。"其
中，对评选对象未作改变，而是根据新的理论体系，对六大建设作了规范性
修改。此外，劳模的身份构成方面，随着国家治理体系和治理能力现代化的
不断发展，也发生了较大变化，一线职工和农民的比例不断提高。2000年，
劳模评选分配原则规定："企业一线职工不得低于总数的35%，农民应占总
数的20%；企业负责人不得超过总数的8%。"①2005年，企业职工不少于推
荐人选名额总数的45%，其中，一线工人和专业技术人员不低于企业职工
的55%，企业负责人不超过企业职工的22%。农民不低于推荐评选名额总
数的20%，其中，乡镇企业负责人不得超过农民的20%。司局级以上党政
干部不参加评选。对县处级党政干部从严掌握，不超过党政机关干部推荐人
数的25%。②2010年，劳模推荐评选要求："坚持面向基层和工作一线，其
中企业职工不低于45%，农民不低于20%。"③2015年，在评选出的2064名
全国劳模中，企业职工和农民占到总数的69.5%。其中，企业一线职工占企
业人选的67.5%，比规定比例高10.5个百分点，比2010年提高5.1个百分
点；企业负责人占企业人选的16.9%，比规定比例低3.1个百分点，比2010

---

① 中华全国总工会经济技术部：《新编劳模工作手册》，中国工人出版社2012年版，
第39页。

② 中华全国总工会经济技术部：《新编劳模工作手册》，中国工人出版社2012年版，
第68页。

③ 中华全国总工会经济技术部：《新编劳模工作手册》，中国工人出版社2012年版，
第84页。

年降低 4.3 个百分点；农民工占农民人选的 30.4%，比规定比例高 5.4 个百分点，比 2010 年提高 17.7 个百分点。①

可以说，从劳模出现萌芽的中央苏区开始，直到陕甘宁边区等抗日根据地轰轰烈烈的劳模运动，再到新中国成立后劳模评选表彰的制度化，在 80 余年的时间里，劳模与中国政治之间的关系可谓密切相连。甚至在一定程度上可以说，劳模的历史，同样是党的政治发展的历史，也同样是党和国家政治建设的历史。

第二节 劳模的政治特性及其政治参与

劳动模范，本义就是劳动的模范，是在劳动实践中产生的典型代表和榜样楷模。劳模精神是"用新的态度对待新的劳动"，继承并发展了中华民族优秀的传统劳动观念，还融入具有中国特色的马克思主义劳动价值论，契合中国革命、建设和改革的社会历史语境，最终实现了重建劳动秩序、重构劳动关系、重振劳动地位、重整劳动价值、重造劳动伦理、重塑劳动心理、重释劳动意义，树立并彰显了一种辛勤劳动、诚实劳动、创造性劳动的新理念，营造并弘扬了一种劳动光荣、技能宝贵、创造伟大的时代风尚，生成并传播了一种劳动者至上、劳动者平等、劳动者可敬、劳动最光荣、劳动最崇高、劳动最伟大、劳动最美丽的劳动观。历史和现实也充分证明，政治性是劳模的本质属性之一。劳模及劳模精神，具有鲜明的政治特性。从劳模的产生发展逻辑而言，劳模与中国政治的关系密不可分，劳模是中国政治发展的既定结果。中国政治促进了劳模的产生与发展，并决定了劳模的本质和属性。

---

① 刘维涛：《劳模先进多数来自基层》，《人民日报》2015 年 4 月 27 日。

一、政治性是劳模的本质属性

纵观中国劳模的成长轨迹可以看出，劳模典型而集中地反映了党在新民主主义革命时期、社会主义革命和建设时期、改革开放和社会主义现代化建设新时期的本质、要求与标准，成为具有政治属性的中国特色、中国属性、中国价值、中国内蕴的象征和典范。

早在 1932 年，中共中央组织局题为《关于革命竞赛与模范队的问题》的通知，就强化了劳模集体和劳模个体的政治属性。上述通知强调，模范队是革命竞赛的基本单元，是其他劳动群众的模范。模范队由一定数量的队员组成。从政治角度而言，模范队除了"必须经常地开会讨论工作计划，订定革命竞赛条约，检查条约上各点执行的程度，讨论队内部的纪律问题"等关于劳动方面的工作之外，还必须"研究政治问题和党的决议"。同样，对于模范队队员而言，除了"必须百分之百的完成自己所担任的工作，遵守纪律，参加社会工作"之外，也要"详细研究政治问题"。① 由此看出，尽管在劳动竞赛与政治意识之间，劳动竞赛是属于第一性的问题，但毫无疑问，政治意识也是成为模范队和模范队队员的必要条件之一。同样，该通知规定，在模范队之间进行劳动竞赛时，必须制定竞赛条约；而竞赛条约的具体拟订过程中，"必须裁明双方所负的具体工作，纪律，参加社会工作，对政治问题的研究诸项和一定的期限"② ；而且强调："条约上所规定的各点，必须百分之百的来实现"。③ 这里，"对政治问题的研究"，也是组织劳动竞赛的必要条件之一。此外，劳模作为革命队伍的后备力量，要有意识地、积极地吸收

---

① 中华全国总工会编：《中共中央关于工人运动文件选编》中，档案出版社 1985 年版，第 181—182 页。

② 中华全国总工会编：《中共中央关于工人运动文件选编》中，档案出版社 1985 年版，第 182 页。

③ 中华全国总工会编：《中共中央关于工人运动文件选编》中，档案出版社 1985 年版，第 183 页。

他们加入工会和党组织："在模范队和革命竞赛运动中，无论在苏区，无论在白区，我们必须提拔新的力量入赤色工会，入少共和入党。在模范队和革命竞赛运动过程中，一定会发现新的有阶级觉悟的干部，把他们提拔上来，是我们应用新方式中所不可分离的部分。"①

在20世纪40年代陕甘宁边区时期，劳动英雄的评选标准是："劳动好，学习好，又能公私兼顾、不自高、不夸大，永不脱离群众。"模范工作者的评选标准是："忠于革命，精于业务，勤于学习，善于创造，团结干部，联系群众。"20世纪50—70年代的评选标准，可以把毛泽东的讲话作为代表："你们在消灭敌人的斗争中，在恢复和发展工农业生产的斗争中，克服了很多的艰难困苦，表现了极大的勇敢、智慧和积极性。你们是全中华民族的模范人物，是推动各方面人民事业胜利前进的骨干，是人民政府的可靠支柱和人民政府联系广大群众的桥梁。"

1979年，中共中央、国务院第一次对"模范"和"先进"作了理论概括："各条战线的劳动模范和先进集体，必须是先进生产力的优秀代表，能够体现社会发展的方向。判断一个职工是不是模范，一个集体是不是先进，归根到底要看其在推动生产力发展方面是不是起了显著的作用，对社会主义建设事业是不是作出了较大的贡献。这是我们选举劳动模范和先进集体的根本标准。"②尽管生产力角度是"选举劳动模范和先进集体的根本标准"，但同时，中共中央、国务院也强调了劳模评选工作的政治性："林彪、'四人帮'所搜罗的那些专门破坏生产秩序、工作秩序、社会秩序的打砸抢头头，如果混进了劳模队伍，必须坚决清除出去。但是，曾经犯过错误，后来表现好，为社会主义作出了优异成绩并为广大职工称赞和愿意选出的职工，应该一视同仁。"③1979年9月28日，受到国务院表彰的全国先进企业和全国劳动模范

---

① 《毛泽东文集》第六卷，人民出版社1999年版，第95页。

② 《全国劳模大会改期明年举行》，《人民日报》1979年9月14日。

③ 《全国劳模大会改期明年举行》，《人民日报》1979年9月14日。

发出倡议书。该倡议书共有 5 条倡议，其中 3 条是关于生产问题的：一是在增产节约劳动竞赛中大显身手，争作贡献；二是立足现有基础，大搞挖潜、革新、改造，不断提高劳动生产率；三是以主人翁的态度切实搞好企业整顿，加强企业管理，当好管家人。而另外两条是关于劳动者政治性要求的，包括第四条："努力提高政治觉悟，掌握四化建设的过硬本领，做到又红又专。"第五条："顾大局，识大体，做安定团结的模范。"[①]1979 年 12 月 28 日，农业战线全国先进社队代表和全国劳动模范也发出倡议书。这个倡议书共 6 条，其中第一条就是政治层面的要求："认真学习、宣传和贯彻执行中共中央关于发展农业的两个文件。这两个纲领性文件说出了我们农民的心里话，真是好得很。我们干社会主义农业的劲头更大了。我们要用这两个文件统一思想认识，继续批判林彪、'四人帮'的极左路线，迅速把农业搞上去。我们要做维护党的四项基本原则的模范，要做执行党的方针、政策的模范。"[②]

　　1989 年及 1995 年全国劳动模范和先进工作者表彰大会评选条件的第一条就强调政治表现，即必须坚持四项基本原则，拥护改革开放总方针。2000 年劳模评选的重要标准是：在本职工作岗位上勇于开拓创新；为经济建设和社会发展作出突出贡献；有较为广泛的群众基础；具备对祖国和人民无限忠诚的崇高思想，爱岗敬业、勇于创新的工作精神，艰苦奋斗、无私奉献的高尚品质。2004 年，《国务院关于召开 2005 年全国劳动模范和先进工作者表彰大会的通知》强调，在评选全国劳动模范和先进工作者过程中，要严格掌握标准："评选出的先进模范个人，应当是高举邓小平理论和'三个代表'重要思想伟大旗帜，坚持党的基本路线"。2005 年，《国务院关于表彰全国劳动模范和先进工作者的决定》号召全国人民，学习劳模胸怀全局、报效祖

---

①　《全国先进企业、劳动模范向工交基建战线职工发出倡议书》，《人民日报》1979 年 9 月 29 日。

②　《农业战线全国先进社队代表和全国劳动模范发出倡议书》，《人民日报》1979 年 12 月 29 日。

国的高尚品格，立足本职、甘于奉献的精神风貌，与时俱进、求真务实的科学态度，积极进取、争创一流的不懈追求。2010年，《国务院关于表彰全国劳动模范和先进工作者的决定》号召全国各族人民以劳模为榜样，学习他们信念坚定、胸怀大局的崇高思想，艰苦奋斗、勇于奉献的高尚品质，求真务实、纪律严明的优良作风，开拓创新、自强不息的进取精神。2015年，劳模评选的基本条件是：热爱祖国，坚决拥护中国共产党的领导和社会主义制度，高举中国特色社会主义伟大旗帜，全面贯彻落实党的十八大和十八届三中、四中全会精神，深入贯彻习近平总书记系列重要讲话精神，认真执行党的方针政策，坚决维护宪法法律权威，模范遵守国家法律法规，立足岗位，奋发进取，开拓创新，勇于奉献，在群众中享有较高威信。

如上所述，作为党和国家优秀劳动者的典范与代表，劳模是以劳动的方式、典范的象征、楷模的形象，成功搭建普通劳动者（人民大众）与政治体制之间的桥梁和纽带。第一，从其评选对象看，无论是早期以工农兵为主要评选对象，还是当下"工人、农民、科教人员、管理人员、机关工作人员及其他为祖国富强贡献力量的社会各阶层人员"的评选范围不断扩大，在最根本的意义上，劳模都是党和国家政治体系建构中的重要组成部分。第二，从其评选标准看，无论是早期以"老黄牛"式的辛勤劳动、诚实劳动为劳模精神的主要方面，以创造性劳动为辅助，还是当下以辛勤劳动、诚实劳动为基础，以创造性劳动为重要引领、支撑和趋向，都极为深刻而鲜明地体现出党和国家政治建设中心任务的导向及取向。第三，从其评选过程看，无论是早期的指定性、自发性、不确定性，还是当下的制度化、规范化、常态化、公开化，都充分体现了党和国家治理能力与治理体系现代化的发展过程及其嬗变逻辑。第四，从其宣传弘扬看，无论是早期的表彰会议、党媒传播、高层阐发等，还是当下党和国家最高规格的评选表彰、全媒体传播、党和国家最高领导人发表重要讲话等，都彰显出国家意识形态建构及其路径的主导方位。

特别是进入新时代以来，广大劳模在继承、弘扬传统精神品格的基础上，发展和创造了具有时代特征的精神风貌，以知识、技术、创新等实际行动，进一步赋能并强化新时代劳模的先进品格，促动劳模的政治性进入更高阶段，具有更多层面、更加丰富的政治内蕴。劳模精神作为劳模的思想内核、行动指南和精神灯塔，以积极的劳动姿态、卓越的劳动创新、丰富的劳动创造、果敢的劳动担当和无私的劳动奉献，成为推动时代前进的强大精神动力，充分体现了劳模群体的政治品格，推动了广大劳动者的思想转变、观念提升、习惯养成和技能成长，提升了生产力和生产关系的发展水平，并在普遍性上进一步增强了党和国家的政治领导力、思想引领力、群众组织力与社会号召力。

还需要特别指出的是，劳模的政治属性也充分体现在他们的主人翁意识上。事实上，主人翁意识是劳模精神的内在本质，是正确认识和理解劳模精神的关键词。从党和国家的顶层设计而言，每一个劳动者都是国家的主人；但在具体的思想意识和实践层面，缘于劳动者自身劳动价值观、劳动品格、劳动态度、劳动素养等方面的原因，并未能将此种主人翁意识践行于日常的工作、生活之中，劳动的主体也就很难实现踏实劳动、积极劳动、主动劳动、勤勉劳动和创造性劳动，甚至出现轻视劳动、不想劳动、不会劳动、不珍惜劳动成果等问题。而恰恰在此种意义上，劳模精神凸显出强烈的主人翁意识。所谓主人翁意识，就是以当家作主的态度，从事生产劳动、参与管理集体和国家事务的精神及心理。"把国事当家事、把自己当主角"，正是因为具备自觉的、强烈的主人翁意识，劳模才以车间为家、以厂为家、以企业为家、以单位为家、以国为家，才具有积极主动的岗位意识、职业意识、进取精神和创新精神，才能够扎根基层、服务企业、奉献社会，才能够在平凡的岗位上取得不平凡的工作业绩，才能够在本职工作中充分发挥积极性、主动性和创造性，也才能够艰苦奋斗、淡泊名利、甘于奉献，自觉地把人生理想、家庭幸福融入国家富强、民族复兴的伟业之中，最终建构起个人与集体、个人梦与中国梦、个人家庭与国家民族融合统一的发展共同体和命运共同体。正是在此种意义上，劳模精神本质上体现为"我要劳动"的精神，体现为"自己为自己劳动、自己管理自己、自己成就自己、自己通过劳动实现自己"的精神。正是因为把自己视为企业、集体、国家的主人，劳模精神才解决了主、客体之间的分裂和异化问题，构建起劳动者与其劳动对象之间的统一性关系。从内在动力而言，劳模精神是一种热爱劳动、自觉劳动、主动劳动、积极劳动的劳动态度、劳动心理和自我实现诉求。从外部联系来说，劳模精神生成并建构了劳动者与劳动对象之间的命运共同体关系。通过劳动，劳动者改变了劳动对象，也在一定程度上改变并实现了自身。

二、劳模的政治认同和政治参与

对于劳模群体而言，他们鲜明而充分地凸显出党和国家政治建设的中心任务及其发展趋势；对于劳模个体而言，每个劳模都是党的方针政策坚定的执行者和贯彻者。

第一，劳模是政治建设的积极参与者。劳模是党和国家政治建设的认同者、维护者及参与者。从政治参与的理念看，政治性是劳模或显或隐的本质属性，也是劳模评选的基本前提和重要标准。一般而言，劳模都具有较为强烈的、自觉的、主动的政治参与意识，始终以党和国家的社会经济以及政治诉求为核心，并积极建构个人与集体、个体政治与党的建设、个人事业与国家发展的共同体。从政治参与的途径看，有直接参与和间接参与。直接参与就是通过劳模身份和职位的改变，或者当选为各级党代表、人大代表、政协委员、工会代表大会代表，或者直接进入党和国家的政治序列之中，成为政治建设的决策者或者参与决策者。比如陈永贵、郝建秀、倪志福、王崇伦等劳模，从普通劳动者成长为党和国家或者部门、群团组织的领导。再如党的十八大以来，通过全国工会系统改革，积极落实《全国总工会改革试点方案》

《新时期产业工人队伍建设改革方案》，中华全国总工会、全总各行业工会、部分省区市总工会，相继推选全国劳模兼任工会副主席，一批劳动模范走上了工会领导岗位。又比如党的十九大代表中，生产和工作第一线的党员共有771名，占33.7%。其中，工人党员代表198名（包括农民工党员代表27名），占8.7%；专业技术人员党员代表283名，占12.4%。这些党代表中，有许多是具有劳模身份的先进职工。通过上述途径，劳模较为有效地发挥了政治参与功能。从政治参与的效果看，劳模在一定程度上推动了党和国家政治建设的发展。比如，申纪兰提出并推动了男女同工同酬；王崇伦执笔的关于在全国开展技术革新运动的联名建议信，推动了中华全国总工会文件《关于在全国范围内开展技术革新运动的决定》的出台；许振超、李斌等劳模在全国人民代表大会上的议案，一定程度上促进了中共中央办公厅、国务院办公厅《关于提高技术工人待遇的意见》的出台。

第二，劳模是党的方针政策坚定的执行者和贯彻者。自觉遵循和大力践行党和国家的路线、方针、政策，是广大劳模在各个历史时期都始终坚持的优良传统。革命战争年代，在中国共产党领导中国人民追求民族独立和国家解放的历史进程中，"边区工人一面旗帜"赵占魁、"兵工事业开拓者"吴运铎、"新劳动运动旗手"甄荣典等劳动模范，以"劳动好、学习好，又能公私兼顾、不自高、不夸大，永不脱离群众"的精神风貌，以及"忠于革命、精于业务、勤于学习、善于创造、团结干部、联系群众"的精神境界①，创造并丰富了具有革命战争年代特色的劳模精神，凝聚了共产党人和革命群众的独特思想与精神风貌，为动员和鼓舞根据地人民战胜困难、坚持抗战提供了坚韧强劲的精神动力，并为根据地的生存与发展发挥了举足轻重的重要作用。新中国成立后，在中国共产党领导中国人民建设新中国的历史征程中，"高炉卫士"孟泰、"铁人"王进喜、"两弹"元勋邓稼先、"知识分子的杰出代表"蒋筑

---

① 《解放日报》1944 年 12 月 22 日。

英、"宁肯一人脏，换来万人净"的时传祥等先进模范，以超额完成任务、推广先进经验、开展技术革新、提出合理化建议等在经济生产方面的贡献，以及自力更生、奋发图强、加班加点、努力工作、无私奉献的"老黄牛"精神，发展并深化了具有社会主义建设时期特色的劳模精神，成为激励各族人民意气风发投身社会主义建设的强大精神力量。在改革开放的历史新时期，"天下第一村"老书记吴仁宝、"杂交水稻之父"袁隆平、"当代产业工人的杰出代表"许振超、"抓斗大王"包起帆、"蓝领专家"孔祥瑞、"金牌工人"窦铁成、"新时期铁人"王启明、"新时代雷锋"徐虎、"知识工人"邓建军、"马班邮路上的忠诚信使"王顺友、"白衣圣人"吴登云、"中国航空发动机之父"吴大观、"敦煌的女儿"樊锦诗、"农民工楷模"巨晓林、"雷锋传人"郭明义、"拼命书记"范振喜、科研报国的黄大年等先进模范，以无限忠诚、信念坚定、胸怀全局、爱党爱国的政治品格，爱岗敬业、争创一流、纪律严明、求真务实的职业精神，艰苦奋斗、勇于创新、与时俱进、自强不息的精神风貌，报效祖国、克己奉公、淡泊名利、甘于奉献的思想境界，继承并创新了具有改革开放新时期特色的劳模精神，干一行、爱一行、专一行、精一行，为国家和人民建立了杰出功勋。

第三，劳模充分体现出党和国家对劳动精神的倡扬与引领。在最朴素的意义上，劳模精神就是一种崭新的劳动精神。劳模通过自己的劳动，收获满足感、幸福感和尊严感，才能够挣脱物质的枷锁，并在创造丰富物质财富的同时，也拥有鲜活丰盈的精神世界。热爱劳动是中华民族的传统美德，中华民族是孕育劳模精神的民族。以农耕文明为主导的经济社会体系，培育了辛勤劳动、诚实劳动、创造性劳动的优秀品格，为劳模精神奠定了坚实的文化基础和精神基因。正是劳动创造，催生了"日出而作，日入而息。凿井而饮，耕田而食。帝力于我何有哉？"①这样的诗歌，体现出远古先民赞颂劳动、自

---

① 《古诗源》，中华书局 1963 年版，第 1 页。

食其力、辛勤劳动、简单质朴的生产、生活方式；正是劳动创造，孕育了"锄禾日当午，汗滴禾下土。谁知盘中餐，粒粒皆辛苦"①"富贵本无根，尽从勤里得"②"美人首饰侯王印，尽是沙中浪底来"③"一粒红稻饭，几滴牛额血"④"一粥一饭当思来之不易，寸丝寸缕恒念物力维艰"⑤等诗句，呈现出古代劳动人民辛勤劳动、诚实劳动、热爱劳动、节俭朴素的传统美德；也正是劳动创造，造就了思想史上群星闪耀的诸子百家，产生了科技史上影响人类文明进程的四大发明，铸就了万里长城、都江堰水利工程、秦兵马俑、莫高窟等震撼人心的文化遗存和气势恢宏的伟大工程，在经济、科技、文化、艺术等诸多领域都走在世界前列，为人类文明进步作出了不可磨灭的贡献。在此种意义上，正是劳动创造了中国历史的奇迹，正是劳动树立起中华文化的尊严，正是劳动昭示着中华文明的伟大与辉煌；也正是在无数次劳动创造之中，生成了中华民族勤劳勇敢、艰苦奋斗、吃苦耐劳、自强不息、诚实守信、勤俭节约的文化传统和价值理念，成为新时代劳模精神不断丰富、不断发展的文化基础和厚重积淀。

第四，劳模是党和国家秉持的民族精神的传承者、丰富者与践行者。长期以来，广大劳模以平凡的劳动创造了不平凡的业绩。劳模精神丰富了民族精神的内涵，是我们极为宝贵的精神财富。劳模精神还是民族精神的最高地，是最具中国属性、中国品格、中国气派的中国精神。一方面，劳模精神是民族精神核心要素的集中体现。劳模精神秉持了民族属性，传承并彰显了民族精神，既体现了以爱国主义为核心的团结统一、爱好和平、勤劳勇敢、崇德尚礼、公而忘私的民族情怀，又体现了以"修身、齐家、治国、平天下"

---

① 彭定求等：《全唐诗（下）》，上海古籍出版社 1986 年版，第 1226 页。

② 冯梦龙：《醒世恒言》，岳麓书社 1992 年版，第 451 页。

③ 彭定求等：《全唐诗（下）》，上海古籍出版社 1986 年版，第 911 页。

④ 尚作恩：《晚唐诗译释》，黑龙江人民出版社 1987 年版，第 319 页。

⑤ 朱伯庐：《朱子治家格言》，吉林出版集团有限责任公司 2017 年版，第 1 页。

为核心的知行合一、自立自强、自立立人的人生追求。另一方面，劳模精神是民族精神创新发展的重要推动力量。劳模精神始终与时俱进，创新和丰富了民族精神。一代又一代劳模，用自己的辛勤劳动、诚实劳动和创造性劳动，特别是崭新的劳动态度、创新的劳动追求、自我的劳动超越，生成并创新了具有时代特征的劳动价值观、劳动情感态度、劳动品格、劳动习惯、劳动知识技能，不断丰富并将继续丰富中华民族精神的博大内涵。正是经由像劳模精神这样精神源泉的不断浇灌，民族精神才得以在继承中发展、在发展中创造、在创造中超越；中华民族也才能够以精神的力量、崭新的姿态、充沛丰盈的精气神，卓然屹立于世界民族之林。

第五，劳模是党和国家创造的时代精神的典范与代表。劳模是当之无愧的时代领跑者，是时代的精神符号和力量化身，既是一面旗帜，也是一面镜子；劳模精神是引领时代新风的精神高地，生动体现了时代精神的精神实质、主要特征和重要内容。一方面，劳模精神具有鲜明的时代特征，是时代精神的生动体现。作为一种文化和精神，劳模精神不是凝滞固化、一成不变的，而是实践的、创新的、鲜活的、生动的存在，随着国家意识形态、经济社会形势和时代变迁而不断嬗变发展。纵观中国劳模精神的演变史，可以说，从苏维埃时期艰苦奋斗、苦干实干的"老黄牛"精神，到新时代知识型、技能型、创新型要素的融入，中国劳模精神的演变史，也是时代精神的演变史；它既具有一定的稳定性和继承性，也随着时代变迁而不断创新发展。特别是当下的劳模精神，生动体现了以改革创新为核心的时代精神，既传承了前辈劳模辛勤劳动、诚实劳动的精神传统，又能够与时俱进、革故鼎新，充分汲取知识经济时代、信息技术飞速发展和全球经济一体化时代的精神元素，呈现出愈加强烈、愈加鲜明的时代特征。另一方面，劳模精神推动了时代精神的新发展，丰富了时代精神的新内涵。劳模精神催生出新的时代精神，成为时代精神发展变化的重要推动力量和构成要素。劳模作为先进生产力和先进生产关系的典范与代表，在创造性实践和不断探索中，激发出蕴含着自主性、首创性、先进性元素的劳模精神，体现着最先进的生产力和生产关系，催生出崭新的、革命性的精神品格，孕育出与时俱进甚至超时俱进的精神力量，呈现着社会进步的最新发展方向，反映着时代进步的最新潮流走向，也创造着一个社会最新的、引领性的精神气质、精神风貌和社会风尚。在此基础上，劳模精神不断刷新时代精神的基本内容、主要特征与核心品格，不断凸显并丰富时代精神的时代特征、引领功能和精神内涵。

第三节　劳模在新时代政治建设中的重要作用

综合考察各个历史时期劳模现象对政治建设的意义，劳模及劳模精神普遍具有持久的历史穿透力，不仅在各个历史时期发挥了重要的作用，也是当下我们全面建成小康社会、实现中华民族伟大复兴中国梦的精神动力和支持力量。党的十八大以来，习近平总书记多次就劳模和劳模精神发表重要讲话，系统阐明新时代劳模精神的历史源流、嬗变轨迹和生成逻辑，深刻揭示新时代劳模精神的理论渊源、历史根据、本质特征、时代内涵和实践价值，对进一步弘扬劳模精神提出了新定位、新任务和新要求。习近平总书记多次强调："劳动模范和先进工作者是坚持中国道路、弘扬中国精神、凝聚中国力量的楷模，他们以高度的主人翁责任感、卓越的劳动创造、忘我的拼搏奉献，为全国各族人民树立了学习的榜样。"[①] 在 2015 年庆祝"五一"国际劳动节暨表彰全国劳动模范和先进工作者大会上，习近平总书记又强调："我国工人阶级是我们党最坚实最可靠的阶级基础……那种无视我国工人阶

[①]　习近平：《在庆祝"五一"国际劳动节暨表彰全国劳动模范和先进工作者大会上的讲话》，人民出版社 2015 年版，第 4 页。

级成长进步的观点，那种无视我国工人阶级主力军作用的观点，那种以为科技进步条件下工人阶级越来越无足轻重的观点，都是错误的、有害的。不论时代怎样变迁，不论社会怎样变化，我们党全心全意依靠工人阶级的根本方针都不能忘记、不能淡化，我国工人阶级地位和作用都不容动摇、不容忽视。"①2018 年，习近平总书记在北京中南海同中华全国总工会新一届领导班子成员集体谈话时指出："劳动模范是民族的精英、人民的楷模。大国工匠是职工队伍中的高技能人才。工会要协同各个方面为劳动模范、大国工匠发挥作用搭建平台、提供舞台，培养造就更多劳动模范、大国工匠。"② 作为劳动者的杰出代表，作为工人阶级的杰出典范，劳模群体是全面建成小康社会、实现中华民族伟大复兴中国梦的中坚力量、骨干力量、有生力量和主体力量，在新时代的历史征程中，必将担当起更加宏伟的历史任务，也必将肩负起更加重大的历史使命。

一、新时代的政治建设更需要劳模的坚定支持

纵观劳模的发展史，劳模运动及劳模精神都紧密贯穿党和国家政治建设的全过程。劳模和劳模精神，密切回应社会关切，在新时代担负着重大使命，并具有重要功能，是培育时代新人的重要手段，也是文化自信的重要支撑、实现中华民族伟大复兴中国梦的重要力量。

第一，劳模及劳模精神是实现中华民族伟大复兴中国梦的重要力量。习近平总书记指出："实现中华民族伟大复兴的中国梦，根本上要靠包括工人阶级在内的全体人民的劳动、创造、奉献；要使中国梦真正同每个职工

---

① 习近平：《在庆祝"五一"国际劳动节暨表彰全国劳动模范和先进工作者大会上的讲话》，人民出版社 2015 年版，第 10、11 页。

② 《团结动员亿万职工积极建功新时代 开创我国工运事业和工会工作新局面》，《人民日报》2018 年 10 月 30 日。

的个人理想和工作生活紧密结合起来，真正落实到实际行动之中；要把广大职工群众充分调动起来，满怀信心投身于为实现中国梦而奋斗的火热实践，形成万众一心、众志成城的磅礴力量。"① 伟大的时代彰显伟大的精神，伟大的精神推动伟大的事业。一方面，劳模精神是实现中华民族伟大复兴中国梦的宝贵精神财富。当前，我国已经进入中国特色社会主义新时代，处于实现中华民族伟大复兴中国梦的历史新方位。改革发展必然会进一步导致社会矛盾、社会诉求、思想观念、精神道德等方面的多元嬗变，甚至会导致"一切等级的和固定的东西都烟消云散了，一切神圣的东西都被亵渎了，人们终于不得不用冷静的眼光来看他们的生活地位、他们的相互关系"。② 此种语境下，只有在全社会弘扬和践行劳模精神，营造尊重劳动、尊重知识、尊重人才、尊重创造的社会氛围，涵养以辛勤劳动为荣、以好逸恶劳为耻的社会风气，培育积极健康、开放包容的社会心态，才能够让"劳动光荣，创造伟大"成为时代强音，并让劳模精神成为我们这个时代人人向往的精神高地。另一方面，劳模精神是实现中华民族伟大复兴中国梦的强大精神力量。要实现中华民族伟大复兴中国梦，实现我国从制造大国到制造强国的华丽转身，动员引导全社会特别是广大产业工人，积极投身大众创业、万众创新的时代洪流，建设知识型、技能型、创新型劳动者大军，必须大力弘扬和践行劳模精神。"实现我们的发展目标，不仅要在物质上强大起来，而且要在精神上强大起来"③，"人心是最大的政治，共识是奋进的动力。实现'两个一百年'奋斗目标、实现中华民族伟大复兴的中国梦，需要汇聚全民族的智慧和力量，需要广泛凝聚共识、不断增进团结"。④ 毫

---

① 《习近平在同中华全国总工会新一届领导班子集体谈话时强调　竭诚服务职工群众维护职工群众权益　为实现中国梦再创新业绩再建新功勋》，《人民日报》2013 年 10 月 24 日。

② 《马克思恩格斯选集》第 1 卷，人民出版社 2012 年版，第 403—404 页。

③ 《习近平谈治国理政》第一卷，外文出版社 2018 年版，第 46 页。

④ 习近平：《坚定文化自信把握时代脉搏聆听时代声音　坚持以精品奉献人民用明德引领风尚》，《人民日报》2019 年 3 月 5 日。

无疑问，劳模精神不但可以激发物质创造的不竭力量，不断增强劳动本身的价值指数；更可以提升劳动主体的精神风貌、道德品格和幸福指数，进一步在精神层面、在全社会实现凝聚共识、增进团结。如此，才能够真正为中国经济社会发展汇聚强大的正能量，也才能真正为实现中华民族伟大复兴中国梦增砖添瓦。

第二，劳模及劳模精神是培育时代新人的重要手段。习近平总书记指出："希望我国广大劳动群众以劳动模范为榜样，爱岗敬业、勤奋工作，锐意进取、勇于创造，不断谱写新时代的劳动者之歌。"① 党的十九大报告提出了培养担当民族复兴大任的时代新人的重大命题，强调要把社会主义核心价值观融入社会发展各方面，转化为人们的情感认同和行为习惯。当前，中国特色社会主义进入了新时代，社会主要矛盾已经发生了变化。这就要求人们必须适应新时代、新使命、新要求，必须提升思想境界，回应时代关切，破解发展困局，推动社会进步。一方面，劳模精神作为社会主义核心价值观的生动体现，更简单为人们所理解，更容易为人们所接受，更方便为人们所模仿，将对培养、培育时代新人起到重要推动作用。另一方面，通过强化教育引导、舆论宣传、文化熏陶、实践养成、制度保障，培养和造就具有劳模精神的时代新人，就能够激发广大劳动者干事创业的积极性、主动性和创造性，也就能够在党的领导下进行伟大斗争、建设伟大工程、推进伟大事业、实现伟大梦想。因此，要紧密围绕培育时代新人这个重大命题，在全社会特别是各级学校培育、弘扬和践行新时代的劳模精神，引导全社会特别是青少年树立正确的劳动价值观，涵养深厚的劳动情怀，倡导积极向上的劳动态度，全面提升劳动者的整体素质和精神品格，为新时代中国特色社会主义事业培养更多的合格劳动者与建设者。

----

① 习近平：《在知识分子、劳动模范、青年代表座谈会上的讲话》，人民出版社 2016 年版，第 7 页。

二、新时代的国家主流意识形态需要劳模精神的有力支撑

新时代的政治建设，离不开国家主流意识形态的建构和发展。劳模身上集中体现的劳模精神，是新时代国家主流意识形态的重要组成部分。

第一，劳模及劳模精神是新时代文化自信的重要支撑。习近平总书记指出："文化是一个国家、一个民族的灵魂。文化兴国运兴，文化强民族强。没有高度的文化自信，没有文化的繁荣兴盛，就没有中华民族伟大复兴。"[①]毫无疑问，文化自信是在"四个自信"中更基础、更广泛、更深厚的自信，也是更基本、更深沉、更持久的力量。作为富含文化内涵的精神品格，劳模精神是文化自信的重要支撑。

一方面，劳模精神是中国特色社会主义文化的重要组成部分，始终贯穿于建设中国特色社会主义文化的全过程。劳模精神植根于中华民族劳动过程特别是中国特色社会主义伟大实践，充分继承并发展了中华优秀传统文化、党领导人民创造的革命文化和社会主义先进文化。劳模精神虽然源于劳模群体，但又不囿于劳模群体，更是对劳模群体的某种超越。简而言之，劳模精神是超越劳模群体的社会性精神，是具有中国特色的精神体系，是中国特色社会主义文化的重要组成，是提升国家文化软实力和中华文化影响力的重要因子，也是新时代构建人类命运共同体的中国元素和重要精神要素。

另一方面，弘扬和践行劳模精神，有助于坚定文化自信，推动社会主义文化繁荣兴盛。弘扬和践行劳模精神，有助于牢牢把握意识形态工作领导权，有助于培育和践行社会主义核心价值观，有助于加强思想道德建设，有助于促进中国特色社会主义文化繁荣发展，有助于保持对中国特色社会主义文化理想、文化价值的高度信心，也有助于保持对中国特色社会主义文化生命力、创造力的高度信心。对企业而言，劳模精神是企业文化的制高点和职

---

① 《中国共产党第十九次全国代表大会文件汇编》，人民出版社 2017 年版，第 33 页。

工文化的推动器，能够有效提升劳动者的劳动理想，改进劳动者的劳动态度，改善劳动者的劳动心理，有助于实现"我要劳动、自己为自己劳动、自己管理自己、自己成就自己、自己通过劳动实现自己"的革命性转换，最终培育有理想守信念、懂技术会创新、敢担当讲奉献的新时代产业工人。对社会而言，劳模精神可以建构基于劳动精神、工匠精神的精神链条，成为劳动光荣、技能宝贵、创造伟大的时代精神的源泉，并成为社会主义核心价值观、民族精神和文化自信的重要支撑元素。

第二，劳模是社会主义核心价值观的践行者和引领者。众所周知，社会主体核心价值观是基于我国社会经济语境构建的价值观念典范，是社会主义核心价值体系的宝贵结晶，也是人们日常工作生活、身体力行的基本价值遵循。劳模精神是在劳动过程中孕育生成的精神，它直接源于并连接着人们日常的生产生活；劳模精神的重要元素和构成因子，像岗位意识、职业精神、进取精神、拼搏精神、创新精神、家国情怀和奉献精神，是对社会主义核心价值观的生动诠释和现实呈现。如果说，社会主义核心价值观深入回答了"建设什么样的国家、构建什么样的社会、培育什么样的公民"的宏观问题；那么，劳模精神就回答了"以什么样的方式、路径和精神，建设国家、构建社会、培育公民"的具体问题。

可以说，劳模精神是社会主义核心价值观的具象化、人格化和现实化。假如说社会主义核心价值观是一种观念形态，那么，劳模精神则将这种观念形态与现实中的、具体的人紧密联系起来，从而为社会主义核心价值观确定了生动鲜活的人格典范和现实样本，实现了将国家意识形态转化为可见、可感、可知、可学的个体行动者，并在一定程度上实现了由外在规范到内化于心的重要转变。一方面，劳模是遵循社会主义核心价值观的典范和样本，是践行社会主义核心价值观的具体的人，是社会主义核心价值观的模范实践者、生动传播者和最有说服力的检验者，真正体现了一种"示范""楷模"的价值导向、现实榜样和学习标准；另一方面，劳模之所以能够生成劳模精神，成为全社会学习的典范，一个重要原因就在于，他们主动、自觉地遵循并践行了社会主义核心价值观。可以说，从社会主义核心价值观到劳模精神，实现了从理性到感性、从理论到实践、从概念到具象、从观念到现实、从观念化到人格化的逻辑演绎，也实现了对社会主义核心价值观具体充分、鲜活生动、清晰丰富的解读与阐释。

三、探索创新劳模参与政治的方法与路径

切实优化劳模与政治的关系，不断提高劳模参与政治的积极性和主动性，需要聚焦于国家、社会、组织、个人等层面，科学构建新时代劳模参与政治的逻辑支撑，从而使劳模的政治属性融入劳模素质提升、领导干部干事创业、学校立德树人、企业生产经营、职工生产生活、学生学习生活的全过程，并融入广大劳动者诚实劳动、勤勉工作、争做新时代奋斗者、同心共筑中国梦的全过程。

第一，推动劳模参与政治，优化国家层面的顶层设计。各级党委、政府和工会组织要立足于党和国家的高度，通过物质层面和精神层面的种种体制机制、方式方法，重视劳模、关心劳模、爱护劳模、服务劳模，真正体现出党和国家对劳模的高度重视、关心支持与真诚爱护；同时，要创新体制机制，构建各种宣传平台，畅通各类弘扬渠道，宣传劳模事迹，讲好劳模故事，弘扬劳模精神，支持劳模发挥榜样功能和带头作用。要通过国家层面的顶层设计，切实构建"政治上保证、制度上落实、物质上保障、权益上维护、管理上科学、舆论上引导"的立体保障体系。

第二，强化社会舆论导向，构建劳模参与政治的价值认同体系。对社会而言，要营造尊重劳模、爱护劳模、学习劳模的氛围，通过加大宣传力度、创新宣传手段、拓展宣传渠道、丰富宣传载体，讲好新时代的劳模故事，加快推进劳模精神进企业、进校园、进社区等方面的工作，"为劳动模范更好

施展才华、展现精神品格提供全方位支持，使他们的劳动技能、创新方法、管理经验能广泛传播，充分发挥示范带动作用"。① 特别需要指出的是，要通过舆论宣传、社会营造和组织涵育，在全社会构建"劳动最光荣、劳动最崇高、劳动最伟大、劳动最美丽"的劳动价值认同体系，真正实现全社会对于劳动、知识和创造的普遍认同与尊重。

第三，创新个体涵育方式，构建劳模参与政治的实践养成体系。一是对劳模而言，要强化劳模素质提升和榜样引领作用。一方面，要把荣誉作为前进动力，秉持积极向上的岗位意识、职业意识、集体意识和进取意识，进一步继承和发扬 80 多年来劳模孕育的优良传统；另一方面，要牢牢把握时代的发展诉求，充分结合工人运动的时代主题，在出大力、流大汗、苦干、实干、巧干的基础上，融入知识元素、技术元素、创新元素和智力元素，不断提升自身素质，在新的历史语境下与时俱进，以奋力拼搏的干劲、奋勇当先的闯劲、奋发有为的钻劲，继续发挥榜样引领作用。这就要求每个劳模个体，要自觉主动、身体力行，发挥积极性、主动性和创造性，创新思路方法，通过各种方式，在做好本职工作、生成并创造新时代劳模精神的同时，成为新时代劳模精神的引领者、示范者和传播者。二是对党员干部而言，要把弘扬劳模精神融入党性修养全过程。这就要求各级党员干部从共产党人保持政治本色、发扬优良作风、自觉抵御"四风"的高度，不断从劳模精神中汲取精神因子，学习劳模的敬业精神、实干精神、奋斗精神、奉献精神，身体力行、严格要求，在学习践行劳模精神的过程中，实现自身理想信念、党性修养、政治品格、业务素养的提升和发展。三是对工人阶级、劳动群众、知识分子和广大青年而言，要在争做新时代奋斗者的过程中学习和弘扬劳模精神。通过自觉学习和践行劳模精神，培育培养辛勤劳动、诚实劳动、创造

---

① 习近平：《在知识分子、劳动模范、青年代表座谈会上的讲话》，人民出版社 2016 年版，第 8 页。

性劳动的劳动理念，真正尊重劳动、崇尚劳动，尊重劳动者和奋斗者，立足岗位、肩负使命、学以致用，充分发挥自身优势，勇于担当、敢于创新，服务社会、报效人民，为全面建成小康社会提供人才支撑、智力支撑、创新支撑。作为生力军和突击队，广大青年也要主动、自觉地学习和践行劳模精神，胸怀理想、锤炼品格，脚踏实地、艰苦奋斗，在展现抱负、绽放激情过程中，不断书写奉献青春的时代篇章。四是对青少年学生而言，要在学习生活中培育涵养劳模精神。立足于新时代中国特色社会主义的语境，探索劳模精神进校园的实践路径，促进劳模精神内化为精神追求、外化为自觉行动，融入学校教育教学全过程和各项工作的方方面面，立足校园讲好劳模故事，以劳模的先进事迹感动青少年，以劳模的卓越贡献激励青少年，以劳模的高尚情操带动青少年，以劳模的创新创造引领青少年。这是坚持和发展马克思主义唯物史观、坚持和发展中国特色社会主义的客观需要，是当代青少年成长为有理想、有本领、有担当的社会主义建设者和接班人的客观需要，是学校完成立德树人根本任务的客观需要，也是建设社会主义现代化强国、实现中华民族伟大复兴中国梦的客观需要。

在中国共产党引领中华民族建设党和国家政治体系的伟大历史进程中，劳模发挥了中流砥柱的重要作用；同样，在中国共产党引领中国人民实现国家治理体系和治理能力现代化的新时代伟大征程中，劳模也是重要的推动力量。当好主人翁，建功新时代。当前，在建设知识型、技能型、创新型劳动者大军，培养新时代中国特色社会主义新人的历史任务中，在决胜全面建成小康社会、夺取新时代中国特色社会主义伟大胜利的历史进程中，尤其需要广大劳模的积极参与，也尤其需要在全社会大力弘扬践行劳模精神，以劳模的政治参与推动社会政治发展，让劳模精神成为践行社会主义核心价值观，培育时代新人以及有理想、有本领、有担当的社会主义建设者和接班人的重要抓手，让劳模和劳模精神在实现中华民族伟大复兴中国梦伟大征程上绽放璀璨的光芒。

第四章　劳模与经济建设

2016 年 4 月 26 日，习近平总书记在知识分子、劳动模范、青年代表座谈会上指出："劳动模范是劳动群众的杰出代表，是最美的劳动者。劳动模范身上体现的'爱岗敬业、争创一流，艰苦奋斗、勇于创新，淡泊名利、甘于奉献'的劳模精神，是伟大时代精神的生动体现。"[①] 在我国革命、建设和改革的各个时期，经济工作由为革命生产转变成以经济建设为中心。在此过程中，通过劳动和技能竞赛选树的一代又一代劳动模范，不仅创造了宝贵的精神财富，也创造了巨大的物质财富。体现在经济建设中，劳模通过其不可替代的引领和示范作用，极大地激发了广大职工的创造性劳动热情，推动企业技术进步和劳动生产率提升，提高了产业工人队伍素质，为大力发展社会生产力，解决我国人民日益增长的物质文化需要同落后社会生产之间的矛盾，以及人民日益增长的美好生活需要和不平衡不充分发展之间的矛盾，作出了重要的贡献。

---

① 习近平：《在知识分子、劳动模范、青年代表座谈会上的讲话》，人民出版社 2016 年版，第 8 页。

第一节 劳模在各个历史时期的经济贡献

一、劳模在经济建设中的历史使命

劳模，是劳动模范的简称，指在社会主义经济建设事业中成绩卓著的劳动者；也指经职工民主评选、有关部门审核及政府审批后，被授予的荣誉称号。劳模是社会主义国家广大体力劳动者和脑力劳动者的先进代表，也是先进生产力和生产关系的优秀代表。在劳模身上集中反映了我国工人阶级的优秀品质，他们是广大职工群众学习的榜样。劳模在经济建设中的使命，就是其应当承担的角色和责任。在我国，劳模是经济建设过程中开展劳动竞赛的产物；同时，劳模又对各个时期经济建设的深入开展发挥了重要作用。

（一）新中国成立前，劳模在经济建设中的使命

我国的劳模选树表彰最早源于中华苏维埃共和国时期。在中央革命根据地瑞金县武阳区举行的赠旗大会上，时任中华苏维埃共和国临时中央政府主席的毛泽东把奖旗赠给春耕模范，以先进典型推动夏耕运动。20世纪40年代初，党领导的陕甘宁边区政府在经济上面临着巨大困难。自力更生，依靠自己的力量发展生产，成为当时陕甘宁边区发展经济的紧迫任务。在党的领导下，陕甘宁边区开展了新劳动者运动、增产立功运动，争当增产立功的"新劳动者"成为陕甘宁边区工人的响亮口号和奋斗目标，先后涌现出"边区工人一面旗帜"赵占魁、"兵工事业开拓者"吴运铎、"新劳动者旗手"甄荣典等一批先进模范人物。他们以"新的劳动态度对待新的劳动"，积极参加并带动广大群众投身中国共产党领导的人民解放事业。

中央革命根据地和延安时期的劳模工作，经历了从个人到集体、从生产

领域到经济活动各个方面、从上级指定到群众评选、从数量增加到质量提升、从提倡号召到按照规定标准予以推广、从革命竞赛到全面群众运动的发展过程，呈现了"为革命献身、革命加拼命、苦干加巧干"的劳模精神，承载了"服务战争、支援军事"的革命型己任。

（二）社会主义经济建设前期劳模的使命

新中国成立以后，国家百废待兴。为恢复、发展国民经济，进行社会主义经济建设，党和政府沿用革命战争时期的经验与做法，依托劳动竞赛和生产运动，领导开展了形式多样的劳模运动。之后，在国民经济恢复任务即将完成时，即 1952 年下半年，中共中央按照毛泽东的建议，制定了党在过渡时期的总路线。与此同时，中共中央又着手主持编制我国从 1953 年到 1957 年发展国民经济的第一个五年计划，并提出经济建设以生产资料公有制为基础，有计划、按比例地发展。基本任务之一，就是集中主要力量，进行由苏联帮助我国设计的 156 个建设项目构成的工业建设，以建立我国社会主义工业化的初步基础。在中国这样一个人口众多、经济和文化又十分落后的国家进行社会主义建设，是非常伟大而又异常艰难的事业，无论在理论上还是在实践上都需要长期艰难的探索。我国的社会主义制度刚刚建立时，面临严重的经济建设任务，党和政府开始了对如何进行社会主义经济建设的艰辛探索。几十年来，在经济建设的各条战线涌现出一大批劳模和先进生产者，他们承载着推动社会生产力和社会经济发展的历史使命。

20 世纪 50 年代末 60 年代初，中国经济面临严重困难。在这个背景下，出现了只讲奉献、不求索取的劳模群体。他们面对一系列天灾人祸，以自力更生、奋发图强的精神为全国广大职工树立了典范。一方面，这个时期的劳模广泛分布在工业制造、农业、交通运输、基本建设、财贸、教育、文化、卫生、体育、新闻等国民经济和社会建设的各个领域；另一方面，这一时期的劳模主要来自基层，一线产业工人是主流，"一不怕苦、二不怕死"的硬骨头精神和"老黄牛"形象是他们的真实写照。

20 世纪 50—70 年代是国家经济建设快速发展的重要时期。其间，劳模队伍的迅速壮大及其发挥的示范引领作用，为国民经济的恢复、社会主义建设在各条战线的起步与发展，作出了重大贡献。特别是通过提高操作技能和熟练程度，提升技术水平和生产能力，以及提出合理化建议和总结推广先进经验、从生产型向技术革新型转变，成为劳模们的典型特质。这些劳模不断发明创造，突破了一个又一个重大技术难关，承担了树立社会主义劳动观念、推广先进技术和技能、提高生产工作效率、提升组织管理水平和协作水平的历史使命。

（三）改革开放时期经济建设中劳模的使命

20 世纪 70 年代末，随着"文化大革命"的结束，中国吹响了改革开放的号角，党的十一届三中全会重申了"实现四个现代化"的伟大目标。同时期，"知识分子已经成为工人阶级的一部分"的论断扩大了劳模队伍的外延，邓小平提出的"科学技术是第一生产力"的论断极大鼓舞了知识分子和脑力劳动者的工作热情，一批科技、文化、教育领域的劳模走进了人们的视野。他们当中，有展现"当代愚公"风采和"两弹一星"精神，以数学家陈景润、"两弹"元勋邓稼先、优秀光学科学家蒋筑英等人为典型代表，将毕生精力献给祖国的科技事业，引领广大职工群众勇攀科学技术高峰，在推动改革、促进经济发展中再立新功的新一代劳模；也有"求真务实，拼搏进取"的徐虎、"青山处处埋忠骨，一腔热血洒高原"的孔繁森、"盲人的眼睛、病人的护士、外地人的向导、乘客的贴心人"的李素丽等劳模。他们通过自己的模范行为和骄人业绩，从不同视角诠释了社会经济建设需要的时代精神和主流价值观，唱响了时代的最强音。

（四）新时代经济建设中劳模的使命

21 世纪是一个开拓未来、创造历史的时代，也是一个成就英雄、成就梦想的时代。在新的历史起点上，特别是党的十八大以来，加快经济发展方式转变、全面建成小康社会、发展中国特色社会主义事业、实现中华民族伟大复兴，是新时代赋予中华民族的光荣与梦想、责任与使命。

随着我国改革的深化和劳动竞赛形式的不断创新，劳模的评价标准和人员构成也在不断变化。在秉承几代劳模奉献本质的基础上，涌现了一大批知识型、专家型、复合型的凸显时代特征的劳动模范。当前，劳模涵盖的范围非常广泛，经济建设领域主要包括：在推动经济发展方式转变、优化经济结构、提高自主创新能力、实现国有资产保值增值、促进经济平稳较快发展方面作出突出贡献的模范人物，在改善民生、维护社会稳定、促进企业劳动关系和谐中作出突出贡献的模范人物，在节能减排、保护环境、安全生产、推动科学发展中作出突出贡献的模范人物，在抗击重特大自然灾害、应对国际金融危机冲击等重大事件中作出突出贡献的模范人物。劳模结构不断变化，队伍不断壮大，体现了劳动内涵的不断拓展、劳动理念的日益深化。随着知识经济时代的到来，劳模群体不仅在自己本职岗位上默默奉献，一丝不苟、精益求精地辛勤耕耘；更为突出的是，他们不断用科学知识丰富自己，坚定地信奉"学习可以改变命运，知识可以增值资本"的理念，实干、知识、创新成为当代劳模的社会责任。

二、劳模培育载体及其历史演进

我国的劳模培育与选树等工作，起始于各级工会组织的劳动竞赛。劳模既是劳动竞赛的重要内容，也是劳动竞赛的重要成果，即劳动竞赛是培育劳模的重要载体。所谓劳动竞赛，是工会组织开展的，旨在激发广大职工主人翁精神、调动职工积极性、团结动员职工投身国家经济建设的一系列活动。

劳动竞赛是人的需求与社会生产这对矛盾的产物。劳动竞赛活动的开展不是一般的劳动，而是创造性的劳动，本质在于它的创造性。劳动竞赛能够有效地调动人们的劳动积极性，激发人们的创造热情，因而，劳模的涌现就必然是劳动竞赛的成果之一。纵观中华人民共和国成立后 70 多年的历史，劳动竞赛大致经历了与劳动热情和劳动态度相结合、与技术相结合、与管理和经济责任制相结合、与创新相结合 4 个阶段。

（一）与劳动热情和劳动态度相结合的阶段（1949 至 1953 年）

最早的劳动竞赛产生于苏联。俄国十月社会主义革命胜利后，1919 年，为支援前线和新生的苏维埃政权，莫斯科—喀山铁路分局的工人决定每天工作时间延长一小时，并集中在星期六进行无报酬劳动，这就是著名的"共产主义星期六义务劳动"。星期六义务劳动有力地支援了苏俄的国内革命战争，为巩固新生的苏维埃政权作出了重要贡献，被列宁誉为"伟大的创举"，它也是最早的劳动竞赛。

我国的劳动竞赛，始于 20 世纪 30 年代党领导下的中央苏区。它伴随着我国新民主主义革命，以及社会主义革命、建设、改革前进的脚步，不断发展成熟，为革命、建设和改革作出了重大贡献。

新中国成立初期，百废待兴。表现在经济领域，工商业没有获得合理的调整，特别是国营企业还进行着民主改革，失业现象相当严重。许多企业虽然开工生产，但不能保障正常的生产秩序，管理紊乱。有些职工没有形成良好的工作态度，他们没有真正认识到国家利益和个人利益的一致性，造成生产计划完不成、产品质量低、废品多、事故频繁。为了尽快改变国家一穷二白的经济状况并恢复国民经济，在党和政府的号召下，作为工人阶级群众组织的工会，理所当然地担负起教育工人认识国家利益和个人利益的一致性、树立当家作主主人翁思想的责任。这就决定了，劳动竞赛必须与改造人们旧的劳动态度、树立新的劳动态度和高涨的劳动热情相结合。为此，广大职工开展了爱国主义生产竞赛和增产节约运动，不断创造出新的生产纪录，极大地提高了劳动生产率，促进了国民经济的恢复和发展。其间，马恒昌小组向全国职工发出开展劳动竞赛的倡议，使劳动竞赛广泛传播，进一步推动了劳动竞赛。马恒昌曾 13 次受到毛泽东接见，并担任了全国总工会劳动部副部长。

在劳动竞赛的初级阶段，主要活动包括：（1）开展新劳动者运动；（2）开展爱国主义劳动竞赛；（3）开展献纳器材活动。当时，劳动竞赛为国家克服财政困难作出了重要贡献。通过劳动竞赛，一方面宣传新思想、树立新典型，充分发挥劳模的引领作用，来改变人们对劳动的看法，促使人们由过去认为劳动可耻，因而是沉重的负担，转变为认识到劳动是光荣的、荣耀的事情，从而使人们进一步树立当家作主的主人翁思想，以国家主人翁的姿态和热情忘我劳动，为国家经济建设努力添砖加瓦；另一方面，在劳动竞赛中选树的劳动模范，以自身高涨的劳动热情，积极引领广大职工，通过加班加点、改善操作条件、降低产品成本等途径，保证生产安全、提高劳动生产率，顺利或超额完成生产任务。

（二）与技术相结合的阶段（1954 至 1960 年）

从 1953 年起，我国开始实施第一个发展国民经济五年计划。进入有计划、大规模的经济建设时期以后，工会在全国职工中组织开展了技术革新运动和社会主义劳动竞赛、先进生产者运动，掀起了比学赶帮超的热潮。劳动竞赛的深入开展，不仅有力地推动了国家经济建设，而且也培养造就了一大批先进生产者和先进集体。王崇伦、孟泰等人就是这一时期的先进代表，也是新中国的第一批劳模。

20 世纪 50 年代末 60 年代初，面对国民经济出现的暂时困难，广大职工发扬主人翁精神，主动为国分忧、为企业解难。一大批能工巧匠和优秀技术工人积极推广先进技术与先进操作方法，开展厂际间的技术交流、技术协作和技术攻关。劳动模范张明山、王崇伦、唐立言、黄荣昌、刘祖威、朱顺余、傅景文等人站在群众前列，率先向全国总工会提交建议书，建议在全国范围内发展技术，并要求通过提高技术水平来完成国民经济发展计划。职工技术协作活动就是在这一时期兴起的。职工技协活动在攻克生产技术难关、制造国家急需设备、生产"争气产品"和抢建"半截子工程"等方面发挥了重要作用，为克服国民经济的暂时困难作出了贡献。

这个阶段劳动竞赛的主要特点是，活动方式更加丰富，竞赛内容更加注重技术和质量。特别是在技能比武、技术改造基础上，又相继拓展了以下两大活动。

第一，开展先进生产者运动。这项活动是毛泽东倡导的。中共中央、国务院先后于1956年和1959年，两次召开全国先进生产者代表会议。这两次会议表彰了一大批全国先进生产者和全国先进集体。

第二，开展职工技术协作活动。20世纪60年代初，国民经济出现了严重困难，苏联又撤走了全部专家、拿走了全部资料，导致出现"半截子工程"。为了尽快渡过经济难关，我国工人阶级发扬主人翁精神和共产主义协作风格，逐步开展技术互帮互助活动。1961年12月，沈阳市总工会正式成立我国第一个职工技术协作委员会。后来，职工技术协作活动在全国普遍推广开来。职工技术协作活动是劳动竞赛的新发展，它进一步丰富了工会经济、技术工作的内容。

这个阶段的劳动竞赛之所以要与技术相结合，主要基于：（1）我国开始执行第一个五年计划，进入有计划、大规模的经济建设时期。为了顺利完成国家经济建设计划，必须高度发挥工人、工程技术人员和干部的积极性与创造性，围绕提高工人的技术水平来努力提高劳动生产率。经济发展的形势对劳动竞赛提出了客观要求。（2）伴随着第一个五年计划的实施，我国开展了156项规模宏大的建设工程。这些工程引进了苏联的许多现代化设备和工艺，新技术的出现为劳动竞赛与技术相结合创造了条件。（3）职工群众要求学习文化、学习技术、改变文化知识水平低状况的强烈愿望，为劳动竞赛与技术结合提供了思想基础。这期间，群众性的技术协作活动也蓬勃兴起。张明山、王崇伦、倪志福等一大批劳动模范和技术协作积极分子，广泛开展技术交流、技术攻关和技术协作活动，为企业技术进步、生产效率提高作出了卓越的贡献。

（三）与管理和经济责任制相结合的阶段（1960 年至 20 世纪末）

20 世纪 60 年代，在技术革新、技术革命活动中，生产迅速发展，企业管理工作碰到了许多新的问题。为解决这些问题，促使生产关系、上层建筑与生产力的发展更相适应，各企业都采取了一些措施，并取得了一些经验。1960年 3 月，毛泽东在中共中央批转的《鞍山市委关于工业战线上的技术革新和技术革命运动开展情况的报告》的批示中，以苏联经济为鉴戒，对我国社会主义企业的管理工作进行了科学总结，强调要实行民主管理，实行干部参加劳动、工人参加管理，改革不合理的规章制度，工人群众、领导干部和技术员三结合，即实行"两参一改三结合"的制度。当时，毛泽东把"两参一改三结合"的管理制度称为"鞍钢宪法"，使之与苏联的"马钢宪法"（指以马格尼托哥尔斯克冶金联合工厂经验为代表的苏联一长制企业管理方法）相对立。

对企业的管理，一方面采取工人群众、领导干部和技术人员三结合的办法，干部参加劳动，工人参加管理，不断改革不合理的规章制度，等等；另一方面，许多企业工会积极探索工人参加管理的有效途径和方式，主要包括发动广大职工群众，针对企业在生产工艺、生产流程、设备维护维修、物料使用及产品生产数量提升等组织管理方面存在的缺陷或瓶颈，提出合理化的意见或建议，以进一步改进或完善企业生产管理。按照 1986 年国务院颁布的《合理化建议和技术改进奖励条例》的规定，所谓合理化建议，是指有关改进和完善企业、事业单位生产技术与经营管理的办法及措施；所谓技术改进，是指对机器设备、工具、工艺技术等方面作的改进和革新。合理化建议与技术改进的内容是由其含义派生的，一般来说有相对的稳定性；但是，随着人们认识的深化，其内容又是不断发展、丰富和完善的。目前普遍认为，合理化建议和技术改进的内容，涉及企业生产经营管理涵盖的市场、产品设计、技术、生产、销售、客户维护、服务等各个方面，以及工厂、车间、班组乃至岗位等各个层面。合理化建议活动既是企业民主管理的重要形式，也是企业发挥职工主人翁作用、充分发掘内部潜力的有效途径，让技术工人展现聪明才智的有效渠道。所以，这一时期的广大劳模在开展合理化建议和技术改进活动过程中，大力倡导并发扬精益求精、一丝不苟的工匠精神和无私奉献、追求一流的劳模精神，率先垂范，积极提出合理化建议，大搞技术改进，推动了企业技术进步和管理进步。

1966 年，"文化大革命"开始。经历 10 年动乱，劳动竞赛工作受到严重干扰。

1978 年，召开了具有重大历史意义的党的十一届三中全会，开始了改革开放的新时期。随着党和国家的工作重点转移到经济建设上来，在"文化大革命"中遭到批判的劳动竞赛重新揭开战幕，并迈出了新的步伐。自 20 世纪 70 年代末到 80 年代初期，全国各个系统和行业都广泛开展了劳动竞赛活动。为了把"四人帮"在 10 年动乱中造成的损失夺回来，广大职工以空前的热情积极投身社会主义现代化建设，广泛开展了"双增双节"、挖潜增效和为"四化"建设立功竞赛活动。据全总统计，到 1983 年，全国有 90% 以上的国营企业和城镇集体企业陆续开展了劳动竞赛活动。

伴随着国家经济体制改革逐步深入和企业经营机制日益灵活，这一阶段的劳动竞赛已从生产领域扩展到管理领域和服务领域，并且紧紧围绕提高经济效益、推动技术进步展开，竞赛活动的组织工作进一步科学化、系统化。特别是精神奖励和物质奖励相结合这一竞赛原则的提出，极大地调动了广大职工的参赛积极性。在各种形式的劳动竞赛中，先后涌现出"两弹"元勋邓稼先、"当代愚公"李双良以及罗健夫、杨怀远、蒋筑英、王启民等时代楷模，使劳动竞赛呈现蓬勃发展的态势。这个阶段的劳模积极发挥经济建设主力军作用，引领广大职工通过合理化建议、技术改进与技术比武等载体，围绕企业、事业单位的技术瓶颈和管理短板等献计献策、群策群力。

（四）与创新相结合的阶段（21 世纪以来）

进入 21 世纪以来，世界科技迅猛发展，国际竞争日益激烈，科技创新已经成为经济和社会发展的主导力量。伴随着我国创新驱动发展战略的提出，劳动竞赛再次产生巨大的飞跃，进入了一个与创新相结合的新阶段。

需要强调的是，随着社会主义市场经济迅猛发展，我国的社会经济成分、企业经营机制体制和组织形式、职工就业方式，以及利益关系和分配方式日益多样化。劳动竞赛遇到了许多新情况、新问题，人们对劳动竞赛也产生了一些不同的认识。一度有人认为，劳动竞赛是计划经济时期的产物，现在搞市场经济不需要劳动竞赛了；也有人提出，在实施企业投资主体多元化改革的背景下，非公企业劳动竞赛面临新的困境，以及在市场经济条件下，还要不要开展劳动竞赛？工会还能不能组织劳动竞赛？面对这些新情况和新问题，各级工会勇于实践，大胆创新，积极探索适应市场经济发展要求的新路子。1999 年底，全国总工会十三届二次执委会会议提出《关于开展群众性经济技术创新工程的意见》，在全国职工中实施以推动技术进步为主题、以技术创新为重点、以开展争创"创新示范岗"和争当"创新能手"活动为载体的职工经济技术创新工程。该工程的实施，对于提高职工队伍整体素质、推动企业技术进步、促进经济发展，起到了积极作用。

2000 年以来，伴随着国家"十一五""十二五""十三五"等国民经济和社会发展规划的实施，根据国内外形势的变化，围绕经济发展的重点和难点问题，全国总工会组织开展了一系列主题劳动竞赛。例如，2006 年，组织职工开展了以创建"工人先锋号"为载体、以"当好主力军、建功'十一五'、和谐奔小康"为主题的劳动竞赛；2008 年，面对国际金融危机的影响，开展了"同舟共济保增长、建功立业促发展"等主题劳动竞赛活动；2009 年，围绕加快经济发展方式转变，组织开展了建功立业劳动竞赛和"十大产业振兴"等劳动竞赛活动；2011 年以来，全总先后制定了《2011—2015 年劳动竞赛规划》《2016—2020 年劳动和技能竞赛规划》，组织动员广大职工开展了以技术创新竞赛、重大工程竞赛、促进区域发展竞赛、节能减排竞赛、班组竞赛等为重点，不断丰富和创新竞赛内容、竞赛主题、竞赛方式方法的各类劳动竞赛活动，为更好地实施"十二五""十三五"规划建功立业。

当前，党的十九大和中国工会十七大对新时代工会工作提出了新要求：深化对新时代劳动竞赛活动特点及规律的认识和把握，创新劳动和技能竞赛的机制、载体、方式、平台，增加并拓宽劳动竞赛的激励手段和渠道，科学、合理地评估劳动竞赛成果。如何降低竞赛门槛，扩展竞赛领域，把最广大职工群众吸引到劳动竞赛活动中来，实现"广泛开展"；如何紧密结合国家发展战略和企业发展重点，设定目标，突出主题，丰富内涵，力求实效，实现"深入开展"；如何创新完善劳动竞赛的组织领导、过程管理、绩效评估、奖励激励等机制，实现"持续开展"，并使各行各业劳模不断发挥时代的引领作用，是劳动竞赛工作的努力方向，也是劳动竞赛理论研究的工作重点。全总号召广大职工积极参加"当好主人翁、建功新时代"主题劳动和技能竞赛，同时，以贯彻落实《新时期产业工人队伍建设改革方案》为契机，发布了《关于围绕国家重大战略开展全国引领性劳动和技能竞赛的通知》，召开了全国引领性劳动和技能竞赛启动暨京津冀协同发展交通一体化建设劳动和技能竞赛推进大会，不断增强劳动竞赛活动的时代感和影响力。

三、劳模的经济贡献

新中国成立以来，工会开展的劳动和技能竞赛，在推动中国经济社会发展过程中发挥了不可替代的作用，培育和造就了大批时代引领性劳动模范人物。2009 年 4 月 28 日，正如习近平在庆祝"五一"国际劳动节暨保增长、促发展劳动竞赛推进大会上指出的："长盛不衰的社会主义劳动竞赛活动，主题始终紧扣时代脉搏、围绕党和国家中心工作展开，领域不断拓宽，内涵不断丰富，方式不断创新。可以说，群众性劳动竞赛活动锻造了劳动模范，而劳动模范的成批涌现推动了劳动竞赛活动不断向深度和广度进军。"在我国经济社会建设、改革的各个历史时期，劳动模范始终是工人阶级中一个闪光的群体，为国家经济发展作出了重要贡献。

（一）与劳动热情和劳动态度相结合时期的经济贡献

新中国成立初期，为尽快改变经济一穷二白的落后面貌，工人阶级以高涨的主人翁责任感，开展了爱国主义劳动竞赛。鞍钢工人孟泰是典型代表，他带领工友通过刨冰雪、抠泥巴、钻废料堆，捡回了成千上万个炼铁设备用的零件，建立了全国闻名的"孟泰仓库"。在轰轰烈烈的劳动竞赛活动中，全国各条战线先进模范人物辈出。1950年9月25日，全国第一届劳模表彰大会在北京开幕，中央人民政府授予全国劳动模范称号464人。这次劳模表彰大会确立的该时期劳动模范评选标准，是围绕社会主义劳动竞赛和生产运动制定的，强调的是劳动竞赛活动中增产节约和超额完成任务等在经济生产方面的贡献，倡导的是"老黄牛"精神，加班加点、努力工作是主要标准。这个时期劳动竞赛的核心特点是与劳动热情和劳动态度相结合，劳动竞赛的目标主要是"比干劲、增产量"。因此，劳模在经济建设方面的贡献，一是通过开展爱国主义劳动竞赛等活动，为国家克服财政困难作出贡献；二是身体力行地传播传承热爱国家、热爱社会主义的理念，培育工人阶级爱党、爱国的主人翁思想和主人翁劳动态度；三是通过劳动竞赛中的比学赶帮超，劳动生产效率不断提高，对推动我国工业恢复发展和支援抗美援朝战争起着重要的推动作用。

（二）与技术相结合时期的经济贡献

进入有计划、大规模的经济建设时期以后，各级工会在全国职工中，组织开展了技术革新运动和社会主义劳动竞赛、先进生产者运动等活动，出现了比学赶帮超的劳动竞赛热潮。在群众性技术革新和发明创造活动中，劳动模范、技术能手不断涌现。例如，纺织工人郝建秀创造了"细纱工作法"，促进了我国纺织生产技术的发展；钢铁工人王崇伦发明了万能工具胎，大大提高了生产效率，成为"走在时间前面的人"。对此，中共中央、国务院分别于1956年、1959年、1960年，先后召开全国先进生产者代表大会，全国工业、交通运输业、基本建设、财贸方面社会主义建设先进集体和先进生产者大会，以及全国教育和文化、卫生体育、新闻方面社会主义建设先进单位和先进工作者代表大会。这三次大会一方面表彰了一大批全国先进生产者和全国先进集体，另一方面明确了要积极开展职工技术协作活动。据此，该时期劳动模范的评选标准，是围绕社会主义劳动竞赛和生产运动制定的，突出强调劳动模范在超额完成生产任务的同时，积极推广先进生产技术和先进操作方法、广泛开展厂际技术交流、大搞技术协作和技术攻关等在经济生产方面的贡献。

（三）与管理和经济责任制相结合时期的经济贡献

20世纪60年代至20世纪末，陆续召开了7次全国劳动模范和先进工作者表彰大会（1977年一次、1978年两次、1979年两次、1989年一次、1995年一次）。其中在1979年，中共中央、国务院首次对"模范"和"先进"的含义进行了概括：劳动模范必须是先进生产力的优秀代表，能够体现社会发展的方向；判断"模范"和"先进"的标准是"推动生产力发展"，并"对社会主义建设事业做出贡献"。按照中共中央、国务院的要求，工会组织始终把坚持推动群众性劳动竞赛活动作为自己的一项重要工作，陆续组织开展了为"四化"立功活动、学赶先进活动等劳动竞赛，并在这些活动中培养和造就了一大批先进模范人物，形成了具有时代特点的劳模队伍。

这个阶段显著的特点是：充分调动、发挥职工群众的积极性和主动性，与经济责任制相互促进，通过岗位练兵、技能比武、合理化建议、一流班组建设等活动的广泛开展，推进企业技术进步，改善企业经营管理，推进企业管理现代化，提高企业管理素质和管理水平，向管理要效益、要质量、要低消耗，为增强企业活力服务。其中，广大劳模的经济贡献重点体现为：一是通过合理化建议、技术革新等活动，积极引领并在搞好一线生产工人、技术人员、各层次管理人员和科研单位及高等院校的两个"三结合"中，推动技术进步和管理进步，以促进企业经济效益提高；二是通过岗位练兵、技术比武等活动，大力发挥技术协作在企业生产经营活动中的支持作用，进而推动职工提升技能、企业增效、管理更加科学等；三是在加强现代化班组建设的过程中，对推动形成学习型班组、创新型班组发挥了引领作用。

（四）与创新相结合时期的经济贡献

进入新的历史时期以后，伴随着科教兴国战略、人才强国战略、创新驱动发展战略的稳步实施，中共中央、国务院提出，要把职工队伍整体素质的提升作为一项战略任务抓紧抓好。面对新世纪提出的新目标、新任务，2000年10月，《中华全国总工会关于实施群众性经济技术创新工程的意见》正式发布。可以说，群众性经济技术创新工程是工会适应新环境、新形势、新变化、新任务的要求，把亿万职工群众的积极性和创造性，更好地引导到为社会主义经济建设努力拼搏的重要举措和有效载体。

2000年以来，我国每隔5年召开一次全国劳动模范和先进工作者表彰大会，已有4次。这几次大会先后对劳模的评选范围、评选标准等融入了新的内涵，主要体现在：一是2000年全国劳模和先进工作者的评选条件要求，全国劳模和先进工作者要"在本职工作岗位上勇于开拓创新，为经济建设和社会发展做出突出贡献，有较为广泛的群众基础"。二是2005年召开的全国劳动模范和先进工作者表彰大会，首次允许私营企业主、进城务工人员和下岗再就业人员参选全国劳模。国务院号召全国人民学习劳模胸怀全局、报效祖国的高尚品格，立足本职、甘于奉献的精神风貌，积极进取、争创一流的不懈追求，与时俱进、求真务实的科学态度。三是 2010 年召开的全国劳动模范和先进工作者表彰大会，将全国劳模评选条件增加到 10 条。四是 2015 年召开的全国劳动模范和先进工作者表彰大会明确，今后以中共中央、国务院的名义表彰全国劳动模范和先进工作者，并要求受表彰的全国劳动模范"都有坚定的政治信念、扎实的群众基础、突出的工作业绩和广泛的社会影响"，同时强调专业技术人员占比要大，倾向知识型、技术型、创新型劳动者。进入 21 世纪，以"工人专家"李斌、"金牌工人"许振超、"能工巧匠"邓建军、"蓝领专家"孔祥瑞、"专家型工人"窦铁成等人为代表的知识型、创新型工人，成为先进模范人物的突出代表。"创新是民族进步的灵魂，是一个国家兴旺发达的不竭源泉"。[①] 劳动模范是辛勤劳动、创新劳动的实践者，这在新时期劳动模范身上体现得更为强烈。他们通过重大工程竞赛、促进区域发展全国示范性竞赛、职工节能减排竞赛、非公企业竞赛等全国性劳动和技能竞赛，以及"劳模创新工作室建设""名师带高徒""小发明、小创造、小革新、小设计、小建议"等活动脱颖而出，在积极推动"中国制造"向"中国创造"转型、推动向创新型国家发展、推动适应国家经济建设和经济发展的一流产业工人队伍建设等方面，作出了重要的经济贡献。

党的十八大以来，中共中央、国务院高度重视时代楷模——劳动模范的培养和选树工作，搭建了劳模充分展示才华，引领时代进步，在经济和社会建设中不断发挥作用、再立新功的坚实平台。首先，为劳模干事创业、发挥作用创造有利条件，鼓励和支持劳模向广大职工传授技术、业务知识，在提高职工技能水平、加强职工队伍建设过程中发挥积极作用。其次，支持劳模在企业间开展技术交流活动，推广先进技术和创新经验；并组织劳模开展技术协作、技术咨询、技术扶贫、技术服务等活动，使劳模的专长得以充分施展和发挥。最后，组织劳模参加社会公益活动，发挥他们的管理、技术专

---

① 《习近平谈治国理政》第一卷，外文出版社 2018 年版，第 51 页。

长和资金优势；组织劳模提供志愿服务，深入企业、农村、学校开展技术指导、技术支持、技术传授等活动；同时，在劳模间开展互帮互助活动，并提倡劳模和职工结对子，为推动经济发展、促进社会和谐作出新的贡献。

纵观我国经济和社会发展的历史，各个时期涌现出来的先进模范人物，都以自己的聪明才智和创造性劳动，为国家的繁荣富强作出了突出贡献；并以自己在社会主义建设各个时期取得的巨大成就，推动了技术的进步和经济的发展。

第二节　劳模创新工作室

劳模创新工作室是新时期广大职工群众的伟大创举。创建的根本目的在于推广先进的生产工作理念、技术和方法，以点带面地提高广大职工群众的技能素质，不断突破本企业、本行业、本专业的技术发展瓶颈等。

一、劳模创新工作室的起源

改革开放 40 多年来，我国经济快速发展的一个重要原因，就是发挥了劳动力和资源、环境的低成本优势。但是，随着发展进入新阶段，我国的低成本优势逐渐消失。为解决我国经济社会发展不平衡、不协调、不可持续，以及发展方式粗放、创新能力不强、资源约束趋紧、生态环境恶化等问题，国家陆续提出了创新驱动发展、"大众创业、万众创新"等一系列发展战略。这些战略规划均将创新摆在了核心位置，对创新工作提出了更高的要求。

在上述宏观大背景下，由基层工会以及劳模和职工群众创造、由全国总工会倡导的劳模创新工作室，作为经济技术创新实践载体应运而生并广泛发展。最早探索劳模创新工作室的，是徐州矿务集团庞庄煤矿。2004 年，庞庄煤矿成立了以全国劳动模范、全国技术能手、高级工人技师殷春银命名的"殷春银创新工作室"，这是全国第一个劳模创新工作室。徐州市总工会于2004年在基层调研时发现，殷春银创新工作室成立才几个月，便取得了11项科研和技术革新成果。这让徐州市总工会感到颇为意外和兴奋。很快，关于劳模创新工作室的专题报告被递交到江苏省总工会，引起江苏省总工会的高度重视，并组织开展了劳模创新工作室推广工作。之后，很快又得到中华全国总工会的认可，劳模创新工作室建设工作开始在全国兴起。

中华全国总工会先后通过《2011—2015年劳动竞赛规划》（总工发〔2011〕2号）、《关于加强劳动模范工作的意见》（总工发〔2011〕15号）和《关于进一步加强职工技术创新工作的意见》（总工发〔2012〕21号）等文件，对劳模创新工作室的创建工作作出具体部署。《2011—2015年劳动竞赛规划》明确提出，要在开展劳动竞赛的企业普遍建立劳模创新工作室。《关于进一步加强职工技术创新工作的意见》则进一步提出：普遍建立覆盖企业主要工种的优秀技能人才（劳模）创新工作室，用劳模与高技能创新型人才的名字命名重大技术创新成果和先进操作法等，充分发挥劳动模范和优秀技能人才的示范引领作用。

2013年12月，时任全国总工会副主席陈豪在全国总工会十六届二次执委会会议上的工作报告中提出：深化全国职工素质工程，加强职工技术技能培训、技能比赛，普遍建立劳模创新工作室，开展选树首席员工、金牌工人、技能带头人等活动。

二、创建劳模创新工作室的总体要求和目标任务

为深入贯彻习近平总书记关于劳模工作重要讲话精神和大力弘扬工匠精神重要指示，落实《新时期产业工人队伍建设改革方案》的有关要求，激励广大劳模和工匠人才发挥示范带头作用，引领职工群众积极投身大众创业、

万众创新，全国总工会发布了《关于进一步深化劳模和工匠人才创新工作室创建工作的意见》（总工发〔2017〕13号）（以下简称《意见》）、《全国示范性劳模和工匠人才创新工作室命名管理工作暂行办法》（总工办发〔2017〕19号）（以下简称《办法》），为进一步深化劳模创新工作室建设、积极培育示范性劳模创新工作室、充分发挥劳模创新工作室的引领作用，提供了坚实的基础和保障。

（一）劳模创新工作室创建工作的目标要求

全国总工会发布的《意见》中，对新的历史条件下创建劳模创新工作室的总体目标要求是：深入贯彻习近平总书记系列重要讲话精神和治国理政的新理念、新思想、新战略，牢固树立和贯彻落实新发展理念，紧紧围绕实施创新驱动发展战略，大力弘扬劳模精神、劳动精神、工匠精神，以提高广大职工的职业道德、创新能力和技术技能素质为核心，以发现和解决工作现场的急、难、险、重问题为重点，广泛开展技术创新、管理创新、服务创新、制度创新，不断提高创建质量和运行时效，最大限度实现劳模创新工作室的示范引领、集智创新、协同攻关、传承技能、培育精神等功能，团结和动员广大职工积极投身群众性创新实践，加快形成人人敢创新、人人会创新、人人善创新的良好局面，打造一支规模宏大、技能精湛、素质优良、结构合理的技术工人队伍，为实现中华民族伟大复兴中国梦作出新的更大贡献。

（二）劳模创新工作室创建工作的主要任务

根据全国总工会《意见》的目标要求，到2020年，劳模创新工作室创建工作要取得重大进展，并完成以下主要任务：一是全国示范性劳模创新工作室总数达到300家，各级劳模创新工作室创建总数超过10万家，形成以全国示范性劳模创新工作室为引领、以省区市级劳模创新工作室为中坚、基层劳模创新工作室蓬勃发展的良好局面；二是劳模创新工作室的运作更加规范，创新创效成绩更加突出，品牌影响力更加显著，真正成为发挥劳模和工匠人才作用，传承劳模精神、劳动精神、工匠精神的"新平台"，解决生产技术难题的"攻关站"，推动企业技术创新的"孵化器"，培养高技能人才的"练兵场"，促进职工队伍整体素质不断提高，打造一支知识型、技术型、创新型技术工人队伍。

为了应对新时代的要求，并努力完成上述任务，全国总工会积极部署，联合相关部委特别加强了职工创新基地、创新平台建设，即发挥劳动模范和大国工匠，包括具有创新能力和创新意识的优秀员工的创新热情，打造一个个以这些创新示范人物命名的劳模创新工作室。劳模创新工作室建设，着重凸显以下三方面的重要作用。

1. 劳模创新工作室是职工释放创新能量的"新平台"

全面创新，需要千千万万个普通劳动者的积极响应。劳模创新工作室是基层工会、劳模、工匠和职工群众在实践基础上探究出，由全国总工会正式倡导的，贴近基层、贴近职工、贴近一线的群众性创新组织，也是工会开展经济技术创新工作的载体。

2. 劳模创新工作室是职工成才的"孵化器"

劳模创新工作室最共同、最突出的亮点，就是通过发挥劳模、工匠的专长和技术优势，发挥先进人物、高技能人才的"传、帮、带"作用，着力培养知识型、技能型、学习型、创新型职工。这也是劳模创新工作室吸引青年职工无怨无悔投身进来的"魔力"所在。

3. 劳模创新工作室是职工创新、创效的"发动机"

在企业，劳模、工匠和高技能人才都是宝。他们不仅仅在劳动精神方面鼓舞着普通职工，更在技术创新方面起着引领作用。企业也高度重视和大力支持劳模创新工作室的建设，尊重工作室团队的创新劳动，积极引导工作室围绕解决企业生产、经营、管理中的重点和难点问题，开展技术革新、发明创造、技术攻关和技术协作，提高生产效率和经济效益。此外，劳模创新工作室在场所上、设备上、经费上都能得到组织的支持，团队成员也都非常追求自我价值和自我成长，并充满创新热情，创新成效将会不断提升。

三、劳模创新工作室的构建要素及有效运行

（一）劳模创新工作室的构建要素

劳模创新工作室一般都是以一名在技术、业务等方面有专长，有一定理论水平、丰富实际工作经验和强烈创新意识、创新能力的劳动模范、工匠或高技能人才为"掌门人"或"牵头人"，组成一支老中青相互结合的专业团队。劳模、工匠原本就是优秀职工群体的代表，他们的科学精神、创新意识、道德情操、人格魅力、技术技能等是企业宝贵的财富。企事业单位借助这一群体的"传、帮、带"作用，不断挖掘广大职工创新的潜能，凝聚职工创新的智慧，从而达到增强企业核心竞争力的目的；同时，有志向的职工可以借助这个平台，完善个人修养，提升自己的技术、技能水平，成就自己的梦想。从而，实现企业和职工个人的互利共赢。

劳模创新工作室建设要素方面，姜锡川、李瑞鸿在《坚持八有标准　实现四个结合　青岛市总打造百家劳模创新工作室》一文中，介绍了劳模创新工作室"八有"要素标准：有统一标识、有固定场所、有创新团队、有齐全设施、有完善制度、有经费保障、有翔实台账、有创新成效。截至目前，为提升劳模创新工作室创建水平，全国开展劳模创新工作室建设的各省、市、地区工会组织，协同其他部门通过发文的形式，明确提出劳模创新工作室的创建要素及标准。虽然各有特色，但比较集中的、具有共性的要素主要包括：

1. 标志明显

劳模创新工作室的牌匾标志显著，悬挂位置醒目。

2.场所固定

劳模创新工作室有适当面积的固定活动、办公场所，内设办公、学习和成果、荣誉展示等内容。

3.设施齐全

配备必要的办公电脑、器材工具、专业资料、信息网络、实验仪器等设施。

4.组建团队

组织职工参加，培养技术骨干，扩大劳模创新团队。

5.制度完善

建立活动开展、学习研究、技术攻关、成果转化、奖励激励、内部管理等制度。劳模所在单位每年对工作室的活动开展、作用发挥等情况有综合鉴定，形成书面意见。

6.经费保障

劳模创新工作室所在单位有专项经费，用于创新活动开展。

7.台账翔实

创新活动开展有准确、翔实的资料记录；建立劳模创新工作室及其成员的档案，全面反映工作室的工作流程和工作状况；有工作班子、工作计划、活动记录、已获创新成果、近期创新项目等记载；有组织机构、总体目标、工作目标、工作职责、研究项目等展示内容。

8.成效明显

围绕所在单位生产实践开展技术攻关取得明显效益，并做好工作室创新成果的推广应用工作。

可以看到，各级工会从工作室命名、标牌标识、设施条件、团队建设、工作制度、创新经费、活动资料、成果展示等方面，对劳模创新工作室的标准进行了规定，并对劳模创新工作室的创建及规范化提出了要求。

（二）劳模创新工作室的组织与运行

工会对于劳模创新工作室的创建，需要全方位做好指导工作，具体而言，负有领导、组织、保障、监督、宣传、推进等职责。

首先，从领导层面来讲，工会对于劳模创新工作室的创建承担领导职责。劳模创新工作室是工会经济技术创新工作的重要内容，各级工会加强对其创建工作的指导，有利于推动各企业的劳模创新工作室创建工作深入开展。对此，2017 年 11 月 16 日，全国总工会副主席、书记处书记阎京华，在全国工会深化劳模和工匠人才创新工作室创建会议上的讲话中强调：应站在全局和战略的高度，把打造和做强劳模创新工作室作为工会围绕中心、服务大局的重要工作内容，统筹有序推进创建工作，不断提升创建工作整体水平。要进一步加强分类指导，引导国有企业劳模创新工作室加强制度建设、制定工作标准、规范运转程序，促进持续健康发展。

其次，从组织层面来讲，各级地方工会、行业工会和企业工会，分别负责省、市、区和企业内劳模创新工作室创建的组织工作，具体从 5 个方面着手：一是各级工会要负责在辖区总体层面上制定相关政策，推进劳模创新工作室的创建；行业或企业工会要负责落实好上级工会的部署，做好企业内的劳模创新工作室创建工作。二是要调动企业深入开展劳模创新工作室创建工作的积极性，鼓励企业将创建工作纳入企业创新工作总体规划，从场地保障、人员配备、资金投入、设备设施、活动时间等方面给予大力支持，引导企业探索建立跨区域、跨行业、跨企业的劳模创新工作室联盟。三是要引导技术攻关型劳模创新工作室紧贴企业生产实际，立足关键岗位，扎根基层一线，瞄准重要环节，积极开展群众性技术攻关、技术革新和发明创造等活动，破解技术难题，努力取得创新成果，促进企业的技术进步和转型升级。四要是推动创建技能传授型劳模创新工作室，营造精益求精的敬业风气，倡导终身学习理念，开展名师带高徒，试行新型学徒制，传授绝技绝活，促进

"传帮带"效果的最大化，孵化拔尖技能人才，培养和造就一大批工匠人才。五是要充分运用工会组织的资源和手段，积极搭建各种平台，定期或不定期地开展有针对性的培训活动，有效提高劳模创新工作室领衔人的管理能力和工作水平。要积极争取高校、职业院校和专业科研机构师资及科研力量的支持，结合疗、休养活动开展短期培训，联合教育部门努力为领衔人提供系统学习、继续深造乃至提高学历的机会，不断提升领衔人的业务素质和创新思维。

再次，从督导层面来讲，各级总工会和企业工会分别在辖区及企业层面，负有对劳模创新工作室创建情况进行督导的职责。一方面，各级工会需要通过工作检查的方式，了解劳模创新工作室的创建情况、取得的成果以及成果转化、职工培训等情形，为劳模创新工作室的奖惩工作明确依据；另一方面，对创建过程中出现的不规范、不合格情况，督促整改、通报批评，甚至摘牌。

最后，从宣传层面来讲，工会部门需要大力加强宣传，增强职工对于劳模创新工作室的了解和认同，提高职工加入劳模创新工作室的热情。要精心培育典型，强化宣传引导，着眼于营造良好氛围，鼓励探索，尊重首创，着力发现并培养来自基层一线的标杆，注重挖掘、总结、提炼鲜活经验，充分运用线上、线下多种媒体渠道及活动方式，加大优秀劳模创新工作室及其先进经验的宣传推广力度，有效增强劳模创新工作室的社会影响力。同时，通过广泛宣传和交流，促进创新成果转化和技术交流，进一步提升劳模创新工作室的整体水平。有条件的企业要建立健全创新成果网上展示系统，充分发挥网络平台的媒介作用和服务功能；组建专家咨询委员会和专业技术委员会，提供政策咨询、技术指导、创新支持、知识产权保护等专业服务；组织开展成果鉴定、成果展示、成果评选、成果转让、成果推广工作，积极向政府相关部门推荐优秀创新成果。

四、劳模创新工作室的建设成效

开展劳模创新工作室创建工作具有重要意义。从国际层面看，开展劳模创新工作室创建是提高我国科技创新能力和自主创新水平的有效途径；从国内层面看，开展劳模创新工作室创建是落实国家战略部署、推动企业创新发展、弘扬劳模精神的重要举措；从工会层面看，开展劳模创新工作室创建是工会服务大局、促进发展的职能体现；从职工层面看，开展劳模创新工作室创建是提升职工素质和创新能力的有效方式。

在全国总工会的大力推动下，在各级工会的精心培育下，劳模创新工作室创建工作轰轰烈烈地开展起来，劳模创新工作室遍布各个行业。例如，黑龙江省大力推动开展劳模创新工作室创建活动，提出明确目标，鼓励支持广大职工和劳模结合各自岗位及业务特点成立创新团队，并对创建活动加强帮助指导。截至 2014 年 6 月，内蒙古自治区创建劳模创新工作室 547 家，完成创新及攻关项目 5300 多项，借助劳模创新工作室举办各类培训 2764 场次，培训职工 3.69 万人，帮助 1.9 万名职工提升了职业技能。上海 57 个区、县、局及产业工会共创建 188 个劳模创新工作室，汇聚了 4300 多名技术业务骨干；上海市职工通过开展劳模创新工作室创建活动，形成了"明星带群星"效应。宁波市总工会则借助劳模创新工作室创建工作，助推非公企业转型升级，随之产生的是令人瞩目的"真金白银"。江苏省建立的 1300 多个劳模创新工作室，先后进行技术攻关 6000 多项，创造经济效益 150 多亿元。河北省的 1500 家职工创新工作室共取得创新成果 4300 多项，解决生产技术难题 6000 多个，综合创效 10 多亿元。截至 2014 年，全国已有 29 个省、区、市开展劳模创新工作室的创建工作，创建劳模创新工作室 5.8 万多个，劳模创新工作室的创建活动在全国大部分地区积极开展起来。

2014 年，全国总工会召开全国劳模创新工作室创建工作推进会，并命名了首批 97 家全国示范性劳模创新工作室。全国总工会副主席、书记处书记阎京华，在 2017 年 11 月 16 日召开的全国工会深化劳模和工匠人才创新工作室创建工作会议上的讲话中介绍，全国总工会制定了《关于进一步深化劳模和工匠人才创新工作室创建工作的意见》和《全国示范性劳模和工匠人才创新工作室命名管理工作暂行办法》。各级工会积极贯彻 2014 年推进会精神，创新思路，大胆实践，大力推动劳模创新工作室创建工作广泛深入开展。截至 2017 年，全国 31 个省、区、市和新疆生产建设兵团都开展了劳模创新工作室创建工作，已命名省级劳模创新工作室 3988 家，并划拨专项经费支持劳模创新工作室开展相关活动。据统计，全国已创建各类劳模创新工作室 7.2 万家，仅 2016 年就开展各类创新项目和课题 16.5 万项，其中技术开发课题 3.7 万项，优化作业流程、提升工作效率项目 5.2 万项，业务技能提升项目 7.6 万项，在弘扬劳模精神、技术创新、人才培养等方面发挥了不可替代的重要作用。

据全国总工会统计，近年来，97 家全国示范性劳模创新工作室完成创新成果 3936 项，其中 2037 项成果转化为现实生产力，申请专利 857 个，累计产生经济效益 57 亿元；同时，这 97 家全国示范性劳模创新工作室共培训各类职工近 6.7 万人，师徒结对 3000 余对，帮助 7800 多人提升了技术等级。劳模创新工作室把越来越多的职工聚集到劳模和工匠人才周围，学习技术、切磋技艺、提高技能、创新创造，打造出一支规模宏大、技能精湛、素质优良、结构合理的技术工人队伍，推进了新时代产业工人队伍建设改革，为促进经济社会持续健康发展，提供了强有力的技能支撑和人才保障。劳模创新工作室以先进人物的崇高品质、模范行为、创新精神凝聚团队，引导带领广大职工积极投身大众创业、万众创新的伟大实践，焕发创新热情、奉献创新智慧、激发创新活力，促进企业创新发展过程中，关键问题的解决，增强了企业核心竞争力，为实施创新驱动发展战略、推动产业转型升级作出了重要贡献。

第三节　劳模与产业工人队伍建设改革

一、关于产业工人队伍建设改革的战略决策

（一）背景与意义

2016 年 8 月，根据中央全面深化改革领导小组要求，全国总工会牵头，会同国家发展改革委、教育部、工业和信息化部、人力资源和社会保障部等部委，研究制定新时期产业工人队伍建设改革方案。2017 年 2 月 6 日，习近平总书记主持召开中央全面深化改革领导小组第三十二次会议，审议通过《新时期产业工人队伍建设改革方案》（以下简称《改革方案》）。2017 年 6 月，中共中央、国务院印发《改革方案》，并发出通知，要求各地区、各部门结合实际认真贯彻落实。

1. 时代背景

从经济发展阶段看，我国目前进入了优化经济结构的关键时期。党的十九大报告明确指出，我国经济已由高速增长阶段转向高质量发展阶段，正处在转变发展方式、优化经济结构、转换增长动力的攻关期，建设现代化经济体系是跨越关口的迫切要求和我国发展的战略目标。在这样的发展阶段，为了支撑制造强国战略、推动传统产业转型升级，需要提高劳动者素质，建设一支知识型、技能型、创新型的劳动者大军。

从党的发展思想看，党的十八大以来，以习近平同志为核心的中共中央，坚持和强调以人民为中心的发展思想以及全心全意依靠工人阶级的根本方针。目前，我国产业工人有 2 亿左右，其中超过八成集中在第二产业，近八成集中在制造业和建筑业，六成集中在大中型企业，他们为中国经济社会的快速发展作出了巨大贡献。在新发展理念的指导下，党和国家强调要让改革发展成果更多、更公平地惠及全体人民，并在提高产业工人队伍整体素

质、发挥产业工人骨干作用、维护产业工人合法权益、保障产业工人主人翁地位等方面，相继作出重要制度安排，制定一系列政策措施，使产业工人队伍建设不断取得新的进展。

从职工发展状况看，我国产业工人队伍建设方面还存在一些突出问题。在我国的技术工人队伍中，初级工、中级工占比达到73%，高技能人才比重远低于工业发达国家水平；74%的农民工为初中及以下文化程度，六成以上没有接受过非农职业技能培训。在非公有制企业和小微企业中，技术工人更是严重匮乏。此外，产业工人队伍建设也存在一些体制机制障碍，技能形成缺乏顶层设计，职业教育、普通教育和职业技能培训之间协调衔接不够，产业工人职业发展通道不畅，人力资本投入不足，相关法律法规政策需要进一步完善落实等。

2. 现实意义

从党和国家性质着眼，推进产业工人队伍建设改革，是巩固党的执政基础和阶级基础的迫切需要。我国是工人阶级领导的、以工农联盟为基础的、人民民主专政的社会主义国家。工人阶级是国家的领导阶级，是党最坚实、最可靠的阶级基础，是全面建成小康社会、坚持和发展中国特色社会主义的主力军。产业工人是工人阶级中发挥支撑作用的主体力量，是创造社会财富的中坚力量，是创新驱动发展的骨干力量，也是实施制造强国战略的有生力量。党和国家各项事业取得的新成就、全面建成小康社会取得的新进展，都离不开工人阶级特别是产业工人的奋力拼搏和忠诚奉献。

从促进经济社会持续健康发展着眼，推进产业工人队伍建设改革，是实施制造强国战略、全面提高产业工人队伍素质的迫切需要。随着形势发展，我国经济面临的国内外环境更加错综复杂。在国内，经济运行仍存在不少问题，产能过剩与需求结构升级的矛盾突出，实体经济特别是制造业的困难增大。除了产业结构本身的原因外，产业工人队伍素质是关键的制约因素。要建成制造强国，需要尖端技术和先进设备，但更要有一大批能把蓝图变为现实的能工巧匠。加强产业工人队伍建设、建设一支高素质的产业工人队伍，已经成为一项重要而紧迫的战略任务，直接影响到我国在经济全球化、新一轮科技革命和产业变革中能否抢占先机、赢得主动。

在中国特色社会主义进入新时代后，中共中央制定和实施《改革方案》，是以习近平同志为核心的中共中央着眼于巩固党的执政基础、实施制造强国战略、全面提高产业工人素质作出的重大决策部署，关系到改革发展稳定的大局，关系到国家和民族的长远大业，也关系到产业工人的根本利益和整体利益，充分体现了中共中央对包括产业工人在内的工人阶级的高度重视和巨大关怀，也充分体现了我们党始终坚持以人民为中心的发展思想、始终坚持全心全意依靠工人阶级的根本方针。

（二）主要措施

《改革方案》提出了5大方面的25条举措，涵盖了产业工人的思想引领、技能提升、作用发挥、支撑保障等关键领域，对产业工人队伍建设改革进行了全方位的部署。

一是加强和改进产业工人队伍思想政治建设。这是做好新时期产业工人队伍建设改革工作的灵魂和基础，也是夯实党执政的阶级基础和群众基础的有力抓手。主要内容是加强党的领导核心作用，涉及4项具体举措：强化和创新产业工人队伍的党建工作，突出产业工人的思想政治引领，健全保证产业工人主人翁地位的制度安排，创新面向产业工人的工会工作。

二是构建产业工人技能形成体系。目的是通过改革和完善相关制度，有效干预技能形成过程，形成有利于提高产业工人队伍技能水平的体制环境，提升产业工人的技能素质，为实施制造强国战略提供强大的技能支撑和人才保障。主要举措包括：完善现代职业教育制度，改革职业技能培训制度，统筹发展职业学校教育和职业培训，改进产业工人技能评价方式，打造更多高技能人才，促进农民工融入城市、稳定就业。

三是运用互联网促进产业工人队伍建设。在互联网技术迅速发展的形势下，产业工人队伍建设需要不断创新载体，更多、更充分地运用信息化手段，打造全域化、数字化、立体化的互联网服务平台。主要措施有三点：创新产业工人队伍建设的网络载体，打造网络学习平台，推行"互联网+"普惠性服务。

四是创新产业工人发展制度。目的是适应产业工人的现实需求，正视和克服产业工人发展面临的困难，为产业工人的成长成才搭建多样化平台，充分调动产业工人的积极性、主动性、创造性。主要措施有：拓宽产业工人发展空间，畅通产业工人流动渠道，创新技能导向激励机制，改进劳动和技能竞赛体系，加大对产业工人创新创效扶持力度，组织产业工人积极投身"走出去"战略和"一带一路"建设。

五是强化产业工人队伍建设支撑保障。为了保障中共中央提出的产业工人队伍建设改革各项措施能够真正落到实处，《改革方案》从强化法治保障，完善财政投入机制，建立社会多元投入机制，完善产业工人劳动经济权益保障机制，深化产业工人队伍建设理论政策研究，营造尊重劳动、崇尚技能、鼓励创造的社会氛围等方面进行了详细规定，为造就一支高素质的产业工人队伍保驾护航。

二、劳动模范在产业工人队伍建设改革中的主要作用

中共中央要求，把产业工人队伍建设作为实施科教兴国战略、人才强国战略、创新驱动发展战略的重要支撑和基础保障，纳入国家和地方经济社会发展规划，造就一支有理想守信念、懂技术会创新、敢担当讲奉献的宏大产业工人队伍。其中，"有理想守信念"是政治要求，"懂技术会创新"是专业要求，"敢担当讲奉献"是品格要求，这三个方面共同构成了对新时代产业工人的基本素质要求。劳动模范是工人阶级的优秀代表，在社会主义建设事

业中发挥着示范引领作用。在产业工人队伍建设改革进程中，劳模的示范引领作用具体表现在思想政治引领、技术技能培养、社会氛围营造等方面。

（一）思想政治引领

产业工人队伍建设改革中的一大亮点，是把加强和改进产业工人队伍思想政治建设放在首要位置，特别是《改革方案》在主要措施的第二条提出"突出产业工人思想政治引领"。具体来说，就是通过加强理想信念教育，引领团结产业工人坚决拥护以习近平同志为核心的中共中央，自觉践行社会主义核心价值观，坚定不移听党话、跟党走。劳动模范是工人阶级的杰出代表，讲政治是第一位的。劳动模范一直以来都是坚定不移听党话、跟党走的典型群体，是通过自身魅力加强思想政治引领、团结凝聚广大职工的重要力量。

我国劳模评选制度，起源于陕甘宁边区开展的评选劳动英雄和模范工作者运动。当时为了应对经济困难局面，陕甘宁边区政府借鉴苏联的"斯达汉诺夫运动"，开展劳动竞赛，利用劳动英雄和先进人物的带头作用来提高劳动生产率，由此产生了我国历史上最早的劳动模范。1940 至 1942 年，陕甘宁边区政府每年都开展评选劳动英雄和模范工作者活动。3 年里，在工厂、农村、政府机关和军队中，涌现出赵占魁、吴运铎、甄荣典、刘建章和李位等近千名劳动英雄；而且，党的领导人毛泽东、张闻天等人也曾被推选为特等劳动英雄。被称为"边区工人一面旗帜"的赵占魁，始终把自己的命运与党的革命事业紧密相连，无论是在农具厂当翻砂工人，还是担任翻砂股股长，工作中都积极认真负责，处处细心钻研，极大地提高了产品的质量和产量。1942 年，在中共中央倡导下，陕甘宁边区广泛开展"赵占魁运动"，并逐渐普及到各私营炭窑、木工作坊和各敌后抗日根据地，使抗日根据地职工的劳动态度显著改变、主人翁责任感大大增强。

新中国成立以来，我国进行了多次劳模表彰活动，通过模范人物来引领全国各族人民自觉投身生产建设。比如 1959 年的全国群英会上，被表彰的

代表人物有王崇伦、倪志福、张秉贵、时传祥、王进喜、赵梦桃等人；1989
年全国劳动模范和先进工作者表彰大会上，被表彰的代表人物有徐虎、包起
帆、邓稼先、聂卫平等人；2015年受表彰的新时代代表人物有巨晓林、白永
明等人。他们虽然岗位和贡献不同，但都是党和国家值得依赖的工人骨干，
都对社会主义建设事业充满热情，也都体现了坚定的道路自信、理论自信、
制度自信、文化自信。

因此，在革命、建设、改革各个历史时期，无论党和国家的任务发生怎
样的变化，我国劳动模范都是工人阶级中的优秀代表和闪光群体，都是永葆
工人阶级政治本色的楷模，始终在思想上、政治上、行动上同中共中央保持
高度一致，引领广大职工坚定地服务于党和国家中心工作、积极参与社会主
义建设事业、维护社会和谐稳定。

（二）技术技能培养

我国要实现从制造大国向制造强国的转变，关键在于人才，必须建设高
素质的产业工人队伍，打造一大批懂技术、会创新的大国工匠。可以说，提
升产业工人技术技能水平，是产业工人队伍建设改革的重点所在。为实现这
一目标，《改革方案》作为中央文件第一次使用了"技能形成体系"概念。
此外，《改革方案》提出了一系列与工会经济技术工作相关的、加大对产业
工人创新创效扶持力度的举措，比如深化劳动和技能竞赛活动、群众性技术
创新活动，加强职工创新工作室、劳模创新工作室、技能大师工作室建设
等。依托这些多样化的载体和平台，劳动模范在产业工人技术技能培养方面
发挥着重要的引领、带动和培育作用。

劳模中的很多人都是高技能、高素质的先进劳动者，在各个行业、各个
岗位上作出了卓越贡献。劳模精神中的"争创一流"和"勇于创新"精神，
都体现了劳动模范在技术技能方面的优秀素质和引领作用。具体来说，劳模
在技术技能方面对产业工人队伍建设起到的促进作用，主要是通过组建劳模

创新工作室，以及在劳动和技能竞赛活动中发挥指导、带动作用来实现的。

劳模创新工作室通过以劳模核心的技术团队，引领广大职工参与企业创新，提升职工队伍素质，弘扬劳模精神、劳动精神、工匠精神。2017年7月，全国总工会下发的《关于进一步深化劳模和工匠人才创新工作室创建工作的意见》，明确提出"到2020年，各级创新工作室创建总数将超过10万家，全国示范性创新工作室总数达到300家"，并将劳模创新工作室视为传承劳模精神、劳动精神、工匠精神的"新平台"，解决生产技术难题的"攻关站"，推动企业技术创新的"孵化器"，培养高技能人才的"练兵场"。

劳动和技能竞赛是建设产业工人队伍的重要途径。《改革方案》第17条专门就改进劳动和技能竞赛体系进行了阐述，提出要建立以企业岗位练兵和技术比武为基础、以国家和行业职业技能竞赛为主体、国内竞赛与国际竞赛赛项相衔接的劳动和技能竞赛机制。全国总工会在2016年发布的《2016—2020年劳动和技能竞赛规划》明确提出，劳动和技能竞赛要以提升职工技能素质、推动企业技术创新为重点，致力于提高职工素质、推动企业进步、促进经济发展。劳模在劳动和技能竞赛活动中，一方面可以通过自身的参与来发挥引领和带动作用；另一方面，可以通过开展技术培训、技术帮扶、名师带徒等活动，发挥培养技术技能人才的重要作用。

北方重工业集团有限公司的郑贵有创新工作室，是一个在产业工人技术技能培养方面发挥积极作用的典型案例。2017年，在全国总工会召开的全国工会深化劳模和工匠人才创新工作室创建工作会议上，该工作室被授予"全国示范性劳模和工匠人才创新工作室"称号。郑贵有创新工作室始终坚持以人为本、以科技为引领、以技术攻关和创新为依托，充分发挥团队作用，解决企业生产中的技术难题。这个工作室不仅在技术创新方面发挥了重大作用，先后参与多项军、民品重点项目的试制和加工任务，4年里共完成技术攻关和技术创新项目200余项；而且在培养高素质产业工人、打造高技能人才方面发挥了重要作用，先后举办了15期技能培训班、12场高技能人才技艺现场演示会，通过推广创新成果、共享工作心得、交流工作体会、共同学习提高，使1000多名技能人才受益。

（三）社会氛围营造

实施制造强国战略、构建现代化经济体系，需要造就一支高素质的产业工人队伍。推进产业工人队伍建设改革，不仅要提高产业工人的经济地位，还要在全社会营造尊重劳动、崇尚技能、鼓励创造的良好氛围，优化产业工人的成长环境。当前，中国社会普遍存在唯学历的评价观，对产业工人包括高技能人才的认识仍有偏差，重学历、轻技能的社会观念还比较严重，人们更愿意从事非体力劳动，而从事体力型、技能型工作的意愿相对较弱。

劳动模范铸造出来的劳模精神，是优良社会氛围的内核之一。长期以来，广大劳模以高度的主人翁责任感、卓越的劳动创造、忘我的拼搏奉献，在经济社会发展过程中作出巨大贡献，铸就了"爱岗敬业、争创一流，艰苦奋斗、勇于创新，淡泊名利、甘于奉献"的劳模精神，为全国各族人民树立了光辉的学习榜样。劳模精神已成为伟大时代精神的生动体现，是中国特色社会主义事业的宝贵精神财富和强大精神力量。弘扬劳模精神，是向全社会传递劳动最光荣、劳动最崇高、劳动最伟大、劳动最美丽的价值观和社会风尚，体现了社会主义国家对待劳动、对待劳动者的基本态度。2015年4月28日，习近平总书记在庆祝"五一"国际劳动节暨表彰全国劳动模范和先进工作者大会上的讲话中指出："我们一定要在全社会大力弘扬劳模精神、劳动精神，大力宣传劳动模范和其他典型的先进事迹，引导广大人民群众树立辛勤劳动、诚实劳动、创造性劳动的理念，让劳动光荣、创造伟大成为铿锵的时代强音，让劳动最光荣、劳动最崇高、劳动最伟大、劳动最美丽蔚然成风。"[①]

---

① 习近平：《在庆祝"五一"国际劳动节暨表彰全国劳动模范和先进工作者大会上的讲话》，人民出版社2015年版，第4—5页。

　　劳动模范是营造良好社会氛围的重要主体。《改革方案》明确提出："组织劳模、工匠进学校、进课堂，进企业、进班组，奏响'工人伟大、劳动光荣'的时代主旋律。"这一针对性举措，核心就是通过劳动模范的人生故事和独特魅力，努力把劳模精神、劳动精神、工匠精神融入学校教育和职工教育的实践当中。

　　青少年是国家和民族的未来，也是产业工人队伍的重要储备力量。劳动模范和工匠群体融入学校与课堂的育人实践中，将工匠文化、工厂教育作为素质教育的一部分，强化青少年的劳动意识和劳动习惯，有利于让广大青少年从小就树立崇尚劳动、尊重劳动者的观念。特别是在职业学校中，政治立场坚定、技能素质过硬、实践经验丰富的劳模现身说法，是劳模精神、劳动精神和工匠精神进课堂的有效方式，能够潜移默化地引导学生树立正确的价值观、就业观和劳动观。

　　在我国制造业发展中，技能型人才短缺的现象比较明显。如何引导和激励更多工人积极学习技能，增强对产业工人职业的认同感，确保产业工人素质适应科技发展的需要，是十分迫切的重要问题。劳动模范和工匠群体进企业、进班组，有利于促进劳模精神、劳动精神和工匠精神融入企业文化、职工文化，成为广大职工的共同价值观和行为意识，激发产业工人爱岗敬业、提升技能的内生动力。这些活动将劳模、劳模精神、广大产业工人串接起来，成为重要的交流和互动平台，向企业职工、向全社会传递出劳模精神的时代强音。

第五章　劳模与文化建设

　　2018 年 4 月 30 日，习近平总书记在给中国劳动关系学院劳模本科班学员的回信中说："我一直强调，劳动最光荣、劳动最崇高、劳动最伟大、劳动最美丽。全社会都应该尊敬劳动模范、弘扬劳模精神，让诚实劳动、勤勉工作蔚然成风。"① 党的十八大以来，习近平总书记几乎每年都有关于劳模的重要讲话。劳模在党和国家发展的各个时期都发挥了巨大的历史作用，不仅为我国经济社会发展创造了巨大的物质财富，更为我国经济社会发展创造了巨大的精神财富。劳模及其身上体现的劳模精神，在中国特色社会主义文化建设、企业文化建设尤其是新时代职工文化建设中，都有着重大的战略价值和现实意义。其中，中国特色社会主义文化是举旗帜的文化，体现了我国的社会主义性质；企业文化是抓管理的文化，表现了管理的水平；职工文化是提素质的文化，展现了职工的素质。而劳模及劳模精神既是我国社会主义事业发展的产物，也是管理发展的需要，更是职工素质的集中体现。

---

① 习近平：《给中国劳动关系学院劳模本科班学员的回信》，《人民日报》2018 年 5 月 1 日。

第一节　劳模的文化属性

每年"五一"国际劳动节来临之际，都会举行全国性的劳模表彰大会。大会的主要目的之一，就是号召全社会学劳模、做劳模，弘扬和践行劳模精神。劳模精神是劳模群体在亿万职工群众中脱颖而出的内在动力和价值源泉，集中反映了劳模群体的价值追求和人生目标，并成为中华民族宝贵的精神财富和强大的精神力量。要将这种精神财富和精神力量真正转化为广大职工群众的实际行动，最大限度激发广大职工群众的创造活力和劳动热情，为实现中华民族伟大复兴中国梦集聚更多的正能量和新能量，让弘扬劳模精神常态化，就应该深刻了解和理解劳模的文化属性。

一、劳模的价值

2013 年 4 月 28 日，习近平总书记在同全国劳动模范代表座谈时指出，在革命战争年代，赵占魁等劳动模范以"新的劳动态度对待新的劳动"，带动群众投身中国共产党领导的人民解放事业。新中国成立后，"高炉卫士"孟泰、"铁人"王进喜等一大批先进模范，响应党的号召，带动广大群众自力更生、奋发图强。在改革开放历史新时期，"蓝领专家"孔祥瑞、"金牌工人"窦铁成、"知识工人"邓建军等一大批劳动模范，干一行、爱一行，专一行、精一行，为国家和人民建立了杰出功勋。赵占魁、孟泰、王进喜、孔祥瑞、窦铁成、邓建军都是杰出的劳模代表。这些劳模尽管所处历史时代有很大差异，但他们共同铸就的劳模精神则是一脉相承的。

（一）劳模在管理实践中的重要地位

在管理实践中，管理者和被管理者不可或缺。作为管理者，一流的管理水平可以造就一流的企业，譬如任正非、柳传志、张瑞敏、马云等人。同时，作为被管理者的职工群众，一流的综合素质也可以成就一流的企业，比如王进喜、许振超、郭明义、巨晓林等人。任正非、柳传志、张瑞敏、马云等人都是杰出的企业家代表，企业家对于管理有着重要的战略价值。而王进喜、许振超、郭明义、巨晓林等人都是优秀的劳模代表，劳模对于管理的价值也不可小觑。劳模作为职工群众的杰出代表，是一个特殊的被管理者群体。这是因为，他们不仅按照管理者的要求，被动地履行被管理者的职责；而且更重要的是，他们还以管理者的标准严格要求自己，最大限度地激发自身潜能。他们不仅仅是为企业而工作，更是为自己、为体现自身的人生价值而工作。从这个意义上讲，企业家和劳模对管理都有着重大的战略价值，缺一不可！

（二）劳模是核心竞争力

人们对于核心竞争力有很多不同的认识，有的认为是产品，有的认为是技术，有的认为是品牌，有的认为是服务，有的认为是形象，等等。但是，这一切的一切都离不开优秀的职工队伍。从这个意义上讲，优秀职工队伍是核心竞争力的源泉，是核心竞争力的核心。而劳模作为优秀职工的杰出代表，是当之无愧的核心竞争力。劳模之所以能够在广大职工群众中脱颖而出，获得企业劳模、省区市劳模乃至全国劳模等荣誉称号，一个重要原因就是他们为企业发展、社会进步和国家繁荣作出了巨大贡献。

2013年，习近平总书记在同全国劳动模范代表座谈时指出，在革命战争年代，以"边区工人一面旗帜"赵占魁为代表的劳模群体，带领群众投身中国共产党领导的人民解放事业。新中国成立后，"铁人"精神成为激励各族人民意气风发投身社会主义建设的强大精神力量。在改革开放历史新时期，以"蓝领专家"孔祥瑞、"金牌工人"窦铁成、"知识工人"邓建军为代表的劳模群体，积极投身改革开放和社会主义现代化建设。赵占魁、王进喜、孔祥瑞、窦铁成、邓建军都是企业的核心竞争力，也是国家和民族的核心竞争力。他们不仅是企业职工的杰出代表，也是中国职工的杰出代表。

（三）劳模是宝贵的无形资源

劳模不仅是一个个鲜活的先进典型人物，也是一种身份和崇高荣誉，更是一种先进的文化符号，是宝贵的无形资源。比如，劳模可以指赵占魁、王进喜、孔祥瑞、窦铁成、邓建军等具体的人物，也可以指他们的共同身份和获得的荣誉，更代表了他们身上体现的一种先进的文化符号。这种文化符号与其他文化符号一样，都是宝贵的无形资源。

二、劳模精神的文化价值

新时代劳模精神的新内涵，就应该反映新时代劳模的新追求和新境界。具体讲，新时代劳模精神，是新时代劳模群体在建设社会主义现代化强国、增强新时代本领、引领和激发广大职工群众在平凡中书写不平凡的人生奇迹过程中，体现出的劳模理念、劳模行为规范以及劳模精神风貌。因此，劳模身上体现的劳模精神有着巨大的文化价值。

（一）劳模精神是职工文化的灵魂

劳模是广大职工群众的佼佼者和杰出代表，劳模精神则是代表广大职工群众精气神的职工文化的灵魂。企业家及企业家精神体现了管理的水平，劳模及劳模精神展示了职工的整体素质。一流的管理水平要发挥作用，必须有一流素质的职工队伍作为支撑。职工文化是职工队伍综合素质的集中体现，劳模精神是职工文化的核心与灵魂。职工文化不等同于职工文体活动。职工文化是内容，职工文体活动是形式，形式要为内容服务。

2014年10月15日，习近平总书记在文艺工作座谈会上强调："单纯感官娱乐不等于精神快乐。"①2015 年 7 月 6 日，他又在中央党的群团工作会议上指出，很多活动有乐无教，缺乏思想性、教育性，形式主义突出。②因而，职工文体活动不能为了娱乐而娱乐，要以宣传先进职工文化，尤其是弘扬劳模精神作为主旋律。

（二）劳模精神是奋斗目标

劳模精神既不是政治口号，也不是空洞说教，更不是文字游戏，而是劳模群体为自己确立的奋斗目标。这些奋斗目标的实现，最终成就了一位又一位杰出的劳模。全国劳模许振超为自己确立的奋斗目标，其主要内容包括：爱岗敬业、为国奉献的主人翁精神，艰苦奋斗、勇于开拓的拼搏精神，与时俱进、争创一流的创新精神，团结协作、相互关爱的团队精神。主人翁精神就是充分发挥自己的聪明才智，尽职尽责地干好本职工作；拼搏精神就是许振超为自己树立了"争就要争世界第一"的雄心壮志；创新精神就是有大胆创新的勇气；团队精神就是许振超对自己的"绝活"从不保守。

（三）劳模精神是动力源泉

劳模精神不仅是奋斗目标，还是实现奋斗目标的动力源泉。劳模群体在平凡的岗位上作出了一个又一个不平凡的业绩，其中的重要原因之一就是他们身上的劳模精神。"铁人"精神是"铁人"王进喜成功的动力源泉，也是大庆油田创造世界石油开发史的奇迹的根源。"铁人"精神主要包括："为国分忧、为民族争气"的爱国主义精神；"宁可少活 20 年，拼命也要拿下大油田"的忘我拼搏精神；"有条件要上，没有条件创造条件也要上"的艰苦奋斗精神；"干工作要经得起子孙万代检查""为革命练一身硬功夫、真本

---

① 《十八大以来重要文献选编》中，中央文献出版社 2016 年版，第 124 页。

② 《切实保持和增强政治性先进性群众性　开创新形势下党的群团工作新局面》，《人民日报》2015 年 7 月 8 日。

事"的科学求实精神;"甘愿为党和人民当一辈子老黄牛",埋头苦干的奉献精神等。"铁人"精神成就了"铁人"王进喜的光辉形象,也极大地激发了当时中国工人阶级的昂扬斗志,为我国经济社会发展提供了源源不断的动力源泉。

（四）劳模精神是综合素质

劳模精神不仅反映了一位位劳模的精神风貌,也反映了劳模群体的光辉形象,更反映了职工群众的综合素质。劳模精神是综合素质的集中体现,也是提高职工群众综合素质的有效手段。截止到 2015 年"五一"国际劳动节,鞍钢集团公司累计诞生各级各类劳动模范 6330 人次。这与鞍钢集团公司劳模精神代代相传是分不开的。在新中国第一代劳模、"老英雄"孟泰为基础形成的孟泰精神感召下,一批批劳模在鞍钢应运而生,职工群众的综合素质随之大幅提升。"雷锋传人"郭明义每天提前 2 个小时上班,19 年间累计献工超过 1.5 万个小时。李晏家、胡康振、范传昌等技术能手使出浑身解数推动技术改造,让老鞍钢持续焕发生机。① 有什么样的劳模精神,就有什么样素质的职工队伍。劳模精神深入鞍钢职工群众的骨髓,有效提升了职工群众的综合素质。

三、劳模精神、劳动精神与工匠精神

劳模在平凡岗位上取得不平凡的业绩,成为广大职工的榜样和模范。除了他们身上体现的劳模精神之外,他们身上还有鲜明的劳动精神与工匠精神。党和国家近年来非常重视劳模精神、劳动精神与工匠精神的大力弘扬。

---

① 《在创新、创造中引领时代航向——从鞍钢劳模"群英谱"看劳模精神》,新华网 2019 年 8 月 3 日。

也就是说，要全面掌握劳模的文化属性，需要从劳模精神、劳动精神、工匠精神三个角度进行深入挖掘。这就需要我们以习近平总书记关于劳模精神、劳动精神、工匠精神的一系列重要讲话为重要遵循，以党和国家的重要政策文件精神为指导，深刻领会这三个精神的丰富内涵及其相互关系，通过大力弘扬劳模精神、劳动精神、工匠精神，建设知识型、技能型、创新型劳动者大军，从而推动实现中华民族伟大复兴中国梦和建设社会主义现代化强国的新时代目标。

（一）劳模精神、劳动精神与工匠精神的内涵

1.劳模精神的内涵

劳模精神是劳模之所以成为劳模，并在平凡岗位上作出不平凡业绩所坚持坚守坚定的基本信念、价值追求、人生境界，及其展现出的整体精神风貌。"劳动模范身上体现的'爱岗敬业、争创一流，艰苦奋斗、勇于创新，淡泊名利、甘于奉献'的劳模精神，是伟大时代精神的生动体现。"①习近平总书记关于劳模精神的表述，为我们科学理解和大力弘扬劳模精神提供了正确的方向与指导。这需要我们既正确理解这一表述中六个词汇的各自含义，又要从整体上把握劳模精神的科学内涵。

总体上看，这一表述一方面道出了劳模之所以能在广大劳动者群体中脱颖而出的根本原因，另一方面也为广大劳动者群体提出了奋斗的目标和方向。这六个词汇中，爱岗敬业是本分，争创一流是追求，艰苦奋斗是作风，勇于创新是使命，淡泊名利是境界，甘于奉献是修为。做一个守本分、有追求、讲作风、担使命、有境界、有修为的人，是每一位劳模的精神风范，更是每一位劳动者应该追求的目标。

---

① 习近平：《在知识分子、劳动模范、青年代表座谈会上的讲话》，人民出版社2016年版，第8页。

2.劳动精神的内涵

劳动精神是每一位劳动者为创造美好生活，而在劳动过程中秉持的劳动态度、劳动理念及其展现出的劳动精神风貌。党的十八大以来，习近平总书记关于劳动和劳动精神系列重要讲话，是我们正确理解劳动精神的重要依据，也是大力弘扬劳动精神的重要参考。"我们要在全社会大力弘扬劳动精神，提倡通过诚实劳动来实现人生的梦想、改变自己的命运"。① 关于劳动，习近平总书记强调："劳动是财富的源泉，也是幸福的源泉。人世间的美好梦想，只有通过诚实劳动才能实现；发展中的各种难题，只有通过诚实劳动才能破解；生命里的一切辉煌，只有通过诚实劳动才能铸就。劳动创造了中华民族，造就了中华民族的辉煌历史，也必将创造出中华民族的光明未来。"② 习近平总书记关于劳动和劳动精神的重要思想，为我们正确认识劳动精神的科学内涵指明了方向。全社会都要贯彻尊重劳动、尊重知识、尊重人才、尊重创造的重大方针，维护和发展劳动者的利益，保障劳动者的权利。要坚持社会公平正义，排除阻碍劳动者参与发展、分享发展成果的障碍，努力让劳动者实现体面劳动、全面发展。全社会都要热爱劳动，以辛勤劳动为荣，以好逸恶劳为耻。我们将劳动精神概括为：热爱劳动、诚实劳动、辛勤劳动、创造性劳动、科学劳动、体面劳动。

3.工匠精神的内涵

工匠精神是近年来我国社会的一个热点问题，也是学术界研究的一个重大课题。"弘扬劳模精神和工匠精神，营造劳动光荣的社会风尚和精益求精的敬业风气。"③ 工匠精神这一概念，常被习近平总书记提及，也被写入党的十九大报告之中。我们应该以习近平总书记关于工匠精神系列重要讲话精神

---

① 习近平：《在知识分子、劳动模范、青年代表座谈会上的讲话》，人民出版社 2016 年版，第 9 页。

② 《习近平谈治国理政》第一卷，外文出版社 2018 年版，第 46 页。

③ 《中国共产党第十九次全国代表大会文件汇编》，人民出版社 2017 年版，第 25 页。

为指导，一方面理解工匠精神的科学内涵，另一方面认识到工匠精神与劳模精神、劳动精神相比体现出的特色。

工匠精神是每一位不甘平庸的劳动者在平凡工作中不断对自己提出更高的要求，并不断自我超越、自我提升、自我完善，始终追求做更好的自己时，表现出的工作态度、工作境界、工作习惯以及整体工作精神面貌。我们认为，工匠精神可以概括为：坚守执着、精益求精、专业专注、追求极致、一丝不苟、自律自省。从工匠精神的角度看，坚守执着是一个人的本分，精益求精是一个人的追求，专业专注是一个人的作风，追求极致是一个人的使命，一丝不苟是一个人的境界，自律自省是一个人的修为。

（二）劳模精神、劳动精神与工匠精神的关系

1.劳模精神和劳动精神的关系

劳模精神和劳动精神的关系是部分与整体的关系。从主体上看，劳模精神的主体是劳模群体，劳动精神的主体是所有劳动者。而劳模群体是广大劳动者群体中的佼佼者和杰出代表，也是广大劳动者学习的榜样和楷模。劳模的本意就是劳动者的模范。劳模群体是劳动者群体中的一部分，从这个意义上讲，劳模精神也是劳动精神的一部分。劳动精神是做一名合格劳动者应该有的精神，劳模精神则是成为劳模必须有的精神。做劳动者不合格，做劳模更不可能。没有劳动精神，也很难有劳模精神。所以，劳动精神应该成为所有劳动者都必须拥有的精神，劳模精神则是所有劳动者都应该学习的精神。二者关系也是方向和基础的关系，劳模精神是方向，劳动精神是基础。

2.劳模精神和工匠精神的关系

劳模精神和工匠精神的关系是外力与内力的关系。劳模精神是影响和引领每一位劳动者从平凡走向不平凡的外力，从外部影响每一位劳动者学先进、做先进。工匠精神则是每一位劳动者都应该具有的精神，是激发和激励

每一位劳动者不断挑战自我并超越自我的内力，从内部唤醒每一位劳动者不断成为最好的自觉。劳模精神是超越别人的精神，劳模就是因为超越了很多劳动者脱颖而出。工匠精神是超越自己的精神，世上最大的对手不是别人，而是自己。工匠精神是让劳动者成为自己的"劳模"，劳模精神则是让劳动者成为别人的"模范"。工匠精神点亮了自己的生命，而劳模精神照亮了别人的生命。

3. 劳动精神和工匠精神的关系

劳动精神和工匠精神的关系是共性与个性的关系。劳动精神是所有劳动者的共性，每一位劳动者都应该有劳动精神。工匠精神则揭示了不甘于平庸的劳动者的个性，是成就优秀劳动者的必要条件。个性不仅是产品和企业的核心竞争力，也是劳动者的核心竞争力。这里所说劳动者的个性，主要是指劳动者在超越自我过程中彰显出的个人优势及精神状态，也就是工匠精神。换句话讲，没有工匠精神的劳动者很难有出色的成就和骄人的业绩。精益求精、追求极致是践行工匠精神的核心，也是成就杰出劳动者的根源。当然，如果工匠精神成就的劳动者不仅大大超越了过去的自己，也大大超越了别人，在企业、行业、全国乃至全世界都成为最优秀的劳动者；那么，他就会成为别人学习的榜样和楷模，最终就会成为劳模，劳模精神也随之产生。

4. 劳模精神、劳动精神和工匠精神的关系

按照马克思主义的基本观点，劳动创造了人本身。劳动精神是成为人的精神，工匠精神是成为更加优秀的人的精神，劳模精神则是成为影响别人的人的精神。成为人、成为更加优秀的人、成为影响别人的人，就是一种逐步递进的关系。党和国家现在大力呼吁弘扬劳动精神、工匠精神、劳模精神，目的就在于让每一个人都热爱劳动，成为自食其力的劳动者，更成为优秀的劳动者，甚至成为广大劳动者群体中的佼佼者和大家学习的榜样。

第二节 劳模与中国特色社会主义文化建设

党的十八大以来，习近平总书记特别重视文化建设，尤其是中国特色社会文化建设。"五位一体"建设中有文化建设；"四个自信"是习近平总书记在党的十八大报告提出的"三个自信"基础上，增加了文化自信而提出的。党的十九大报告 13 个部分中，"坚定文化自信，推动社会主义文化繁荣兴盛"是单独的一部分。习近平总书记在党的十九大报告中强调："文化是一个国家、一个民族的灵魂。文化兴国运兴，文化强民族强。没有高度的文化自信，没有文化的繁荣兴盛，就没有中华民族伟大复兴。要坚持中国特色社会主义文化发展道路，激发全民族文化创新创造活力，建设社会主义文化强国。"[①] 所以，中国特色社会主义文化建设对于实现中华民族伟大复兴中国梦，以及完成建设社会主义现代化强国的新时代任务，有着重大的政治意义和时代价值。而劳模作为我国广大职工群众中的杰出代表，劳模精神作为一种先进文化的代表，对于中国特色社会主义文化建设有着特殊的意义。

一、中国特色社会主义文化是举旗帜的文化

党的十九大之后，中国特色社会主义文化不仅成为习近平新时代中国特色社会主义思想的重要组成部分，而且被写进新修订的《中国共产党章程》《中华人民共和国宪法》。在这种意义上讲，中国特色社会主义文化是举旗帜的文化，举的就是中国共产党和中国特色社会主义的旗帜。也就是说，中国共产党是我国唯一合法的执政党，中国特色社会主义制度是我国的基本政治制度。习近平总书记在党的十九大报告中指出："中国特色社会主义文化，

---

① 《中国共产党第十九次全国代表大会文件汇编》，人民出版社 2017 年版，第 33 页。

源自于中华民族五千多年文明历史所孕育的中华优秀传统文化，熔铸于党领导人民在革命、建设、改革中创造的革命文化和社会主义先进文化，植根于中国特色社会主义伟大实践。发展中国特色社会主义文化，就是以马克思主义为指导，坚守中华文化立场，立足当代中国现实，结合当今时代条件，发展面向现代化、面向世界、面向未来的，民族的科学的大众的社会主义文化，推动社会主义精神文明和物质文明协调发展。要坚持为人民服务、为社会主义服务，坚持百花齐放、百家争鸣，坚持创造性转化、创新性发展，不断铸就中华文化新辉煌。"① 可见，中国特色社会主义文化的本质是以马克思主义为指导。习近平总书记在党的十九大报告中分 5 个方面，阐述了中国特色社会主义文化的主要内容，即意识形态、社会主义核心价值观、思想道德、社会主义文艺、文化事业和文化产业。

（一）牢牢掌握意识形态工作领导权

中国特色社会主义文化有着鲜明的意识形态特征，那就是必须以马克思主义为指导。"意识形态决定文化前进方向和发展道路。必须推进马克思主义中国化时代化大众化，建设具有强大凝聚力和引领力的社会主义意识形态，使全体人民在理想信念、价值理念、道德观念上紧紧团结在一起。"② 中国共产党领导全国人民建立新中国、建设新中国，以及在改革开放 40 多年的历程中，取得令世人瞩目的巨大成就，其中最根本的原因之一就在于马克思主义的指导，特别是马克思主义中国化的成功实践。我国很多劳模能够从广大职工群众中脱颖而出，在很大程度上是他们坚持用马克思主义理论武装头脑，以及受到党多年教育培养的结果。新中国第一代劳模孟泰在当年极其艰苦的条件下，建立闻名全国的"孟泰仓库"，靠的就是对马克思主义的信

---

① 《中国共产党第十九次全国代表大会文件汇编》，人民出版社 2017 年版，第 33 页。
② 《中国共产党第十九次全国代表大会文件汇编》，人民出版社 2017 年版，第 33 页。

仰、对中国共产党的拥护。因为马克思主义和中国共产党让孟泰为代表的广大职工真正做了主人，所以，劳模现象也是马克思主义中国化的一个重要产物。中国特色社会主义文化不仅是过去教育培养劳模的重要指导，而且在未来的劳模教育培养过程中，也离不开中国特色社会主义文化的指导。

（二）培育和践行社会主义核心价值观

任何文化的核心都是价值观，中国特色社会主义文化作为一种文化形态也不例外。中国特色社会主义文化的核心就是社会主义核心价值观。"社会主义核心价值观是当代中国精神的集中体现，凝结着全体人民共同的价值追求。要以培养担当民族复兴大任的时代新人为着眼点，强化教育引导、实践养成、制度保障，发挥社会主义核心价值观对国民教育、精神文明创建、精神文化产品创作生产传播的引领作用，把社会主义核心价值观融入社会发展各方面，转化为人们的情感认同和行为习惯。"① 劳模的成功实践及其身上体现的劳模精神，反映了社会主义核心价值观的基本要求。在广大职工群众中培育和践行社会主义核心价值观，应该多开展学劳模、做劳模活动，学习劳模的先进事迹，接受劳模精神的洗礼和熏陶，从而全面提升广大职工队伍的整体素质。

（三）加强思想道德建设

如果说，马克思主义意识形态与社会主义核心价值观是党和国家提出的文化要求，那么，思想道德则是每个人都需要加强的内在修养。"人民有信仰，国家有力量，民族有希望。要提高人民思想觉悟、道德水准、文明素养，提高全社会文明程度。广泛开展理想信念教育，深化中国特色社会主义和中国梦宣传教育，弘扬民族精神和时代精神，加强爱国主义、集体主义、

---

① 《中国共产党第十九次全国代表大会文件汇编》，人民出版社 2017 年版，第 34 页。

社会主义教育，引导人们树立正确的历史观、民族观、国家观、文化观。深入实施公民道德建设工程，推进社会公德、职业道德、家庭美德、个人品德建设，激励人们向上向善、孝老爱亲，忠于祖国、忠于人民。"① 实际上，加强思想道德建设可以充分发挥劳模的作用。这是因为，他们能够成为劳模，除了业务上有非常杰出的表现外，他们的思想道德修养也应该为人们所认可。而且，劳模评选都需要经过严格的程序，符合相关的要求；其中，思想道德是成为劳模的必要条件。这就需要在开展思想道德建设过程中挖掘劳模的先进事迹和先进思想，达到用身边事教育身边人的目的。

(四) 繁荣发展社会主义文艺

社会主义文艺是传播中国特色社会主义文化的重要载体，是满足人民精神文化需求的重要阵地，要体现人民性、思想性、教育性。"社会主义文艺是人民的文艺，必须坚持以人民为中心的创作导向，在深入生活、扎根人民中进行无愧于时代的文艺创造。要繁荣文艺创作，坚持思想精深、艺术精湛、制作精良相统一，加强现实题材创作，不断推出讴歌党、讴歌祖国、讴歌人民、讴歌英雄的精品力作。"② 劳模作为广大人民中的优秀分子和榜样人物，理应成为社会主义文艺创作的重要素材。与几十年前的劳模相比，现在劳模的吸引力尤其是对于青年人的吸引力越来越低，原因之一就在于很多文艺作品忽略了劳模这个最光荣的群体。党的十八大以来，习近平总书记几乎每年都有关于劳模的重要讲话。这就需要社会主义文艺作品必须把劳模的故事及其先进精神文化作为创造的一个重点和亮点，让更多劳模走到广大人民尤其是青年人和孩子们中间去。

---

① 《中国共产党第十九次全国代表大会文件汇编》，人民出版社 2017 年版，第 34—35 页。

② 《中国共产党第十九次全国代表大会文件汇编》，人民出版社 2017 年版，第 35 页。

二、劳模是中国特色社会主义事业的优秀建设者

劳模，顾名思义就是劳动模范，是广大劳动者学习的模范和榜样。不同历史时期涌现出的各行各业的劳模，为党和国家的事业作出了重要贡献。在一定意义上讲，劳模是每个时代的引领者，也是中国特色社会主义事业建设者中最杰出的代表。"中国特色社会主义事业大厦是靠一砖一瓦砌成的，人民的幸福是靠一点一滴创造得来的。劳动模范和先进工作者是坚持中国道路、弘扬中国精神、凝聚中国力量的楷模，他们以高度的主人翁责任感、卓越的劳动创造、忘我的拼搏奉献，为全国各族人民树立了学习的榜样。"① 劳模在中国特色社会主义事业发展中，既要发挥模范带头作用，又要发挥工人阶级的主力军作用，并展现工人阶级的主人翁姿态。

（一）发挥劳模的模范带头作用

劳模的价值，一方面在于他们在劳动实践中作出了巨大的经济贡献和社会贡献；另一方面，在于为其他劳动者树立了学习的榜样和努力的目标。习近平总书记指出："长期以来，广大劳模以高度的主人翁责任感、卓越的劳动创造、忘我的拼搏奉献，谱写了一曲曲可歌可泣的动人赞歌，为全国各族人民树立了光辉的学习榜样。"② 除了习近平总书记强调劳模的模范带头作用，还有很多党和国家领导人对于劳模的模范带头作用作过重要讲话。毛泽东号召全党和全国人民学习劳模。邓小平也号召广大干部向模范人物学习。江泽民曾指出，全社会要倡导和保持学习先进、争当先进的良好风尚。胡锦涛也说过，劳动模范是工人阶级的优秀代表，不愧为民族的精英、国家

---

① 习近平：《在庆祝"五一"国际劳动节暨表彰全国劳动模范和先进工作者大会上的讲话》，人民出版社 2015 年版，第 4 页。

② 转引自陈豪、倪健民主编：《习近平总书记在同全国劳动模范代表座谈时重要讲话学习读本》，中国工人出版社 2013 年版，第 3 页。

的栋梁、社会的楷模。① 为了发挥劳模的模范带头作用，既要号召全社会向劳模学习，更需要劳模自身在日常言行中影响身边的人、带动身边的人，从而提升身边的人。在当今互联网时代，劳模还要利用新媒体、自媒体的平台，更大范围地影响更多的人，用自身的先进事迹和先进思想文化引导更多的人，在中国特色社会主义事业中作出应有的贡献，从而助推中华民族伟大复兴中国梦的实现以及社会主义现代化强国的建成。

（二）发挥工人阶级的主力军作用

劳模是工人阶级的先进代表，是工人阶级的优秀分子，理应在中国特色社会主义事业中发挥工人阶级的主力军作用。"工人阶级是我国的领导阶级，是我国先进生产力和生产关系的代表，是我们党最坚实最可靠的阶级基础，是全面建成小康社会、坚持和发展中国特色社会主义的主力军。改革开放以来，我国工人阶级队伍不断壮大，素质全面提高，结构更加优化，面貌焕然一新，先进性不断增强。展望未来，坚持和发展中国特色社会主义，必须全心全意依靠工人阶级、巩固工人阶级的领导阶级地位，充分发挥工人阶级的主力军作用。全心全意依靠工人阶级不能只当口号喊、标签贴，而要贯彻到党和国家政策制定、工作推进全过程，落实到企业生产经营各方面。"②

（三）为坚持和发展中国特色社会主义作出贡献

劳模的模范带头作用和主力军作用，最终要落脚在坚持和发展中国特色社会主义上面。从一定意义上讲，劳模事业作为中国特色社会主义事业的重要组成部分，过去是这样，未来以及永远都是这样。也就是说，劳模事业的发展质量，在很大程度上取决于中国特色社会主义事业的发展质量。"中国

---

① 转引自陈豪、倪健民主编：《习近平总书记在同全国劳动模范代表座谈时重要讲话学习读本》，中国工人出版社 2013 年版，第 104 页。

② 《习近平谈治国理政》第一卷，外文出版社 2018 年版，第 45 页。

特色社会主义是当代中国发展进步的根本方向，是实现中国梦的必由之路，也是引领我国工人阶级走向更加光明未来的必由之路。我国工人阶级要增强历史使命感和责任感，立足本职、胸怀全局，自觉把人生理想、家庭幸福融入国家富强、民族复兴的伟业之中，把个人梦与中国梦紧密联系在一起，始终以国家主人翁姿态为坚持和发展中国特色社会主义作出贡献。我国工人阶级要牢固树立中国特色社会主义理想信念，坚定永远跟党走的信念，坚决拥护社会主义制度，坚决拥护改革开放，始终做坚持中国道路的柱石；要自觉践行社会主义核心价值观，发扬我国工人阶级的伟大品格，用先进思想、模范行动影响和带动全社会，不断为中国精神注入新能量，始终做弘扬中国精神的楷模；要坚持以振兴中华为己任，充分发挥伟大创造力量，发扬工人阶级识大体、顾大局的光荣传统，自觉维护安定团结的政治局面，始终做凝聚中国力量的中坚。"① 作为工人阶级的榜样人物，劳模坚持和发展中国特色社会主义不仅是一项政治任务，也是一项时代使命。劳模是名副其实的弘扬中国精神的楷模、凝聚中国力量的中坚。

三、劳模精神生动诠释了社会主义核心价值观

劳模精神是一个文化范畴，反映了劳模的文化追求和精神面貌，是中国特色社会主义文化的重要组成部分，也是社会主义核心价值观在劳模身上的具体化和个性化。"'爱岗敬业、争创一流，艰苦奋斗、勇于创新，淡泊名利、甘于奉献'的劳模精神，生动诠释了社会主义核心价值观，是我们的宝贵精神财富和强大精神力量……伟大的事业需要伟大的精神，伟大的精神来自于伟大的人民。我们一定要在全社会大力弘扬劳模精神、劳动精神，大力宣传劳动模范和其他典型的先进事迹，引导广大人民群众树立辛勤劳动、诚实劳

---

① 《习近平谈治国理政》第一卷，外文出版社 2018 年版，第 45—46 页。

动、创造性劳动的理念，让劳动光荣、创造伟大成为铿锵的时代强音，让劳动最光荣、劳动最崇高、劳动最伟大、劳动最美丽蔚然成风。"① 劳模精神能够生动诠释社会主义核心价值观的主要原因，在于劳模精神的先进性、群众性和实践性。

（一）劳模精神的先进性

劳模精神体现在"爱岗敬业、争创一流，艰苦奋斗、勇于创新，淡泊名利、甘于奉献"之中。其中，"爱岗敬业、争创一流"表现了劳模的职业道德和职业追求，"艰苦奋斗、勇于创新"体现了劳模不怕困难、不断挑战自己的精神，而"淡泊名利、甘于奉献"则体现了劳模的思想和道德境界。它们从不同侧面展现了劳模精神的先进性。作为中国特色社会主义文化的灵魂，社会主义核心价值观是引领广大人民的先进思想和理念。"富强、民主、文明、和谐，自由、平等、公正、法治，爱国、敬业、诚信、友善，传承着中国优秀传统文化的基因，寄托着近代以来中国人民上下求索、历经千辛万苦确立的理想和信念，也承载着我们每个人的美好愿景。"② 而培养和践行社会主义核心价值观，需要发挥劳模等榜样的作用。"榜样的力量是无穷的。大家要把他们立为心中的标杆，向他们看齐，像他们那样追求美好的思想品德。"③ 劳模精神集中反映了劳模的思想品德，因此，只有发挥劳模精神的先进性，才能更好地培育和践行社会主义核心价值观。

（二）劳模精神的群众性

劳模来自于人民和广大职工群众。他们一方面得益于党和国家的教育、

---

① 习近平：《在庆祝"五一"国际劳动节暨表彰全国劳动模范和先进工作者大会上的讲话》，人民出版社 2015 年版，第 4—5 页。

② 《习近平谈治国理政》第一卷，外文出版社 2018 年版，第 169 页。

③ 《习近平谈治国理政》第一卷，外文出版社 2018 年版，第 183 页。

培养，另一方面则在于人民和广大职工群众的培养、教育。劳模精神的群众性，体现了从群众中来、到群众中去的群众观点。"劳动模范大多来自基层一线，他们出身平凡，朴实无华，务实敬业，在平凡的劳动中铸就丰功伟业。"[1] 近年来，党和国家多次要求，评选各种劳模要向一线和基层倾斜，更充分地体现了劳模精神的群众性。人民群众作为历史的创造者，在劳模选树过程中体现得越来越明显。劳模精神与其说是所谓"高大上"的精神，不如说是"土生土长"、来自一线、来自群众的"朴实"精神。普通中方显不普通，平凡中彰显不平凡，这就是劳模精神的重要特征之一。

（三）劳模精神的实践性

劳模精神的实践性，是指习近平总书记强调的"社会主义是干出来的""新时代也是干出来的"基本思想。劳模精神不仅是先进性的精神和群众性的精神，更是实践性的精神。劳模精神更生动地体现了劳动是如何通过劳动实践，在平凡中彰显不平凡的。"在我们社会主义国家，一切劳动，无论是体力劳动还是脑力劳动，都值得尊重和鼓励；一切创造，无论是个人创造还是集体创造，也都值得尊重和鼓励。全社会都要贯彻尊重劳动、尊重知识、尊重人才、尊重创造的重大方针，全社会都要以辛勤劳动为荣、以好逸恶劳为耻，任何时候任何人都不能看不起普通劳动者，都不能贪图不劳而获的生活……广大劳动模范和先进工作者要珍惜荣誉、再接再厉，爱岗敬业、争创一流，用工人阶级的优秀品格、模范行动引导和鼓舞全体人民，再立新功、再创佳绩。"[2] 因而，没有劳动，哪来的劳动模范；没有劳动模范，哪来的劳模精神？可见，实践性或者劳动性是劳模及劳模精神产生的基础。"梦

---

① 刘文主编：《走进劳模——在平凡的岗位上成就卓越的奥秘》，上海人民出版社 2017 年版，第 1 页。

② 习近平：《在庆祝"五一"国际劳动节暨表彰全国劳动模范和先进工作者大会上的讲话》，人民出版社 2015 年版，第 5 页。

想属于每一个人，广大劳动群众要敢想敢干、敢于追梦。说到底，实现中华民族伟大复兴的中国梦，要靠各行各业人们的辛勤劳动。现在，党和国家事业空间很大，只要有志气有闯劲，普通劳动者也可以在宽广舞台上展示自己的人生价值。许多劳动模范平凡而感人的事迹，都充分说明了这一点。"①

第三节　劳模与企业文化建设

企业文化是在 20 世纪 80 年代，由西方传到我国的一种先进管理理论。它被人们认为是国内外很多优秀企业成功的管理奥秘。单从我国来看，绝大多数企业非常重视企业文化；而且，有的企业还设置了专门的企业文化部门、企业文化岗位，配备了专业的企业文化人才。事实证明，我国企业能够取得巨大的成就，在很大程度上取决于对企业文化的重视。2019 年，美国《财富》杂志评出的世界 500 强企业榜单中，中国企业有 129 家，美国有 120 家。中国已经成为拥有世界 500 强企业数量最多的国家。尽管"大而不强"成为很多人指出的中国企业存在的问题，但不可否认，中国企业在世界舞台上已经崭露头角，甚至有些中国民营企业的世界竞争力，已经引起西方巨头企业的"畏惧"。作为一种先进的管理理论和手段，企业文化在提高企业管理水平方面的效果，在国内外很多企业都有显著的表现。企业文化管理环节有一项非常重要的工作，就是所谓的企业文化落地。就是说，企业文化管理提出的企业使命、企业愿景、企业价值观等，需要落实在广大职工身上，在广大职工群众中实现内化于心、外化于行。这项工作中，广大职工的杰出代表和榜样人物——劳模，在企业文化落地过程中有着特殊的战略价值和意义。

---

① 习近平:《在知识分子、劳动模范、青年代表座谈会上的讲话》，人民出版社 2016 年版，第 9 页。

一、企业文化是抓管理的文化

20 世纪 70 年代初的"石油危机"，是企业文化孕育产生的直接原因。"石油危机"下的美国，渴望通过企业的产品竞争力来摆脱困境，却遇到了日本企业的挑战而处于劣势。日本大有争夺世界第一经济强国的态势。这极大地刺激了美国理论界尤其是企业管理学界，研究日本企业管理奥秘并进行自我反思的热情。当时，美国企业管理学界出现美日比较管理研究的热潮。他们的一致研究结论是：日本企业之所以取得如此辉煌的经营业绩，企业文化发挥了重要作用。

1979 年，哈佛大学傅高义教授的专著《日本第一：美国教训》出版，立即在美国引起强烈反响，并成为当年度美国最畅销图书之一。傅高义在该书中指出，日本企业取得成功，是日本传统文化与西方管理技术成功结合后，形成的特定企业文化发挥作用的结果。傅高义还指出，日本地少人多、资源匮乏，在第二次世界大战中被美国击败并被军事托管。但是，战后日本创造了一个经济神话。到了 20 世纪 80 年代，日本在许多方面已超过一直以"世界老大"自居的美国。虽然日本的军事战争没有打败美国，但通过经济战争成功战胜了美国。1952 年，日本的国民生产总值只是英国或法国的 1/3；到 20 世纪 70 年代末，则与英、法两国的总和相等，超过美国的一半。1978 年，在世界最大的 22 座现代化熔铁炉中，有 14 座属于日本，美国连一座也没有。日本钢铁企业的竞争力全球第一。20 世纪 50 年代初期，日本从美国购买收音机、录音机和音响技术，可没过多久，美国市场上的半导体产品几乎全是日本制造。[①]

进入 20 世纪 80 年代以后，以反思美国企业管理自身不足为标志，很多

---

① Ezra F. Vogel, *Japan as Number One*, *Lessons from America*, Harvard University Press, 1979, p.10.

论述企业文化的经典著作相继问世。美国学者帕斯卡尔和阿索夫在其合著的《日本的管理艺术》（1981 年出版）一书中指出，美国人的"敌人"不是日本或联邦德国，而是美国企业管理文化的局限性。威廉大内在《Z 理论：美国企业如何迎接日本的挑战》（1981 年出版）一书中指出，企业文化才是提高劳动生产率的关键。美国管理学家彼得斯在《追求卓越》（1982 年出版）一书中认为，表现卓越的公司之所以成功，就在于它们有一套独特的文化，使它们得以脱颖而出。米勒在《美国企业精神》（1984 年出版）一书中指出，在未来的全球性竞争时代，公司唯有发展出一种能激励在竞争中获得成功的一切行为的文化，才能立于不败之地。沙因则在《组织文化与领导》（1985 年出版）一书中指出，文化不只是一个可用以解释许多组织现象的概念，它亦可为领导者所用，以创造一个较有效能的组织。

虽然企业管理思想家们对如何理解企业文化的内涵存在着一定分歧，但他们几乎都认同企业文化对企业经营发展的重要意义。在企业管理思想发展史上，企业文化理论有着重要的历史地位和理论价值。不仅企业文化管理实践让日本企业在很多方面超越了美国企业，企业文化理论也经过美国企业的自我反思和发展丰富之后，为美国企业的后续发展提供了强大精神动力。当年，在世界 500 强企业名单中，美国企业不仅数量是最多的，还出现了戴尔、亚马逊、思科、谷歌等新型企业。企业文化理论是美国企业管理自我反思的产物，美国也由此孕育产生了一批享誉全球的企业文化管理思想家。美国在很多方面都是世界第一，对企业管理思想的贡献也是世界第一，包括企业文化理论。我国要实现中国梦，不仅要有世界一流的企业，更要有世界一流的企业管理思想家。这就需要我们反思改革开放 40 多年来中国企业管理的实践。我国拥有世界 500 强企业的数量雄踞世界第一，因此，中国出现世界一流企业管理思想家的时间应该不远了。

我国实施改革开放政策之后，计划经济体制下形成的企业管理理论和方法已无法有效指导企业的管理实践，寻找新的企业管理理论成为中国企业发展的内在要求。在此背景下，我国理论研究机构首先扮演了传播国外经典企业管理理论的角色。从 1978 年起，我国许多官员和学者赴日本、美国、欧洲等地考察学习企业管理理论。20 世纪 70 年代末至 80 年代初，中美两国合作建立了中国工业科技管理大连培训中心。大批高校教师在该中心系统接触到了西方企业管理理论。20 世纪 90 年代之后，我国加速了系统引进西方经典企业管理理论的进程。企业文化管理理论也是在这个时期从美国引入我国的，并在我国企业管理实践中不断流行和发展。前面提到的企业文化管理经典著作，已全部翻译成中文引入我国。在企业文化理论的影响下，我国学术界出现了很多相关研究成果，企业领域也涌现出一批享誉国内外的优秀企业。

我国著名管理学家陈炳富是最早关注企业文化理论的学者之一，他说："对于企业文化的广泛注意和研究是八十年代以来管理学发展的新动向，它揭示出比具体的管理手段和管理方法更为重要的是管理的灵魂。"[1]复旦大学的苏勇认为："作为国外于 80 年代初新兴的一种管理学理论，企业文化是管理学理论发展的第四个阶段，它是一种文化和经济相结合的产物，也是近年来西方理论界重视文化研究这一倾向在管理学领域的一个反映。"[2]清华大学的张德认为："企业文化是 70 年代末 80 年代初出现的崭新管理学概念，已成为当前西方管理学界研究的中心问题之一，也开始引起中国企业界和管理学界的关注。许多企业在深化改革的同时，潜心于企业文化建设，取得了初步成效。"[3]企业文化理论不仅引起学术界的关注，更受到企业家的欢迎。改革开放以来，我国经济社会取得巨大进步，与越来越多中国优秀企业的出现

---

[1]　陈炳富、李非：《论企业文化——兼谈传统文化的影响及管理的个性化》，《经营与管理》1986 年第 12 期。

[2]　苏勇：《企业文化及其在中国的实践》，《探索与争鸣》1989 年第 5 期。

[3]　张德：《企业文化建设的心理机制》，《清华大学学报（哲学社会科学版）》1989 年第 2 期。

是分不开的，而这些优秀企业很多都成为各自领域享誉全球的世界级企业。它们的成功在一定意义上讲，都归功于企业文化管理的成功实践。

二、劳模是企业文化的积极践行者

企业文化管理作为一种先进的管理理论和手段，主要价值在于为广大职工提供了奋斗的目标和企业发展的蓝图。要实现企业文化设定的奋斗目标和企业发展蓝图，需要最大限度地激发广大职工的积极性、主动性和创造性。这就需要选树劳模这样的榜样人物，带领和影响广大职工，努力实现奋斗目标和企业发展蓝图。从企业文化管理视角看，劳模是企业文化的模范遵守者和奉行者，具有企业文化的象征意义。这体现在两个方面：一方面，他们是企业文化的人格化；另一方面，他们又是人格化的企业文化，即以他们的名字表征着企业倡导、崇尚的企业文化。20 世纪 50 年代，鞍钢的先进模范人物孟泰，就是那个时代"爱厂如家"企业文化的化身。20 世纪 60 年代，大庆油田王进喜的"铁人"精神，也是人格化企业文化的体现。① 劳模一般都是通过企业，一级一级报送上去的。能够被企业选树为劳模，必须符合企业文化的要求，而且是最符合企业文化要求的人选之一。也就是说，劳模不仅要在业务上成为广大职工学习的榜样和追求的目标，更要成为践行企业文化的榜样和模范。劳模践行企业文化，主要体现在以下三个方面。

（一）担当企业使命

企业使命是指企业生存和发展的意义所在。也就是说，企业使命回答企业为什么活着的问题。具体来讲，企业是为谁而活着的？不同的企业会有不

---

① 参见李磊、乔东主编：《企业文化学概论》，中国劳动社会保障出版社 2016 年版，第 146 页。

同的回答，最终形成不同的企业使命。有的企业是为了国家的强大，有的企业是为了更好地服务顾客，有的企业是为了更好地满足职工，还有的企业是为了打败竞争对手，等等。不管为了什么，企业总会有最在意的对象。譬如，有的企业最在意的是市场，一切围绕市场和顾客转，一切工作都以这个为最高目标。那么，劳模就要在这方面做得最出色，最能体现企业的使命，最能担当起企业的这个使命。这就需要从市场和顾客角度来看，企业哪一个职工最能得到市场和顾客的认可，那他就是企业选树的劳模。还有的企业把国家需要放在第一位，那谁最能满足国家的需要，谁就是当之无愧的劳模。譬如，当年大庆油田万人会战的一个目的，就是为国家找到大油田，挖出石油，满足国家对石油的迫切需要。而大庆油田最先打出油的，是"铁人"王进喜领导的 1205 钻井队。最终，"铁人"王进喜成为当年广大石油工人学习的榜样，是偶然中的必然。

(二) 实现企业愿景

企业愿景是企业为自己设计的美好蓝图以及要达到的目标，一般指企业要在业内做成什么规模、名次和水平。如果企业使命是关于企业为什么活着的问题，那么，企业愿景则是关于企业活成啥样的问题。有的企业想成为国内第一，有的企业想成为世界第一，有的企业想成为百年企业，还有的企业想成为名牌企业，等等。每一个优秀的企业和想做出一番大事业的企业，都会有所追求的。国内外几乎所有明确地有企业文化的企业，基本都会确定自己的企业愿景。而要实现企业愿景，必须依靠所有职工努力奋斗，否则都是空想。劳模之所以能够在广大职工群众中脱颖而出，就在于他们的业务水平和工作业绩对实现企业愿景有着重大的战略价值。譬如，青岛港职工许振超之所以能成为全国劳模，关键在于他好几次打破集装箱装卸世界纪录，为企业、为国家争得了荣誉。上海港职工包起帆连续 4 次获得全国劳模荣誉称号，原因在于他在国内外获得过无数重量级的技术奖项。2006 年 5 月，包起帆的发明项目在巴黎国际发明展览会上一举获得4项金奖，包起帆成为该展会举办105年来一次获得金奖最多的人。许振超、包起帆对于提高青岛港和上海港在国际上的影响力，作出了巨大的贡献。

（三）展现企业价值观

企业价值观是关于企业怎么做的问题。也就是说，企业制定出的很多行为准则和规范，都体现在企业价值观里面。企业价值观是企业判断是非的基本标准，即在企业里，什么是对、什么是错，什么是好、什么是不好等等，都由企业价值观加以界定。企业评价一个职工，除了业务指标，还有价值观指标。阿里巴巴的马云就是用企业价值观考核职工。在很多企业中，不认同企业价值观的职工是最难以在企业立足的，更别说发展和提升了。劳模之所以被企业选树为广大职工学习的榜样和追求的目标，就是因为劳模是认同和践行企业价值观最好的职工。企业更希望这样的职工在企业越多越好。只有这样，企业使命和企业愿景才能真正得到贯彻落实，广大职工也才能从劳模身上找到自己努力的方向。学劳模、做劳模，营造尊重劳模的企业氛围，实际上就是为了使广大职工更好地践行企业文化。

三、用劳模精神推动企业文化落地

企业文化落地是企业文化管理的最重要环节，也是最难以实现的环节。现在常用的企业文化落地办法，就是不断向广大职工群众灌输企业文化，不仅心动在脑子里记住、在感情上认可，更要在行为上贯彻、在工作中落实。企业文化落地中的"地"，是指广大职工群众。也就是说，企业文化要落在广大职工群众身上，让广大职工群众身体力行执行企业文化的要求，实现企业文化的目标，承担企业文化的使命。从这个意义上讲，企业文化作为体现企业管理要求和经营目标的管理工具，是企业或者企业管理者单方面意志的反映。企业文化反映了管理方或者企业方的管理理念和经营智慧。广大职工认可和认同企业文化，也是认可和认同管理方或者企业方的表现。而劳模作为管理方或者企业方选树的优秀职工代表，既是践行企业文化的榜样和模范，又是广大职工中的佼佼者和杰出代表。这就是劳模的双重身份，劳模精神则完美地把这双重身份凝聚在了一起：对上是企业文化的人格化，对下是广大职工的英雄化身。因而，劳模精神对于企业文化落地有着重要的意义。

（一）企业文化的化身

劳模是企业选树的模范职工。劳模身上体现的劳模精神在一定意义上讲，成为企业文化的化身。因为劳模精神反映了劳模的理想信念、价值追求、人生境界，而劳模的理想信念、价值追求、人生境界除了有自身的个性因素外，还会受到企业文化的熏陶和感染。而且，企业也希望劳模能够利用自身人格魅力以及认同并践行的企业文化，再影响和引导企业职工，让更多的职工认同和践行企业文化。这就是企业文化落地要达到的最终目标。众人拾柴火焰高。只有大家心往一处想，劲往一处使，齐心协力认同和践行企业文化，共同担当企业使命，共同实现企业愿景，并共同践行企业价值观，那么，企业文化作为企业核心竞争力发挥的作用，才能充分展现出来。劳模精神中很多先进的思想对于企业文化落地，将会达到事半功倍的效果。

（二）职工思想的榜样

职工思想先进与否，以及职工的认识层次能否与企业文化匹配，关系到企业文化落地的实际效果。劳模是广大职工学习的标杆，劳模精神则是职工思想的榜样。劳模精神是劳模成为劳模并在平凡中作出不平凡业绩的根本思想动力，这些先进思想和智慧需要通过各种渠道与载体向广大职工宣传。这样，就可以在企业文化与职工思想之间搭建起一个桥梁。知己知彼，百战不殆。企业文化落地，不能只是单方面地知道管理方或者企业方的要求，更重要的是要了解广大职工的思想状况和认识水平，深入职工群众中摸清他们对于企业文化认识、认可和认同的程度，从中发现企业文化落地的突破口。劳模是从广大职工群众中成长起来的优秀代表。他们的思想是如何变化的？尤其是如何与企业文化的要求合拍，甚至超过企业文化的要求，作出更加出色的成绩？这些都需要在企业文化落地过程中作深入的了解和分析。企业文化、劳模精神、职工思想三者之间的差异和如何相互转化，是企业文化落地要重点关注的。

（三）时代精神的要求

在信息化和全球化时代，人的主体性得到了极大凸显。追求自我成为现代职工的一种时尚，也成为现代企业管理发展的未来趋势。企业文化落地不仅要关注管理方或企业方的要求，而且还要关注职工思想的变化，再一个就是关注时代的要求和变化新趋势。这就是说，企业文化落地的效果中还有时代带来的新变化。譬如，信息的获取越来越容易，人的综合素质越来越高，人的需求也越来越多元化和个性化，等等。劳模及劳模精神也会随着时代的新变化，而呈现新的内容和特征。劳模是每个时代的弄潮儿，劳模精神是每个时代的引领者。因此，企业文化落地就需要关注劳模精神的新时代特征，提高企业文化落地的时效性。

第四节　劳模与职工文化建设

2015 年，习近平总书记在庆祝"五一"国际劳动节暨表彰全国劳动模范和先进工作者大会上的讲话中，提出"打造健康文明、昂扬向上的职工文化"之后，又在 2018 年 10 月 29 日同全国总工会新一届领导班子成员集体谈话时，再次强调"打造健康文明、昂扬向上、全员参与的职工文化"。职工文化的本质是文化，要达到以文化人的目标，就要用劳模精神等先进思想教化、感化和同化广大职工群众，调动广大职工群众当好主人翁、建功新时代的积极性、主动性和创造性。中共中央、国务院于 2017 年 4 月印发的《新时期产业工人队伍建设改革方案》要求："大力弘扬劳模精神、劳动精神、工匠精神，引导产业工人爱岗敬业、甘于奉献，培育健康文明、昂扬向上的职工文化。"以劳模为代表的先进职工是职工文化的创造者和践行者。榜样的力量是无穷的。宣传以劳模为代表的先进职工的先进事迹和先进思想，广泛开展学先进、做先进活动，大力弘扬劳模精神，从而全面提升我国广大职工群众的整体素质，是职工文化的重要任务和历史使命。

一、职工文化是提素质的文化

作为提高我国广大职工整体素质的职工文化，在建设社会主义现代化强国的新时代有着重要现实意义。

（一）职工文化是体现我国工人阶级主力军作用的文化

在一定意义上讲，职工文化就是工人阶级的文化，反映了我国工人阶级作为领导阶级的政治地位，也体现了习近平总书记对工人阶级的重视。习近平总书记在党的十九大报告中强调："我国是工人阶级领导的、以工农联盟为基础的人民民主专政的社会主义国家"。[①] 习近平总书记在党的十八大以来，有一系列关于工人阶级的重要讲话。他在 2013 年 10 月 23 日同全国总工会新一届领导班子集体谈话时强调："坚持全心全意依靠工人阶级，充分发挥工人阶级主力军作用，把广大职工群众紧紧团结在党和政府周围，这是我们党的一个突出政治优势，也是中国特色社会主义的一个鲜明特点。""实

---

① 《中国共产党第十九次全国代表大会文件汇编》，人民出版社 2017 年版，第 28 页。

现中华民族伟大复兴的中国梦，根本上要靠包括工人阶级在内的全体人民的劳动、创造、奉献。"① 习近平总书记关于工人阶级和工会工作的重要论述丰富了职工文化的内涵，指明了职工文化发展的方向，也提出了职工文化建设的思路，具体表现在以下几个方面。

1. 职工文化是全心全意依靠工人阶级的文化

职工文化的概念，不能替换成"员工文化"概念，"职工"的概念也不等同于"员工"概念。在宪法、公司法、劳动法等我国法律法规中，一般使用的都是"职工"，而不是"员工"。职工是具有中国特色的一个概念，体现了工人阶级是我国领导阶级的国情，还体现了中国共产党是中国工人阶级先锋队的党情。职工文化也是具有中国特色的一个概念，体现了全心全意依靠工人阶级的社会主义制度本质要求。

2. 职工文化是体现我国工人阶级主人翁地位的文化

职工文化的本质是一种文化，具有文化的教化、感化和同化功能，是体现工人阶级主人翁地位的文化。职工文化与职工文体活动不能混为一谈，更不能当成一回事。职工文化与职工文体活动是内容和形式的关系，形式要为内容服务。展现职工文化的形式除了职工文体活动，还有职工技能比武、职工先进人物评选、职工技术创新工作室、职工学习活动等非常多的表现形式。把职工文化等同于职工文体活动的想法和做法，正是习近平总书记在中央党的群团工作会议上批评的"四化"中的"娱乐化"现象。

3. 职工文化是展现工人阶级智慧的文化

职工文化是一种素质文化，展现了工人阶级和广大职工群众的智慧。企业文化是一种管理文化，反映的是企业家和管理者群体的智慧。职工文化好比汽车的"发动机"，为企业提供发展动力；企业文化好比汽车的"方向盘"，

---

① 转引自李玉赋主编：《新的使命和担当：〈新时期产业工人队伍建设改革方案〉解读》，中国工人出版社 2017 年版，第 21 页。

为企业指明发展方向。企业家精神是企业文化的灵魂，劳模精神和工匠精神是职工文化的灵魂。在当前我国实施供给侧结构性改革和振兴实体经济的时代背景下，以弘扬劳模精神和工匠精神为灵魂的职工文化，有着更重大的现实意义和时代价值。

（二）职工文化是激发广大职工群众积极性和创造性的文化

习近平总书记自党的十八大以来多次强调文化自信，在党的十九大报告中又进一步强调："文化自信是一个国家、一个民族发展中更基本、更深沉、更持久的力量。"①职工文化自信是文化自信的重要表现形式，反映了我国广大职工群众在革命、建设和改革各个历史时期表现出的杰出智慧及作出的卓越历史贡献。中国特色社会主义职工文化，要从中华优秀传统文化中吸收精神养料，还要从我国工人阶级在各个历史时期创造出来的先进文化理念中丰富内涵，更要扎根于我国工人阶级鲜活的成功实践经验。创造和丰富中国特色社会主义职工文化，一方面要坚持马克思主义的指导和党的领导，另一方面要实现中华优秀传统文化与我国工人阶级的丰富实践相结合，既体现政治性、先进性和群众性，又表现思想性、教育性和实践性。中国特色社会主义职工文化丰富了中国特色社会主义文化的内容和体系，所以，中国特色社会主义职工文化在政治上要坚持党的领导和社会主义制度，在经济上要推动社会主义现代化强国建设，在文化上要传承并创造性转化中华优秀传统文化。虽然职工文化不能等同于职工文体活动，但职工文体活动可以有力激发广大职工群众的文化创新、创造活力，全面展示职工群众健康文明、昂扬向上的精神风貌。目前，全国各地开展的职工文化活动主要就体现在这个方面。激发广大职工群众、文化创新、创造活力，除了依靠广大文化和文艺专业工作者创作更多的文化、文艺作品外，更重要的是激发广大职工群众文化创新、

---

① 《中国共产党第十九次全国代表大会文件汇编》，人民出版社 2017 年版，第 18 页。

创造的主体性和主动性，本着"自己演、演自己""自己导、导自己"的原则，鼓励广大职工群众写自己的书、唱自己的歌、演自己的戏、跳自己的舞、搭自己的台等，原汁原味展现广大职工群众的生活和工作智慧，用身边事教育身边人，全面提升广大职工群众的综合素质。

（三）职工文化是建设强大职工队伍的文化

习近平总书记在党的十九大报告中提出，我国进入建设社会主义现代化强国的新时代。没有强大的企业，难有强大的国家；没有强大的职工队伍，难有强大的企业。以培育强大职工队伍为目标的职工文化，对于建设社会主义现代化强国有着重大的战略价值和时代意义。重视职工文化，就是重视工人阶级和广大产业工人的地位及其智慧力量。反之，工人阶级和广大产业工人地位的提升、影响的扩大，会进一步推动职工文化发展，从而为建设社会主义现代化强国助力。党和国家在这方面已经作出了部署。中共中央、国务院印发《新时期产业工人队伍建设改革方案》，就是为了全面提高产业工人素质。2018 年 1 月 23 日，习近平总书记主持召开的中央全面深化改革领导小组第二次会议，审议通过《关于提高技术工人待遇的意见》这一重大利好政策，并强调要激发技术工人的积极性、主动性和创造性。党和国家对工人阶级与广大产业工人日益重视，为职工文化发展提供了坚实的物质基础和政策依据。

1. 职工文化要以培育强大的产业工人队伍为目标

职工文化不仅培育知识技能强大的产业工人队伍，更培育文化担当强大的产业工人队伍。有知识不一定有文化，有文化一定有知识。这是因为，文化除了知识，还有信仰、理想、习惯等更加丰富的内涵。《新时期产业工人队伍建设改革方案》强调："造就一支有理想守信念、懂技术会创新、敢担当讲奉献的宏大的产业工人队伍。"其中，"有理想守信念、敢担当讲奉献"就是"文化担当强大"的产业工人队伍，"懂技术会创新"就是"知识技能强大"的产业工人队伍。我国不仅缺乏知识技能强大的产业工人，更缺乏文化担当强大的产业工人。大国工匠高凤林说过，人品决定产品，人的质量决定产品的质量。真正强大的产业工人，不单单是知识技能强大，更是文化担当强大。

2.职工文化要以弘扬劳模精神、劳动精神、工匠精神为核心

劳模精神、劳动精神、工匠精神是职工文化的灵魂。职工文化的使命就是大力弘扬劳模精神、劳动精神、工匠精神，全面提升广大职工群众的综合素质。劳模精神反映的是劳模群体的价值追求和精神风貌，是引导广大职工群众学劳模、做劳模的精神动力。劳动精神是每一位劳动者热爱劳动和崇尚劳动的状态，也是教育广大职工群众成为合格劳动者的有力抓手。工匠精神体现的是每一位不甘平庸的劳动者精益求精的精神状态和人生态度，是激发广大职工群众自身潜力和创造活力的内在动力。劳模精神是学习优秀的他人的精神，劳动精神是做合格劳动者的精神，工匠精神是做优秀的自己的精神。劳模精神是与他人"比"的精神，劳模把很多人都"比"下去了，在广大职工群众中脱颖而出。劳动精神是与劳动标准"比"的精神，达不到劳动标准，就不是合格的劳动者。工匠精神是与自己"比"的精神，世上最大的对手不是别人，而是自己，战胜了自己，就战胜了一切。新时代的职工文化不仅要弘扬劳模精神，开展树典型、学典型、做典型活动；还要弘扬劳动精神，争做合格的劳动者；更要弘扬工匠精神，鼓励广大职工群众做独一无二的、更优秀的自己。

二、劳模是职工文化的首要创造者

在建设社会主义现代化强国的新时代，建设强大的职工队伍和劳动者大军是重中之重。强大的职工队伍和劳动者大军不仅知识技能强大，思想文化也更为强大，尤其是积极性的充分提升显得尤为重要。劳模是广大职工群众中的佼佼者。作为职工文化的首要创造者，劳模对影响广大职工群众的积极

性有着更重要的作用。

（一）发挥劳模的模范带头作用是职工文化的战略任务

在当前我国大力培育大国工匠、全面提升综合国力、实施《中国制造2025》行动纲领、实现中华民族伟大复兴中国梦的时代背景下，发挥劳模的模范带头作用、调动广大职工群众的积极性，有着重大的现实意义。尽管我国已经成为世界第二大经济体，但是，我国经济体和企业大而不强、大而不优的问题还比较突出。根源就在于，我国职工队伍的整体素质还不是很高，具有世界竞争力的大国工匠数量还不是太多。人的质量决定产品的质量。没有一流的职工，难有一流的产品；没有一流的产品，难有一流的企业。因此，发挥劳模的模范带头作用、把广大职工群众的积极性充分调动起来，作为职工文化的战略任务，是时代所需、国家所急、人们所望。

1. 发挥劳模的带头作用是提高我国职工队伍整体素质的关键

中共中央、国务院印发的《新时期产业工人队伍建设改革方案》指出："把提高职工队伍整体素质作为一项战略任务抓紧抓好，推动建设宏大的知识型、技术型、创新型劳动者大军，充分调动一线工人、制造业工人、农民工的积极性和创造性"。[1] 由此可见，广大职工群众的积极性能否被充分调动起来，是提高我国职工队伍整体素质这项战略任务能否完成的关键。没有积极性就难有创造性，没有创造性就难有竞争力。人与人之间的最大差距不在于文凭、不在于知识、不在于技能，而在于是否有积极进取的心态和高涨的积极性。一位职工有了积极进取的心态和高涨的积极性，即使暂时没有文凭、没有知识、没有技能，也可以通过积极主动的学习获得。没有文凭、没

---

① 李玉赋主编：《新的使命和担当：〈新时期产业工人队伍建设改革方案〉解读》，中国工人出版社 2017 年版，第 6 页。

有知识、没有技能背景的"铁人"王进喜，是我国产业工人的学习榜样。他之所以书写了很多人生传奇，原因就在于他的积极进取的心态和高涨的积极性。"铁人"精神对我国几代产业工人都产生了重大而深远的影响。我们现在仍然需要发挥劳模的模范带头作用，调动广大职工的积极性，提供广大职工的整体素质。

2. 发挥劳模的模范带头作用是提升我国综合国力的需要

改革开放40多年，我国经济社会发展取得令世人瞩目的成就，离不开我国涌现出的大量劳模以及他们对于职工群众积极性的影响。在当前我国处于经济社会转型期和全面深化改革的新的历史发展阶段，发挥劳模的模范带头作用、调动广大职工群众的积极性，仍然是提升我国综合国力的源泉。只有发挥劳模的模范带头作用，调动我国广大职工群众的积极性，新技术、新产品、新创意等才会不断涌现出来，我国企业的世界竞争力才会有保障。现实情况是，有些企业不关心职工、不尊重职工、不培养职工，甚至还危害职工的权益，大大影响甚至降低了职工的积极性和创造性。"又要马儿跑得好，又想马儿不吃草"，这样的管理思路既落后又愚蠢。近年来，党和国家呼吁大力弘扬工匠精神和全面培育大国工匠，就是要引起全社会高度重视职工群众的历史作用和时代价值，将"以人民为中心"的理念落到实处。重奖之下必有勇夫。只有从经济待遇、社会地位、精神荣誉等方面给予劳模以及职工群众足够的重视，职工群众积极性的充分调动才有保障。我国不乏世界一流的企业家，比如马云、马化腾、任正非等人，但缺乏世界一流的大国工匠和高素质的产业工人。这就是中共中央、国务院印发《新时期产业工人队伍建设改革方案》的重要原因之一。

（二）职工文化是调动广大职工群众积极性的有力抓手

与职工文化相比，企业文化引起人们关注的时间更久一些。早在20世纪80年代，企业文化建设作为一种先进的管理理论就从西方引进我国，并在我国改革开放 40 多年的发展历程中发挥了巨大历史作用，大大提升了我国企业的管理水平及市场竞争力，造就了一批享誉全球的民族企业。而体现劳模价值的职工文化引起人们关注，只是近 10 年的事情。如果说企业文化是调动企业积极性和提升企业管理水平的有效手段的话，那么，职工文化则是发挥劳模模范带头作用、调动职工群众积极性和提升职工队伍整体素质的有力抓手。

1. 加强职工文化管理是党和国家提出的重大战略任务

职工文化管理是党的群众路线在管理实践中的具体应用，体现了高手在民间、智慧在群众当中。因而，加强职工文化管理成为党和国家提出的重大战略任务，职工文化成为党和国家一些政策文件的重要内容。职工文化管理既是企业管理的一项战略任务，更是一项政治任务。职工文化管理是全心全意依靠工人阶级这一政治使命的具体体现，是全面展示职工群众智慧的有效途径，更是发挥劳模模范带头作用、调动广大职工群众积极性的有力抓手。

2. 职工文化是全面展现职工群众智慧的重要途径

企业文化是"要我做"的文化，体现了企业对职工群众提出的外在要求；职工文化是"我要做"的文化，展现了职工自我教育和自我提升的内在要求。企业文化是教职工群众"做事"的文化，引导职工成为一个成功的人；职工文化是教职工群众"做人"的文化，引导职工成为一个有价值的人。成功是结果，有价值才是原因。一个人的价值越大，成功才会越大。职工文化展现了广大职工群众的智慧和价值，是企业永恒发展的不竭动力。

（三）职工文化建设的途径

职工文化管理既是一种先进的管理理论和方法，也是党的群众路线在管理实践中的具体体现。包括企业文化管理在内的传统管理理论，都是从企业或者管理者的角度看待管理；企业文化管理所说的落地，也是把企业文化落地在职工群众身上。职工文化管理则是从职工群众角度或者被管理者角度看管理。在当今人的主体性得到极大凸显的时代背景下，反映职工群众智慧的职工文化管理，有着重大的现实意义和时代价值。

1. 创先争优是基础

职工文化不是每一位职工的文化，而是以劳模为代表的先进职工的文化。所以，职工文化作为"发动机文化"，要为企业提供足够的动力尤其是精神动力，必须寻找先进职工文化产生的源头。寻找这一源头的工作就是创先争优工作，但是，一些创新争优工作需要调整思路，那就是由过去的"树典型"到"寻典型"。一字之差，体现了创先争优工作的本质差异。"树典型"有主观的成分，是相关领导、专家主观判断树立起来的所谓典型，甚至有时候还有"水分"。"寻典型"更多的是客观的成分，是在工作中自然涌现出的，工作卓越、群众基础好、有巨大经济贡献，更有重大社会贡献的先进职工。这与张瑞敏提出的"赛马不相马"的管理思路是相通的。在生产实践领域中自然涌现出的先进典型，才有很高的"含金量"，是真正的"金矿石"，才可以为下一步提炼出"真金"的先进文化思想提供坚实基础。

2. 文化感染是灵魂

职工文化的本质是文化，文化是人化和化人的统一。人化，指文化是人的产物，由人创造和发展；化人，指文化反过来还要服务于人，教育人并提高人的素质。职工文化也是一种文化，也有人化和化人的功能。对于职工文化来讲，"人化"指职工文化是以劳模为代表的先进职工创造出来的；"化人"是指职工文化通过教化、感化、同化广大职工群众，从而催生更多的以劳模为代表的先进职工涌现出来。职工文化的价值就在于：用先进职工的先进思想文化，感染、影响更多的职工学先进、做先进。人与人之间最大的差距不是技术和知识的差异，而是思想和境界的差异。有知识更要有文化，是职工文化在职工素质建设工程中倡导的基本理念。

3. 规范行为是核心

职工文化培育出的职工不仅是思想高尚的职工，更是行为高尚的职工。

职工素质的高低不仅体现在思想上，更体现在行动上。心动不如行动。要通过职工文化建设，规范广大职工群众的日常行为，在工作、生活等各个领域提升广大职工群众的综合素质。比如，有的企业经常举办道德讲堂，让职工身边的道德模范宣讲自己的人生故事和人生感悟，用身边事教育身边人。还有的企业组织广大职工群众开展技术比武，职工之间互相切磋、互相启发、互相学习、共同进步，营造通过学习提升人生质量的浓厚氛围和良好习惯。职工文化建设通过规范广大职工群众的日常行为，向职工群众传播的一个理念就是：做事先做人。人做不好，事很难做好。要做好人，做能人，做全面发展的人。成就职工的成功及其人生价值，就是职工文化的要义。与此相比，企业文化是教职工做事的文化，是成就企业成功及企业价值的文化。但是，没有职工的成功，企业很难成功。职工越成功，企业才会越成功。没有一流的职工文化，难有一流的企业文化。规范职工行为的职工文化，与规范企业行为的企业文化，有着异曲同工之妙。

4.展示风貌是平台

当前，部分企事业单位工会工作存在一种误区：认为职工文体活动就是职工文化的全部，甚至认为企业文化包含职工文化。把职工文化等同于职工文体活动，甚至把职工文化看作是企业文化的一部分，这种认识及做法与党和国家的要求以及全国总工会的相关工作精神是不符的。职工文化是内容，职工文体活动是形式，形式要为内容服务。职工文化是素质工程，企业文化是管理工程。一流素质的职工队伍可以打造一流的企业，一流管理水平的管理者队伍也可以成就一流的企业。职工文化是为了培育一流素质的职工队伍，企业文化是为了打造一流管理水平的管理者队伍。职工文化打造的是职工的品牌，展示的是职工群众的风采和智慧。而职工文体活动展示的只是职工群众的文体才艺，职工群众的道德风范、技术水平、职场风采等精神风貌更需要展示。

三、用劳模精神引领新时代职工文化建设

用劳模精神引领新时代职工文化建设，最终要落实在全面提升我国广大职工群众整体素质的目标上。在一定意义上讲，以弘扬劳模精神为核心的新时代职工文化建设，是一项职工素质建设工程。弘扬劳模精神的过程，实际上就是培育高素质职工队伍的过程。我们应该以宣传"中国梦·劳动美"为主线，以学先进、做先进为抓手，以劳模精神引领新时代职工文化建设，鼓励广大职工当好主人翁、建功新时代。

（一）为弘扬劳模精神搭建职工文化平台

以弘扬劳模精神为核心任务的职工文化建设，是一项系统工程，涉及职工群众工作、生活的方方面面；也是一项素质工程，全面提升职工群众整体素质是职工文化建设的重要任务；还是一项文化工程，发挥文化的教化、感化和同化功能，是职工文化建设的本质特征；更是一项塑魂工程，职工群众不仅接受文化的教化、感化和同化，还要弘扬文化和生成文化。推动职工群众全面发展，让他们既有知识技能更有文化追求，是职工文化建设的最终目标。以弘扬劳模精神为核心任务的职工文化建设表现出的这一系列工程，只有通过搭建各种平台，才有可能顺利完成。

学习平台。促进职工群众全面发展和整体素质提升，是以弘扬劳模精神为核心任务的职工文化建设的着力点。以弘扬劳模精神为核心任务的职工文化建设，与其说提升的是职工群众的业务素质，不如说提升的更是思想文化素质以及综合素质。劳模精神起着重要的引领和旗帜作用，因为劳模是广大职工学习的榜样和模范。我们要以选树劳模为抓手，发挥劳模的模范带头作用，为职工文化建设打造良好的学习平台。我们要通过在职工群众中开展选劳模、树劳模、学劳模和做劳模活动，体现并践行工人阶级伟大品格和劳模精神，实现职工群众的自我教育和自我提升。

推广平台。职工文化建设推动职工群众自我教育和自我提升的前提是，利用榜样的力量激励职工群众。这就需要我们搭建弘扬劳模精神的推广平台，充分利用报纸、杂志、图书、广播、电视、互联网络、新媒体、自媒体、橱窗、黑板报、广告栏等各种推广和宣传工具，大力宣传并推广劳模包括工匠的先进事迹和劳模精神，让劳动最光荣、劳动最崇高、劳动最伟大、劳动最美丽的观念在职工群众中蔚然成风。

活动平台。我们还要通过各种途径，为职工争取到开展以弘扬劳模精神为核心任务的职工文化活动的资金和时间，因地制宜，因时制宜，按照职工群众兴趣，开展形式多样的职工群众活动。我们要不断推动企事业单位建立和完善弘扬劳模精神的机制，充分利用"五一""十一"等重大节日，以劳模精神为主旋律，组织职工群众融教育、创新、娱乐于一体，开展知识竞赛、主题征文、演讲比赛、书画摄影展、文艺创作、体育比赛、文艺演出等丰富多彩的职工群众活动。

阵地平台。阵地平台是以弘扬劳模精神为核心任务的职工文化建设的重要基础。我们要加大职工文化建设投入，为职工群众业余精神文化生活提供更多的活动场所。我们要加大力度，建好工人文化宫、工人俱乐部、职工书屋、健身房、活动室等职工文化活动场所，让广大职工娱乐有场所、活动有阵地。有条件的企事业单位还可建立内部网站、心理疏导室，为职工交流思想、相互学习、提升素质提供更广阔的渠道和空间。

品牌平台。要发挥职工在职工文化建设中的主体作用，按照"自我组织、自我管理"的原则，推动各种职工协会及学习小组的活跃和普及，让职工走进教室、走上舞台、走入球场、走向户外。要发挥职工文化建设先进基地的示范作用，举办健康向上的职工文化艺术节、职工运动会等活动，培育各具特色的品牌活动、品牌阵地和品牌单位。

人才平台。要制定实施以弘扬劳模精神为核心任务的职工文化建设的人才队伍建设规划，发挥优秀人才在职工文化建设中的榜样作用；重视发现和培养职工文化建设的先进典型，鼓励和奖励职工群众中涌现出的职工文化建设优秀人才与先进分子，促进他们健康成长、发挥作用。我们还要积极壮大宣传职工文化的职工志愿者队伍，鼓励专业宣传队伍和志愿者一起参与职工文化建设，从而形成专兼结合的职工文化建设的队伍。

（二）为弘扬劳模精神提供职工文化保障

弘扬劳模精神要取得实质性的成效，必须有强有力的职工文化机构和完善的保障体系。在职工文化机构方面，要充分发挥党政联手弘扬劳模精神的政治优势，将弘扬劳模精神作为践行社会主义核心价值观和创新党的职工思想政治工作的重要内容，纳入党政机关的重要议事日程。为弘扬劳模精神建立的职工文化机构，必须接受党的统一领导并纳入党的重要机构中。在保障体系方面，应该充分利用党政机关的组织优势和资源优势，为弘扬劳模精神争取更多的管理资源、文化资源、媒体资源、物质资源、理论资源、制度资源等等。另外，弘扬劳模精神的职工文化保障还应包括战略支持，就是将弘扬劳模精神上升到战略管理的高度，为全面推动新时代职工文化建设提供有力的思想保证和智力支持。

组织领导。要积极争取党政领导尤其是一把手的重视和支持，形成党委领导、行政支持、群团运作、职工参与的工作格局。特别是群团要充分发挥自身的组织优势，切实担负起弘扬劳模精神的组织、发动和落实主体责任，把弘扬劳模精神工作列入重要议事日程，把握弘扬劳模精神的工作主导权，切实推进弘扬劳模精神取得实效。

资源整合。要整合内外资源，尤其要争取更多的职工文化资源，为弘扬劳模精神提供支持。党政领导尤其是一把手要主动推进，把弘扬劳模精神纳入企业发展战略，与党建工作、群团改革、新时期产业工人队伍建设改革、职工素质建设工程、劳动竞赛等有机结合，做到目标共推、资源共享、方法共用、平台共建、成果共显。

宣传教育。要发挥宣传教育部门的专业职能，利用可以利用的一切宣传教育平台和手段，营造弘扬劳模精神的浓厚氛围，让劳模的先进事迹成为主流媒体的重要宣传内容。同时，弘扬劳模精神还要作为各级宣传教育部门的一项政治任务，发挥劳模精神在提升职工素质、推动企业发展和繁荣职工文化过程中的重要作用，特别是宣传重大职工先进典型人物，用先进人物的先进事迹和先进思想教育并引领职工群众，努力营造和建设有利于弘扬劳模精神的舆论氛围及精神家园。

长效机制。要坚持贴近实际、贴近生活、贴近职工，切实提高职工素质和维护职工基本文化权益，使广大职工成为劳模精神的创造者、践行者和弘扬者。企事业单位要把弘扬劳模精神作为一项重要的长期战略纳入发展规划，纳入职工素质建设工程，将劳模精神作为企业的核心竞争力全面设计；弘扬劳模精神要坚持深入基层，主动征求职工群众的意见，不断提高弘扬劳模精神的实际效果。

检查验收。要定期开展先进单位评比表彰活动，及时发现、培育弘扬劳模精神的先进典型，选评表彰弘扬劳模精神的先进案例，将符合习近平总书记以及党和国家关于弘扬劳模精神要求、企业认同、职工欢迎、具有影响力和感染力的先进典型案例评选出来，不断探索并创新弘扬劳模精神的途径和方法，推动新时代职工文化建设工作取得实效。

考核制度。要建立考核制度，将弘扬劳模精神工作纳入日常工作考核体系。党政领导尤其是一把手要加强弘扬劳模精神工作目标任务分解，明确责任，确保各项工作措施落实到位；要建立弘扬劳模精神工作考核激励机制，把弘扬劳模精神工作的成效纳入岗位考核评价体系，作为衡量党政领导班子和各级干部工作业绩的重要考评内容与依据。

第六章　劳模与劳动教育

　　"模范"指值得人们学习或效仿的榜样。劳动模范是工人阶级的先进代表，是劳模精神、劳动精神、工匠精神的人格体现。劳模群体体现出的先进性、引领性、示范性等特征，使得劳模与教育有着天然的联系。劳模具有鲜明的教育意义、教育价值，特别是在劳动教育领域，能够发挥出不可替代的作用。

第一节　劳动教育概述

一、劳动教育的概念与内涵

　　习近平总书记在全国教育大会上强调："培养德智体美劳全面发展的社会主义建设者和接班人"，"要在学生中弘扬劳动精神，教育引导学生崇尚劳动、尊重劳动，懂得劳动最光荣、劳动最崇高、劳动最伟大、劳动最美丽的道理，长大后能够辛勤劳动、诚实劳动、创造性劳动"，并指出"要努力构建德智体美劳全面培养的教育体系"①。这些重要论述，"历史性地把劳动教育从传统意义上促进青少年全面发展的有效途径提升为重要教育内容"②，也预示着新时代劳动教育需要不同于以往的新体系、新设计。

分析以往劳动教育的有关定义可以发现，人们对劳动教育本质属性的认识可分为四类。一是将劳动教育主要视为德育的内容，比如"劳动教育是德育的内容之一，对学生进行热爱劳动和劳动人民、珍惜劳动成果、树立正确的劳动观点和劳动态度、通过日常生活培养劳动习惯和技能的教育活动"③，直接将劳动教育定义为德育的一部分，并没有突出劳动教育的智育价值。二是将劳动教育主要视为智育的内容，比如"劳动教育就是向受教育者传播现代生产的基本知识和技能，培养他们具有正确的劳动观点、劳动习惯和热爱劳动人民、劳动成果的感情。劳动教育十分重视劳动过程中的智力因素，把平凡的劳动同创造性劳动结合起来，把简单的劳动与富有知识的劳动结合起来"④，更强调劳动教育的智育属性。三是将劳动教育视为德育和智育的综合体，比如"劳动教育是以劳动实践为主，结合进行思想教育。技术教育是使学生掌握一定的生产知识及技术和劳动技能。其实施有利于培养学生的劳动观点，劳动技能和劳动习惯，为普通教育和职业教育打下基础"⑤，强调劳动教育的思想品德教育和知识技能教育双重属性。四是将劳动教育视为促进学生全面发展的实践教育形式，比如，陶行知先生把劳动教育视为"在劳力上劳心"的实践活动，认为劳动教育的目的就在于"谋手脑相长，以增进自立

---

① 《习近平在全国教育大会上强调　坚持中国特色社会主义发展道路　培养德智体美劳全面发展的社会主义建设者和接班人》，《人民日报》2018 年 9 月 11 日。

② 刘美娟：《劳动教育的时代价值与落实机制》，《法制与社会》2019 年第 16 期。

③ 夏征农等主编：《辞海》，上海辞书出版社 2009 年版，第 2265 页。

④ 教师百科辞典编委会：《教师百科辞典》，社会科学文献出版社 1987 年版，第 317 页。

⑤ 《中国大百科辞典》，华夏出版社 1990 年版，第 460—461 页。

之能力，获得事物之真知及了解劳动者之甘苦"。① 这种观点更倾向于把劳动教育理解为"做中学"的实践形式，强调劳动教育对于个体发展的内在价值——激发劳动热情、促进认知发展、提高实践能力、养成良好个性。

从上述不同定义可以发现，劳动教育既是一种教育内容，又是一种教育形式。作为内容，劳动教育可以被理解为"关于劳动"的教育，它应该是与德智体美四育并举的概念，有自身独特的教育任务——热爱劳动和劳动人民情感的养成、正确劳动观念和劳动态度的培养、劳动习惯和劳动技能的培养等。但是，由于劳动教育的这些内容被认为可以包含在广义的德育和智育范围内，所以，劳动教育一直没有取得与德智体美四育并举的地位。作为形式，劳动教育可以被理解为"通过劳动"的教育，就是让学生通过生产劳动的实际锻炼，全面发展德智体美各方面素质。作为全面发展的教育体系之一部分，我们既要看到劳动教育作为形式具有的树德、增智、健体、育美的综合育人价值，更要看到劳动教育作为内容在国民素质养成中具有的德智体美四育不可替代的独特价值。作为合格的公民，每个人都应工作、都得劳动，所以，具备基本的劳动能力以及对劳动的正确认知、价值观和生活态度，是最基本、最重要的公民素质。

二、劳动教育的意义与价值

（一）劳动教育是坚持和发展马克思主义唯物史观、坚持和发展中国特色社会主义的必然要求

劳动学说是马克思的伟大理论贡献。强调劳动价值和劳动教育，是马克思主义一以贯之的基本观点，也是马克思主义唯物史观的核心内容与本质规

---

① 刘猛：《劳动教育：从陶行知到毛泽东》，《江苏教育学院学报（社会科学版）》2003年第 2 期。

定。马克思主义劳动观反复强调，劳动创造世界，劳动创造历史，劳动创造了人本身；劳动是人类的本质特征和存在方式，是实现人的全面发展的重要途径；教育同生产劳动相结合是社会主义教育的根本原则。党的十八大以来，习近平总书记在多次重要讲话中，围绕劳动、劳动者、劳动教育等内容进行了深刻阐述。这些论述既继承和发展了马克思主义劳动思想，又勾勒出中国特色社会主义伟大事业的实践路径，构建了包含"实干兴邦"的劳动实践观、"崇尚劳动"的劳动价值观、"热爱劳动"的劳动教育观等内容的新时代中国特色社会主义劳动思想理论体系，成为习近平新时代中国特色社会主义思想的重要组成部分。习近平总书记关于劳动教育的重要论述，既针对全社会提出相关要求，也针对青少年学生作了特别强调，形成了内涵丰富、思想深刻、逻辑严密的劳动教育观，是对马克思主义劳动教育观的螺旋式上升和创新性、时代性发展，也是指引我们弘扬劳动精神、加强劳动教育的根本遵循和行动指南。

（二）劳动教育是构建德智体美劳全面培养教育体系、形成更高水平人才培养体系的必然要求

教育事业肩负着培养社会主义事业建设者和接班人的重大任务，培养的人才就应该有正确的世界观、人生观、价值观、事业观、审美观和劳动观。劳动教育是构建全面教育体系不可或缺的一环。德智体美劳既有密切联系，又有各自不同的功能。劳动教育可以树德，在劳动中磨炼意志品质、弘扬劳动精神，本身就是德育的重要内容；劳动教育可以增智，书本里的知识，通过实践锻炼能够进一步内化和升华；劳动教育可以强体，体育就是在生产劳动过程中产生的，劳动本身也会使人强健体魄；劳动教育可以育美，劳动创造了世界，也创造了美，劳动者对美的追求和创造就诞生在生产劳动过程中。将劳动教育同德智体美并列，既是对劳动教育本身的有效加强，也是对德智体美教育的有力支撑。青少年的成长离不开劳动，社会的进步也离不开

劳动。劳动教育在人才培养中不能缺位，应该独立成为完善人才培养目标、支持德智体美教育的重要平台。

（三）劳动教育是富国强民、建设高素质劳动者大军的必然要求

"以劳动托起中国梦"①，进行伟大斗争、建设伟大工程、推进伟大事业、实现伟大梦想，全面建成小康社会，进而建成富强民主文明和谐美丽的社会主义现代化强国，根本上要靠劳动，根本上要靠劳动者的辛勤劳动、诚实劳动和创造性劳动。当前，我国社会经济发展进入新常态，同时面临人口红利逐渐消失、资源和环境约束不断强化、传统发展动力不断减弱等问题。要突破上述瓶颈，必须拥有一支爱劳动、能劳动、会劳动的劳动者大军，建设人力资源强国。辛勤劳动、诚实劳动是中华民族的民族精神和传统美德，这种精神激励着一代又一代中国人发奋图强、不断进取。中国人民实现从站起来到富起来再到强起来的伟大飞跃，正是靠着广大人民勤奋不辍的劳动。加强劳动教育，能够弘扬中华优秀传统文化、弘扬劳动精神、全面提高劳动者的素质，有利于培育一支高素质的产业工人队伍和大量的能工巧匠、大国工匠，真正为富国强民提供人力支撑、智力支撑和创新支撑。

（四）劳动教育是引导公民形成正确价值观念的必然要求

由于受我国传统文化观念中"万般皆下品，唯有读书高"等消极片面观念的影响，再加上当今娱乐明星一夜暴富、网络红人日进斗金等社会不良风气和乱象的冲击，广大学生、青少年甚至许多成年人的价值观念受到扭曲，纯洁心灵受到侵蚀，助长了好逸恶劳、拜金主义、享乐主义等不良思想。要让广大学生和广大公民热爱劳动、尊重劳动，使他们真正认识到劳动是财富

①　习近平：《在庆祝"五一"国际劳动节暨表彰全国劳动模范和先进工作者大会上的讲话》，人民出版社 2015 年版，第 14 页。

的源泉、"幸福是奋斗出来的",让他们相信劳动是人类社会进步的根本力量,帮助他们树立通过劳动获取财富的正确价值观念,必须依靠劳动教育。加强劳动教育,既能引导劳动者努力学习科学文化知识、练就过硬本领,又能教育劳动者坚定理想信念、锤炼高尚品格、培育劳动情怀,自觉地把人生理想、家庭幸福融入国家富强和民族复兴的伟业之中,建构个人与集体、个人梦与中国梦、小家与国家民族融合统一的发展共同体和命运共同体,推动在一代又一代劳动者的接力奋斗中实现中华民族伟大复兴中国梦。

三、劳动教育的方法与保障

（一）劳动教育的方法体系

劳动教育是教育体系的重要组成部分。加强劳动教育,重在深入把握教育规律,找准劳动教育的着力点、切入点,科学谋划、优化协调、精准高效、扎实推进,做到集中教育同分散教育相结合、课堂教育同课外教育相结合。一方面,课堂教学是教育教学活动的主阵地,加强劳动教育必须开设专门的劳动教育课程,与其他专业课同向同行,才能构建出扎实、完整的知识体系。另一方面,分散性的课外劳动教育是课程教学的必要补充,必须把劳动教育理念贯穿于学校日常的教育教学全过程,在开设专门的劳动教育课程基础上,扎实推进劳动教育同思想政治教育、校园文化相结合,完成劳动思想教育的任务;扎实推进劳动教育同专业教育、实习实训相结合,完成劳动知识与技能教育的任务;扎实推进劳动教育同社会实践和志愿服务、创新创业教育、产教融合、职业生涯教育、就业指导相结合,让学生在劳动实践训练中得到全面发展。

（二）劳动教育的保障体系

加强对劳动教育的保障,一要大力建设师资队伍。加强劳动教育,必须有一支执着于教书育人、有热爱教育定力、带干劲闯劲钻劲的高水平师资队伍。建设这支队伍，要通过培养劳动教育专业教师、发挥"双师型"教师力量等多种手段，推进劳动教育师资队伍多元化；要以师德师风建设为根本，强化理想信念的思想引领作用；要以创新体制机制为抓手，强化高校劳动教育师资队伍的科学化、规范化。二要注重各项条件保障。要加大对劳动教育的投入比重，提升软、硬件水平，确保投入保障；要搭建学习交流平台，规划相应课时与学分，强化时间保障；要促进学习基地的建设和交流平台的延伸，实现教育空间的不断升级与拓展，落实空间保障；要加强数字化教学资源建设，完善教学组织管理，实现技术保障。三要积极构建评价体系。在劳动教育实施过程中，如何提出反馈意见、及时采取有效措施、纠正劳动教育实际与既定目标之间的偏差，这些都需要构建一个客观、可靠的评价体系。具体来说，要科学研判形势，细化制定目标，把劳动教育纳入总体发展规划中；要围绕既定目标，准确设计指标，通过量化指标来持续加强监测；要持续跟踪评价，及时发现偏差，综合分析问题产生的原因；要有效进行反馈，确保落实举措，从根本上提出解决问题的办法。四要广泛争取社会支持。劳动教育是协同教育，家庭、学校、政府、社会都要负起责任。家庭是人生的第一所学校，家长是孩子的第一任老师，重视和实施家庭劳动教育，家庭特别是家长要承担第一责任。党对劳动教育工作的领导是支持学校、协同各方开展劳动教育的根本保障，加强劳动教育，各级党委要把劳动教育作为教育改革发展的重要内容。工会是职工的群众组织，和劳动者的联系极为紧密；共青团是先进青年的群众组织，具有与青年联系的天然优势；妇联是妇女的群众组织，在联系广大妇女方面优势独特。这些群团组织也要注重发挥自身在推动实施劳动教育过程中的独特作用。实施劳动教育，企事业单位要积极承担起社会责任，作为劳动的第一现场，要利用自身优势和方便条件，为青年学生和广大公民提供丰富生动的现场劳动教育。劳动教育离不开强有力的社会舆论氛围，这既是劳动教育的一种方式，也是劳动教育的重要内容。各个理论宣传工作部门要在传播内容、传播方式和传播机制上加强劳动教育宣传力度，承担起重要的使命和责任。文艺界作为社会主义先进文化的创造者和传播者，在实施劳动教育、培育劳动教育社会氛围等方面作用重大，要通过优秀作品大力讴歌劳模精神、劳动精神和工匠精神，讴歌新时代的劳动者，并使之成为社会的主旋律。其中，大力发挥劳动模范和劳模精神对劳动教育的价值引领、人格示范作用，意义十分重大。

第二节　劳模与劳动教育

一、劳模精神与劳动精神

（一）劳动精神是劳模精神的思想基础

劳动是促进社会发展的动力，劳动是人成长所需的课堂。中华民族一直就有热爱劳动、尊崇劳动、勤奋劳动的优良传统。几千年来，我们的祖辈以辛勤的劳动为我们创造了美好的生活，铸就了中华民族的辉煌历史，书写了伟大祖国灿烂的篇章。在这个过程中，劳动精神孕育而生。

什么是劳动精神？有人提出，劳动精神是人们关于劳动的思想意识和心理状态的总括。有人认为，劳动精神就是崇尚劳动、尊重劳动者。有人指出，劳动精神包括劳动者伟大精神、劳动伟大精神两方面。有人认为，近现代中国最具代表性的劳动精神可分为四种，即探索、抗争、建设和发展。还有人认为，人类的劳动精神主要包括：劳动创造财富、劳动使人幸福的为民精神，劳动最光荣、劳动要勤奋的敬业精神，劳动出智慧、劳动靠智慧的科学精神，劳动靠大家、协作出成果的合作精神；劳动精神是人类为了自身幸福而不懈努力奋斗的精神，和谐相处、合作共事的精神，解放思想、富于创新的精神，讲求效率、追求完美的精神。由此可见，劳动精神是关于劳动的理念认知和行为实践的集中体现，在理念认知上表现为全社会尊重劳动、崇尚劳动、热爱劳动，在行为实践上表现为劳动者辛勤劳动、诚实劳动、创造性劳动。两者构成劳动精神内涵的整体。①

工人阶级中的优秀代表在继承和发扬劳动精神基础上，又升华出劳模精神。在中国革命、建设、改革的各个历史时期，我国工人阶级都具有走在前列、勇挑重担的光荣传统，我国工人运动都同党的中心任务紧密联系在一起。特别是新中国成立以来，我国工人阶级和广大劳动群众，以昂扬热情和冲天干劲积极投身于社会主义革命、建设和改革，为人民共和国的发展作出了巨大贡献。在火热的社会主义建设和改革开放伟大实践中，涌现出一批又一批杰出的先进模范人物，党和国家尊奉他们为劳动模范，也逐渐凝结提炼出了"爱岗敬业、争创一流，艰苦奋斗、勇于创新，淡泊名利、甘于奉献"的劳模精神。

（二）劳模精神是劳动精神的积极呈现

劳模精神集中体现了劳动精神的实质，发展了劳动精神的内涵，是劳动精神的积极呈现。任何一个时代，都需要精神的力量、精神的作用、精神的催化，关键是倡导什么样的精神、用什么样的精神营造良好的社会氛围，鼓励社会成员向着正义、正直、善良、诚信的目标前行。显然，劳模精神已成为我们所处这个时代不可或缺的重要方面，也可以说是永远不会变化的时代精神。即便社会财富再丰富，即便劳动变得相当简单而轻松，劳模精神也不会失去光泽，更不会被时代抛弃。

党的十九大作出我国经济已由高速增长阶段转向高质量发展阶段的重大判断，这反映了新时代我国发展的更高要求，也赋予了劳模精神更为重大的现实意义。在放手让一切生产要素的活力竞相迸发，促进经济高质量发展的

---

① 吕国泉、李羿：《弘扬和践行劳动精神》，《企业文明》2018 年第 4 期。

同时，更要鼓励劳动，造就劳动光荣的观念，培养劳动神圣的信念。这是因为，劳动不仅是第一生产要素，是社会运行的基础条件，而且是人的全面发展的根本尺度。当前，人们价值取向的独立性、选择性、多变性、差异性明显增强，对劳动和劳动精神也产生了褒贬不一的评价。来自于各个行业的劳模和他们代表的劳模精神，便自然成为纠正对于劳动和劳动精神错误认识的有力法宝。只有弘扬劳模精神，才能正本清源，在多样化价值取向中确立社会的主导价值取向，在多层次价值准则中标明社会的高尚价值准则，让劳模精神成为受推崇的精神品格和受尊重的精神高地，让"劳动最光荣、劳动最崇高、劳动最伟大、劳动最美丽"成为全社会的共识。

（三）劳模精神和劳动精神共同构成了新时代中国特色社会主义劳动价值观的核心内容

劳动价值观是指人们对劳动的根本看法和态度，包括劳动的目的、价值、意义和态度等内容，是人们世界观、人生观和价值观的重要组成部分。重视劳动价值、树立鲜明的劳动价值观，是习近平新时代中国特色社会主义思想的突出亮点。党的十八大以来，习近平总书记高度重视劳动的意义与价值，在不同的时间节点、不同的场合，反复阐述劳模精神、劳动精神在新时代中国特色社会主义事业中的重要作用。他号召全社会应始终弘扬劳模精神、劳动精神、工匠精神，为中国经济社会发展汇聚强大正能量，从而为实现中国梦提供了"崇尚劳动"的价值引领。在每次的"五一"讲话中，习近平总书记都谈及劳动模范和劳模精神，并用较多篇幅论述劳动模范的历史贡献和劳模精神的宝贵价值。由此可见，劳模精神、劳动精神对新时代中国特色社会主义劳动价值观的塑造，有着至关重要的作用。

价值观的导向为劳动价值提供了根本内涵。弘扬劳模精神、劳动精神，使得越来越多的普通劳动者感受到社会主义制度的优越性，也感受到国家对劳动人民的深切关怀。弘扬劳模精神、劳动精神也极大地提升了劳动者的地位，使他们能尽情发挥出自己的劳动能力和聪明才智，更使劳动者在劳动过程中获得了劳动的快乐。在劳模精神、劳动精神的指引下，广大劳动者都将成为建设社会主义的干将，并展现出极大的能动性，弘扬新时代中国特色社会主义劳动观，继而为实现中华民族伟大复兴中国梦提供源源不断的动能。

二、劳模与劳动教育的历史考察

劳动模范是劳模精神和劳动精神的具象化、人格化、偶像化，是推进劳动教育强有力的现实力量。在社会对劳动教育重要性的认识有待提高、协同推进劳动教育的共识尚未达成的现实情况下，要更好更快地推进劳动教育，不但要在全社会大力弘扬劳模精神、劳动精神，同时也要从历史的维度，深入研究劳模与劳动教育的内在关系。

（一）劳动教育探索期（1949—1966年）的劳模与劳动教育

新中国成立初期是中国劳模队伍快速发展壮大的时期。与此同时，我国的劳动教育也进入探索阶段，开始关注学生的体力劳动教育。1957年，毛泽东在《关于正确处理人民内部矛盾的问题》一文中明确提出："我们的教育方针，应该使受教育者在德育、智育、体育几方面都得到发展，成为有社会主义觉悟的有文化的劳动者。"[①]1958年8月，《红旗》杂志第7期发表了时任中宣部部长陆定一的文章《教育必须与生产劳动相结合》。文中提出，中国共产党的教育方针向来就是：教育为工人阶级的政治服务，教育与生产劳动相结合。自此，确定了新中国成立初期我国的教育方针是："教育必须为无产阶级政治服务，教育必须同生产劳动相结合，使受教育者在德智体几

---

① 《毛泽东文集》第七卷，人民出版社1999年版，第226页。

方面都得到发展，成为有社会主义觉悟的有文化的劳动者"①，明确要求教育必须同生产劳动相结合。从总体上看，这一时期教育方针的制定是比较全面的，充分凸显了劳动教育的重要地位。

劳动模范在这一时期的劳动教育中作为榜样和楷模，成为学生争相学习和崇拜的对象。很多学校都采取参观工厂、农场、农业生产合作社，访问劳动模范，请劳动英雄作报告，与劳动青年联欢，阅读有劳动教育意义的读物，参加体力劳动等方式，在课外对学生进行劳动教育，让学生深入了解劳动模范的先进事迹，以此鼓励学生向劳动模范学习，积极投身劳动，收到了很好的效果。

（二）劳动教育扭曲期（1967—1977 年）的劳模与劳动教育

"文化大革命"的 10 年间，由于当时特殊的政治环境因素影响，除了偶尔有部分地区、单位、企业评出少量劳动模范外，全国性的劳模评选活动已经完全停止。在此期间，已有的劳模队伍出现了年龄老化、待遇下降，甚至部分劳模在运动中遭受批判、打击等问题，使劳动模范的社会地位受到了严重挑战。

这一时期的劳动教育方针也出现了扭曲，劳动教育的政治意义被过度拔高，"教育必须同生产劳动相结合"被片面地理解、教条式地贯彻。发展到后来，直接将教育等同于生产劳动，把学习与劳动对立起来，把脑力劳动与体力劳动对立起来，把知识分子与工农群众对立起来，使劳动教育不能按照正常的内在规律进行。②

"文化大革命"的 10 年里，劳动模范、劳模精神与劳动教育的良性互动完全停止。

---

① 《中共中央、国务院关于教育工作的指示》，《人民日报》1958 年 9 月 20 日。

② 李珂、曲霞：《1949 年以来劳动教育在党的教育方针中的历史演变与省思》，《教育学报》2018 年第 5 期。

（三）劳动教育恢复期（20 世纪 80 年代）的劳模与劳动教育

随着"文化大革命"的结束和经济社会领域拨乱反正的推进，在党和政府的关心下，劳模工作得到了恢复发展，劳模队伍迎来了新中国成立后的第二次发展高潮。从 1977 年 4 月至 1979 年 12 月，中共中央和国务院连续召开了 5 次全国性的劳模表彰大会，共产生了来自工业、科技、财贸、交通、基本建设、农业、教育、卫生、科研等领域的 2541 名劳模和先进工作者。尤其值得注意的是，改革开放后，"知识分子已经成为工人阶级的一部分"的理论判断扩大了劳模队伍的外延，陈景润、袁隆平、蒋筑英、邓稼先等知识分子和科研工作者的优秀代表成为劳模队伍的新成员，极大地鼓舞了知识分子和脑力劳动者的工作热情。

这一时期，党和国家对"文化大革命"期间的教育方针进行了重新审视，并在整个 20 世纪 80 年代对教育方针进行了积极探索。比如 1977 年，党的十一大报告针对劳动教育提出，要贯彻落实毛泽东关于"教育必须为无产阶级政治服务，必须同生产劳动相结合"，"使受教育者在德育、智育、体育几方面都得到发展，成为有社会主义觉悟的有文化的劳动者"的指示精神。1978 年 4 月，邓小平在全国教育工作会议上的讲话中特别指出："为了培养社会主义建设需要的合格的人才，我们必须认真研究在新的条件下，如何更好地贯彻教育与生产劳动相结合的方针"，"各级各类学校对学生参加什么样的劳动，怎样下厂下乡，花多少时间，怎样同教学密切结合，都要有恰当的安排。更重要的是整个教育事业必须同国民经济发展的要求相适应"，"我们的国民经济是有计划按比例发展的，我们培养训练专门家和劳动后备军，也应该有与之相适应的周密的计划"。① 显然，在邓小平看来，新时期坚持教育同生产劳动相结合，主要不是学校内部加强劳动教育的问题了，而是宏观层面上整个教育事业必须与国民经济发展相适应。1981 年，党的十一届六

---

① 《邓小平文选》第二卷，人民出版社 1994 年版，第 107、108 页。

中全会通过的《关于建国以来党的若干历史问题的决议》对劳动教育的表述为："坚持德智体全面发展、又红又专、知识分子与工人农民相结合、脑力劳动与体力劳动相结合的教育方针"。①1986年4月，时任国务院副总理兼国家教委主任李鹏于第六届全国人民代表大会第四次会议上作了《关于中华人民共和国义务教育法（草案）的说明》，在贯彻党的教育方针方面提出："应当贯彻德、智、体、美全面发展的方针，适当进行劳动教育，使青少年儿童受到比较全面的基础教育。"这里，将劳动教育作为比较全面的基础教育的一部分提了出来。同年10月，时任国家教委副主任彭珮云，在中学德育大纲研讨会上的讲话中更明确地提出："把德育作为德、智、体、美、劳五育全面发展的一个有机组成部分，使五育互相配合、互相渗透"，正式提出"五育全面发展"。这些表述，对之后教育方针的提出和对于劳动教育的强调具有重要意义。

总的来说，这一时期，中共中央在理念上对劳动教育的方针定位进行了慎重调整，在实践中加强了劳动教育的系统化建构，使得劳动教育的实施取得了较大进步，但整体上仍处在恢复和探索阶段，劳动教育的观念并不明确，劳动教育成为劳动技术教育的辅助工具，劳动教育课程的目的变成让学生了解现代技术、对于学生将来从事某一职业有所帮助，忽视了对学生个人劳动素养、劳动习惯和思想品质的培养。劳动模范、劳模精神在这一时期与劳动教育的结合不够紧密，也未对劳动教育发展产生应有的重要影响。

（四）劳动教育发展期（20世纪90年代以后）的劳模与劳动教育

自1989年以来，全国劳模表彰大会开始固定化，每5年召开一次；与时俱进的劳模队伍也日益扩大。史来贺、包起帆、张瑞敏、李素丽、徐虎、许振超、孔祥瑞、张云泉、宋鱼水、林毅夫、姚明等人，成为新时期劳模的

---

① 《改革开放三十年重要文献选编》上，人民出版社2008年版，第214页。

典型代表。劳模精神的内涵同样在不断丰富：奋力开拓、争创一流、建功立业、改革创新、创造价值、与时俱进等，成为领跑时代的新向标。"以知识创造效益、以科技提升竞争力，实现个人价值、创造社会价值"成为劳模的价值追求，"知识型、创新型、技能型、管理型"成为当代劳模的鲜明特征。充满活力和感召力的劳模队伍，为全面建设小康社会，推动社会主义经济建设、政治建设、文化建设、社会建设以及生态文明建设和党的建设作出了重大贡献，成为实现中华民族伟大复兴、开拓中国特色社会主义事业新局面的重要力量。①

　　这一时期，党的教育方针逐步确立，对于教育方针的表述在有关会议上都有表述。1990 年 12 月 30 日，党的十三届七中全会通过的《中共中央关于制定国民经济和社会发展十年规划和"八五"计划的建议》提出："继续贯彻教育必须为社会主义现代化服务，必须同生产劳动相结合，培养德、智、体全面发展的建设者和接班人"。②1990 年 3 月 20 日，时任国务院总理李鹏在七届全国人大三次会议上所作《政府工作报告》中指出："教育为社会主义建设服务，教育与生产劳动相结合，德智体全面发展的方针"。③1993年 2 月 13 日，中共中央、国务院印发的《中国教育改革和发展纲要》提出："必须坚持教育为社会主义现代化建设服务，与生产劳动相结合"。④1995年 3 月 18 日，八届全国人大三次会议审议通过的《中华人民共和国教育法》提出："教育必须为社会主义现代化建设服务，必须与生产劳动相结合，培养德、智、体等方面全面发展的社会主义事业的建设者和接班人"。⑤1999年 6 月 13 日，中共中央、国务院颁布的《关于深化教育改革　全面推进素

---

　　①　王永玺、张晓明：《简述中国劳模的历史发展》，《北京市工会干部学院学报》2010年第 3 期。

　　②　《十三大以来重要文献选编》中册，人民出版社 1991 年版，第 966 页。

　　③　《十三大以来重要文献选编》中册，人民出版社 1991 年版，第 1398 页。

　　④　《十四大以来重要文献选编》上册，人民出版社 1996 年版，第 61 页。

　　⑤　《十四大以来重要文献选编》中册，人民出版社 1997 年版，第 1293 页。

质教育的决定》提出："加强和改进对学生的生产劳动和实践教育，使其接触自然、了解社会，培养热爱劳动的习惯和艰苦奋斗的精神。"[①]2002 年 11 月 8 日，党的十六大报告指出：教育"与生产劳动和社会实践相结合，培养德智体美全面发展的社会主义建设者和接班人"。[②] 在强调教育同生产劳动相结合的表述中增加了"社会实践"，体现了对马克思主义关于教育同生产劳动相结合思想认识的深化，也更加符合时代要求。2010 年，进入 21 世纪以来第一次全国教育工作会议召开前，中共中央、国务院印发了《国家中长期教育改革和发展规划纲要（2010—2020 年)》，提出教育"与生产劳动和社会实践相结合，培养德智体美全面发展的社会主义建设者和接班人。[③]"

劳动教育在这一时期得到了更多的重视，各级各类学校在政府的倡导下重提劳动教育，并且积极开设劳动课，但因劳动教育在我国中小学实践领域中依旧受到"应试教育"的挤压，导致劳动课大多有"劳"无"课"，甚至是有活则干，无活则散，放任自流，名存实亡。对于劳动教育认识上的模糊不清，必然导致行动上的摇摆不定，也严重影响到劳动模范、劳模精神在学生中发挥应有作用。可以说，这一时期，劳动模范、劳模精神与劳动教育的良性互动仍未得到充分恢复。

（五）党的十八大以来（2012 年— ）的劳模与劳动教育

党的十八大以来，党带领全国各族人民在协调推进"四个全面"战略布局过程中，大力践行社会主义核心价值观。中央电视台专门推出的《大国工匠》系列节目，热情讴歌了一批先进劳模的典型事迹，反响强烈。在 2015 年的全国劳动模范和先进工作者表彰大会上，习近平总书记发表重要讲话，充分肯定了劳动模范和先进工作者为改革开放与社会主义现代化建设作出的

---

① 《十五大以来重要文献选编》中册，人民出版社 2001 年版，第 862 页。

② 《十六大以来重要文献选编》上册，人民出版社 2005 年版，第 31 页。

③ 《十七大以来重要文献选编》中册，人民出版社 2011 年版，第 865 页。

突出贡献；明确强调在前进道路上，要始终弘扬劳模精神、劳动精神，要始终坚持人民主体地位，要始终实现好、维护好、发展好最广大人民根本利益，要始终高度重视提高劳动者素质。党的十九大报告指出，要"建设知识型、技能型、创新型劳动者大军，弘扬劳模精神和工匠精神，营造劳动光荣的社会风尚和精益求精的敬业风气"。①2018 年 4 月 30 日，习近平总书记在"五一"国际劳动节前夕，给中国劳动关系学院劳模本科班学员回信。在信中，他强调："劳动最光荣、劳动最崇高、劳动最伟大、劳动最美丽。全社会都应该尊敬劳动模范、弘扬劳模精神，让诚实劳动、勤勉工作蔚然成风。"劳动模范和劳模精神，再次成为当前舆论的焦点和干部群众关注的热点。

这一时期，劳动教育的价值重新彰显，并被赋予新时代的内涵。2015年，教育部联合共青团中央、中国少年先锋队全国工作委员会印发了《关于加强新时期中小学劳动教育的意见》，提出用 3—5 年时间，推动建立课程完善、资源丰富、模式多样、机制健全的劳动教育体系，形成普遍重视劳动教育的氛围。2018 年 9 月 10 日，习近平总书记出席全国教育大会并发表重要讲话。他在讲话中明确指出："要在学生中弘扬劳动精神，教育引导学生崇尚劳动、尊重劳动，懂得劳动最光荣、劳动最崇高、劳动最伟大、劳动最美丽的道理，长大后能够辛勤劳动、诚实劳动、创造性劳动。"习近平总书记将劳动精神与劳动教育提到非常重要的突出位置，为社会主义新时代劳动教育的发展指明了方向。

对劳动教育的重提和强调，一方面反映出党和政府对于劳动教育的高度重视与大力倡导，另一方面也折射出劳动教育在教育领域被边缘化的状况亟待改善。新时代的劳动教育，应该强调对学生劳动观念、劳动意识与劳动习惯的培养。学校教育需要把握学生在未来工作和生活中必备的基本劳动素养、劳动品质和劳动习惯，通过学校各类实践活动让学生充分体验劳动过

---

① 《中国共产党第十九次全国代表大会文件汇编》，人民出版社 2017 年版，第 25 页。

程，培养学生成为尊重劳动、热爱劳动、以劳动为荣的社会公民。在这个过程中，劳动模范、劳模精神将发挥不可替代的重要作用。一方面，大力弘扬劳模精神已经成为从中央到地方的共识，尊重劳模、崇尚劳动蔚然成风；另一方面，各级各类学校应号召，积极举办"劳模进校园"活动，让弘扬劳模精神成为校园新风尚。党和政府积极倡导、各级各类学校有力推进、学生积极参与，劳动模范、劳模精神必将对劳动教育产生更加积极的影响，同时也为劳模精神扎根社会提供了肥沃的土壤。

三、劳动教育与劳模精神的弘扬

劳动是人类的本质，劳动的最本质属性是自由、自觉的活动。人的本质的实现过程就是人的解放过程，也就是人的自由、全面发展过程。新时代加强劳动教育、弘扬劳模精神，对于教育引导全社会崇尚劳动、尊重劳模，对于全社会坚定理想信念、厚植爱国主义情怀、加强品德修养、增长知识见识、培养奋斗精神和增强综合素质，实现文化知识学习与思想品德修养的统一、理论学习与社会实践的统一、全面发展与个性发展的统一，都将发挥举足轻重的培养培育功能。

（一）劳动教育有利于强化弘扬劳模精神的实践性

弘扬劳模精神，重在实践，贵在行动。个人的梦想需要通过劳动来实现，中华民族的伟大复兴必须由劳动创造。劳动教育既是立德树人的基本要求，也是在个人成长成才过程中服务国家经济社会发展的价值引领。对于学生而言，坚持在课堂教学、实验实践、自我学习等教育环节上付出辛勤劳动，有利于树立正确的劳动价值观；在体味艰辛和挥洒汗水中磨炼自己，有利于历练成艰苦奋斗、顽强拼搏的意志；在劳动实践和刻苦学习中塑造自己，有利于养成认真敬业、自信自律的心理素质。只有拥有了这些品质和素质，才能更好达到深刻理解劳动精神、自发尊崇劳模精神的状态，使弘扬劳模精神在学生中真正地落于实践。

（二）劳动教育有利于提升弘扬劳模精神的针对性

弘扬劳模精神，首要群体是广大学子。从实际情况来看，当前我国的学生群体长期脱离劳动实践，整个社会对劳动教育的重视程度仍有欠缺。这就导致在"应试教育"背景下，部分学生对生活的认识和理解比较片面，心理素质差，不善集体协作，单纯从"个体本位"思想的角度要求社会来满足个人需要，却从未想到自己对社会应尽的义务；一些学生还存在"渴望不劳而获""梦想一夜暴富"的错误思想倾向。针对这些问题，加强劳动教育，有利于培养学生的劳动态度、劳动习惯、劳动技能和劳动品德，使他们树立正确的人生观、价值观、世界观。在这个过程中，劳动精神、劳模精神也能潜移默化地扎根于心，流淌于广大学子的血液中。

（三）劳动教育有利于拓宽弘扬劳模精神的路径

弘扬劳模精神，拓宽路径是关键。实践出真知。教育不仅是黑板上的教育，而且是实践、创新、社会责任感的教育。劳动教育是联系知识与实际的纽带。单纯灌输式的专业课理论学习，容易使学生变得爱纸上谈兵，很难熟练地将所学知识运用到实际生活中。广大学子既需要在校园里勤奋学习专业知识、提升综合素质、练就过硬本领，更需要在社会实践这所大学校里感知中国大地、体察国情民情，在亲自动手、解决实际问题过程中理解专业知识、培育劳动情怀、领悟劳模精神。劳动教育是一种开放的、因人制宜的幸福教育，形式是多样的，内容是丰富的，可以完全打破课堂的界限。家务劳动、校园劳动、校外劳动、志愿服务，授课、交流、参观、实践，家庭、学校、车间、商场、田间地头……任何实施劳动教育的途径和场地，都是同时在为弘扬劳模精神服务，有力地拓宽了弘扬劳模精神的路径。

（四）劳动教育有利于增强劳模精神的吸引力

弘扬劳模精神，增强吸引力是保障。在这个创新发展的新时代，学生是创新发展的新生力量。对广大学子开展劳动教育，要在继承传统劳动教育做法的同时，紧跟新时代创新发展的新步伐。创新劳动教育的方式方法方面，要在借鉴国内外先进经验的基础上，亲身现场体验，并精准灵活地运用网络信息技术、模拟仿真试验、人工智能等形式，拓展劳动教育方式。注重利用"慕课"、在线课堂、翻转课堂、手机课堂、微课堂等方式讲好劳动教育课，打造新时代劳动教育的"金课"，使劳动教育增强互动性、即时性、趣味性。在用好校园内外传统纸质媒体的同时，抢占新媒体阵地，进行全媒体传播，积极利用新媒体的传播优势，通过"两微一端"网络平台，制作推广更多轻量化、可视性高、互动性强的新媒体宣传作品，实现更好的传播效果。发挥好电影、电视等媒体的作用，引导学生多多观看中央电视台的《大国工匠》系列节目、《劳动者之歌》专题节目。把握网络传播的特点，根据学生的媒体接触习惯，用平视的角度、平和的态度、平等的互动实现有效传播，推动劳动教育。通过这些方式，增强劳动教育的感染力、吸引力，让劳动教育活起来、实起来、酷起来，更能贴近学生的实际需要，增强劳动教育的感染力，也能提高学生对劳动精神、劳模精神的认同，使得劳模精神更具吸引力。[①]

四、劳模：劳动教育的榜样聚焦与价值引领

要实现劳模精神与劳动教育的有效融合，就必须以劳模精神为价值引领，以劳模的先进事迹为榜样聚焦，从解决认识欠缺、形式单一、内容滞后等问题入手，深化推进劳动教育。只有让广大学子真正学习劳动模范"爱岗

---

① 刘向兵：《针对网络原住民的劳育新在哪》，《中国教育报》2018 年 12 月 20 日。

敬业、争创一流，艰苦奋斗、勇于创新，淡泊名利、甘于奉献"的精神，才能在他们身上强化新时代的劳动责任感、使命感和荣誉感，锻造出辛勤劳动、诚实劳动、创造性劳动的劳动品格，成为他们一生永久的精神财富。

（一）劳模为劳动教育提供榜样聚焦

榜样的力量是无穷的。劳动模范就是一面镜子、一面旗帜，也是社会新风尚的引领者。

习近平总书记强调，一种价值观要真正发挥作用，必须融入社会生活，让人们在实践中感知它、领悟它。要注意把我们提倡的与人们日常生活紧密联系起来，在落细、落小、落实上下功夫。在劳动教育中，引入劳动模范作为榜样，将劳动模范同劳动教育紧密结合，充分发挥劳动模范的示范、激励、导向作用，是保证劳动教育落到实处的有效途径，也是实现劳动模范社会价值的重要手段。多年来，中国劳动关系学院坚持举办"劳模大讲堂""大国工匠进校园""大国工匠报告会"等活动，在校园网、官方微信微博、校报、橱窗等宣传阵地推送劳模先进事迹，大力弘扬劳模精神和工匠精神，让大学生有机会近距离接触劳动模范、感受劳模精神、聆听劳模故事、观摩精湛匠艺、分享工匠情怀，引导青年师生学习劳动模范和大国工匠勤奋学习、勤于钻研、勤勉敬业的精神，并逐渐沉淀为特色校园文化，成为将劳动教育落到实处的典范。[1]2017 年 11 月 24 日，为了在高校广大师生中进一步弘扬劳模精神、工匠精神，推进劳模文化、工匠文化育人工作，复旦大学、上海交通大学等 10 所高校聘请了包起帆、李斌、徐小平、翁伟樑、邵景峰、朱洪、吴文巍、朱国萍、邓子新、王军等 10 位知名劳模，为"劳模（工匠）精神进校园"特聘教授，标志着以劳动模范榜样作用促进劳动教育的落实和发展，又有了新的拓展和深化。

---

[1] 屈增国、刘向兵：《用劳动教育筑牢立德树人基石》，《光明日报》2018 年 10 月 25 日。

（二）劳模为劳动教育提供价值引领

一个时期以来，在观念上，劳动教育被置于边缘位置，劳动教育在学校中被弱化、在家庭中被软化、在社会中被淡化；在实践中，劳动教育存在诸多薄弱环节和问题，课程完善、资源丰富、模式多样、机制健全的劳动教育体系尚不完备。同时，由于我国传统文化观念中"万般皆下品，唯有读书高"等消极片面观念的影响，由于投机主义、享乐主义、拜金主义等思潮的冲击，也由于一些独生子女长期处于"饭来张口，衣来伸手"的成长环境，有的青少年崇尚享乐安逸，渴望一夜暴富、一夜成名；有的以自我为中心，不善协作；有的劳动观念淡漠，劳动能力欠缺，动手能力不足；有的消费超前，大手大脚，攀比享乐；有的逃课睡觉，应付功课，抄袭作弊；有的吃不起苦、受不起累，不知创业艰难，缺乏创业能力；还有的形成了脑力劳动和体力劳动、生产劳动完全不相干，甚至鄙视后者的潜意识。上述问题，集中体现为"三不"，即不想劳动、不会劳动、不珍惜劳动成果。

在这种形势下，加强劳动教育是各级各类学校培养德智体美劳全面发展的建设者和接班人的首要途径，是贯彻落实社会主义核心价值观总体要求和立德树人根本任务的现实需要，是纠正当下家庭溺爱子女、学校劳务全盘外包、劳动教育不受重视等现象，培养学生吃苦耐劳精神的必然要求，也是改进和加强教育工作的重点领域。近年来，随着党和政府的大力倡导，劳动教育受到越来越多的重视，在一定程度上得到了恢复和发展，但远远没有达到应有的地位。

劳动教育的缺失或者效果不佳，必然带来不珍惜劳动成果，不尊重劳动者，缺乏劳动意识、奉献意识和感恩意识的结果。对此，各级各类学校需要打破陈旧的教育理念，以劳模精神为重要抓手，积极引导当代学生崇尚劳动、学习劳动模范、造福人民，牢固树立科学的劳动价值观，让"劳动最光荣、劳动最崇高、劳动最伟大、劳动最美丽"成为每个学生的共识，让辛勤劳动、诚实劳动、创造性劳动成为每个学生的自觉行动和终生追求。一直以来，劳模精神都是引领、教育广大职工的重要抓手，也是激励广大职工团结奋进、战胜困难的强大精神动力。在劳动教育方面，劳模精神同样是引领、教育广大学子的重要抓手，是激励广大学子"立志向、有梦想，爱学习、爱劳动、爱祖国，德智体美劳全面发展"的强大精神动力。因此，在劳动教育的属性、课程标准、支撑体系、发展生态亟待完善的当下，弘扬劳模精神就显得尤为重要。

新时代是劳动者的时代，是奋斗者的时代，是不断创造人民美好生活的时代；新时代也是当代学子努力奋斗、驰骋梦想、激扬青春、奉献祖国的时代。有理由相信，加强劳动教育，坚持和弘扬劳模精神、劳动精神、工匠精神，必能为新时代的奋斗者插上翅膀，使他们真正成为劳动教育的受教者和受益者，成为劳动精神的弘扬者和引领者，成为劳模精神的践行者和创造者，最终成为实现中华民族伟大复兴中国梦的中坚力量。[①]

第三节　新时代劳模与劳动教育的新探索

一、新时代劳动教育的新内涵

党的十八大以来，习近平总书记关于劳动的一系列重要论述，在继承和发展马克思主义劳动思想的基础上，基于时代的历史维度与实践的发展向度，回应了新时代中国特色社会主义发展过程中面临的新使命和新课题，形成了"实干兴邦"的劳动实践观、"民族复兴"的劳动发展观、"崇尚劳动"的劳动价值观、"热爱劳动"的劳动教育观，构筑起以劳动支撑中国特色社

---

① 刘向兵：《让劳动教育为新时代的奋斗者插上翅膀》，《中国高等教育》2018 年第19 期。

会主义伟大事业的实践路径。新时代的劳动要回到这样全面的、本原的劳动观上，把劳动看成包括人类创造世界、改造世界的一切实践活动，是劳动、工作、做事、干事、奋斗的统称。

（一）在形成正确劳动价值观过程中，要让"劳动最光荣、劳动最崇高、劳动最伟大、劳动最美丽"的观念深入人心

劳动价值观是劳动者对劳动的根本看法和态度，它直接决定着劳动者的价值判断和价值选择，是世界观、人生观、价值观的重要组成部分。劳动价值观不仅直接影响青年学习、生活的方方面面，更关系到他们走上工作岗位后的价值取向、就业倾向、社会责任等方面的精神特质。"劳动最光荣、劳动最崇高、劳动最伟大、劳动最美丽"，是习近平总书记对新时代劳动价值观的明确定位。只有让青年真正理解为什么"尊重劳动"为"四个尊重"（即尊重劳动、尊重知识、尊重人才、尊重创造）之首，不能离开"尊重劳动"去谈时代精神，由衷认可"实干兴邦""创造伟大"的道理，充分认识新时代劳动的复杂性与多样性，切实改变轻视体力劳动和体力劳动者的错误心态，"劳动最光荣、劳动最崇高、劳动最伟大、劳动最美丽"的劳动价值观才能在当代青年心目中扎根、生长，指导他们形成正确的择业观、就业观和创业观，养成积极的劳动态度、良好的劳动品德。①

（二）在培育积极劳动态度过程中，要格外强化辛勤劳动的意识与态度

劳动态度是在一定劳动价值观支配下，在长期劳动情感体验基础上形成的，一种相对稳定的对待劳动的心理倾向。"爱劳动"一直是我国劳动教育中特别重视培养的基本劳动态度。新时代劳动教育除了要继续培养青年热

---

① 刘向兵：《新时代高校劳动教育的新内涵与新要求》，《中国高教研究》2018 年第 11 期。

爱劳动的态度外，还要进一步加强辛勤劳动态度的培养。辛勤劳动是诚实劳动、创造性劳动的前提和基础。习近平总书记谆谆教导青年人："要坚持艰苦奋斗，不贪图安逸，不惧怕困难，不怨天尤人，依靠勤劳和汗水开辟人生和事业前程。"① 2018 年 5 月，在北京大学师生座谈会上的讲话中，习近平总书记更是告诫青年人："幸福都是奋斗出来的，奋斗本身就是一种幸福。"② 今天的青年人出生在物质生活优越的年代，普遍没有受过生活艰辛的磨砺，缺乏吃苦耐劳的锻炼，在辛勤劳动方面急需补课。因而，加强辛勤劳动态度的培养，是新时代劳动教育的当务之急。

（三）在培养优良劳动品德过程中，要强化诚实劳动、人本关怀、家国情怀

劳动品德是指人们在劳动过程中表现出来的，对他人、社会的稳定的心理特征或倾向，直接反映出人的道德品质。新时代的劳动品德教育，要强化诚实劳动教育。习近平总书记深刻揭示了诚实劳动的价值，将其视为实现人世间美好梦想、破解发展中各种难题、创造生命里一切辉煌的必由之路。这是因为，诚实劳动是社会和谐的基础，和谐劳动关系的建立依靠每位劳动者认真履行诚实劳动的道德理念，把对社会的义务和责任诚实无私地落实到劳动中去；诚实劳动是经济发展的基础，劳动者的诚实劳动是优化生产资源配置的内在驱动力，企业的诚实劳动是奠定企业信誉、稳定行业基础的基石；诚实劳动是人全面发展的基础，它要求劳动者不驰于空想、不骛于虚声、不投机取巧，而是诚实地运用自己的全部体力与脑力，不断实现梦想、获得发展。新时代的劳动品德教育，要凸显"尊重劳动者"的人本关怀。要教育广大青年正确认识新时代社会劳动领域和劳动群体发

---

① 习近平：《在知识分子、劳动模范、青年代表座谈会上的讲话》，人民出版社 2016 年版，第 11 页。

② 习近平：《在北京大学师生座谈会上的讲话》，人民出版社 2018 年版，第 12 页。

展的新势态，由衷尊重劳动和劳动者，特别是尊重体力劳动和体力劳动者，为建构一个所有"劳动者参与发展、分享发展成果的"① 公平正义的社会而奋斗。新时代的劳动品德教育，要培育"实干兴邦"的家国情怀。新时代青年是进取有为的一代，是愿意努力奋斗的一代，但他们的进取和奋斗大多带有明显的自我本位特点，更强调通过奋斗实现个人发展，对自己应尽的社会义务与责任考虑不多。因此，要积极引导青年"自觉把人生理想、家庭幸福融入国家富强、民族复兴的伟业之中，把个人梦与中国梦紧密联系在一起"。②

（四）在掌握必备劳动知识技能过程中，要加强劳动科学知识教学，为青年劳动素养的全面提升打好基础

劳动知识技能是指人们从事一定劳动必须具备的知识、技术、技巧，以及综合运用这些知识、技术、技巧的能力。学校里各门专业知识的学习本身就是一种劳动知识学习，学生的专业实习、毕业实习也都是被明确列入教学计划的劳动技能训练，必须抓紧抓好，为建设宏大的知识型、技术型、创新型劳动者大军奠定基础。除了各门专业课程中的劳动知识技能教育，新时代劳动教育还应加强劳动科学知识的教学。人类在总结规律、创新知识的过程中，形成了劳动哲学、劳动伦理学、劳动文化学、劳动社会学、劳动教育学等一系列"劳动 +"学科。这些学科深化了人们对劳动问题的研究，提升了教育水平和劳动人才培养质量；同时，也提高了学生对劳动多学科、多维度的认识，使学生学到分析、解决劳动问题的本领，增强了劳动观念，提升了劳动技能。

---

① 《习近平谈治国理政》第一卷，外文出版社 2018 年版，第 46 页。
② 《习近平谈治国理政》第一卷，外文出版社 2018 年版，第 45 页。

二、新时代劳动教育的新要求

新时代劳动教育要顺应新时代劳动发展趋势，对青年进行系统的劳动思想教育、劳动技能培育和劳动实践锻炼，全面提高青年的劳动素养，引导新时代青年在劳动创造中追求幸福感、获得创新灵感，培养具有社会责任感、创新精神和实践能力的专门人才。

（一）在地位上，新时代劳动教育应成为人才培养体系的专门一部分

劳动教育有自身独特的育人价值，理应从促进学生全面发展的有效途径，提升为与德智体美四育并举的、全面发展的人才培养体系的一部分。所以，劳动教育在依托专业教育，强化劳动知识与技能培养的同时，还需要依托专门体系，强化青年们的劳动价值观、劳动情感态度、劳动伦理责任、劳动权益意识等各方面劳动素养的培养。从实践效果看，任何教育要有效落实，必须依托一套成熟、完善、科学的课程与教学体系。新时代劳动教育也应该是课程劳动与专业劳动的有机结合，在专业教育之外，应设置专门的劳动教育选修或必修课程，系统建构独立设置与有机融入相结合的高校劳动教育体系。

（二）在内容上，新时代劳动教育应反映新时代劳动发展趋势

劳动是一个发展性的概念，在不同历史时期有不同的内涵。在新时代，"劳动的内容将会越来越丰富多彩；劳动形式将会越来越富于变化；劳动者的流动性将会逐渐增强；劳动的世界性将把人类劳动联结为一体；劳动者的体力支出会越来越少，而智力支出会越来越多；劳动生产率将会越来越高，人的闲暇时间会越来越多；劳动主体的作用会越来越突出，人才的重要性会越来越突出，世界各国对人才的争夺战会越来越加剧；劳动仍然是人们谋生的

重要手段，但其乐生性将逐渐成为重要内容"。① 这一系列新变化，要求新时代劳动教育作出新的呼应、增添新的内容。

（三）在形态上，新时代劳动教育表现为劳动思想教育、劳动技能培育和劳动实践锻炼三大任务领域

其中，劳动思想教育凸显了劳动教育的德育属性，劳动价值观、劳动情感态度、劳动伦理责任、劳动权益意识等方面的培养均属于劳动思想教育范畴。劳动技能培育凸显了劳动教育的智育价值。大学里各专业的理论学习、实习实训、产教融合等虽不乏劳动思想教育的价值，但更偏重劳动技能的培育。劳动实践锻炼强调了劳动教育的"体知"特点，旨在引导学生在广阔的生产劳动与社会实践中，增进知识、磨炼意志、增长才干、提高素质、培养社会责任感。这三大任务领域虽各有侧重，但又"三位一体"，相互影响、相互促进，体现了新时代劳动教育是"关于劳动的教育"和"通过劳动的教育"相统一、理论学习与实践训练相结合的过程。②

（四）在目标上，新时代劳动教育以全面提升青年劳动素养为主要关注点

如前所述，劳动教育一直被视为促进人的全面发展的重要途径，新时代劳动教育更应充分发挥好劳动教育树德、增智、健体、育美、创新的综合育人价值。但同时也要意识到，劳动教育之所以要取得与德智体美四育并举的地位，根本原因在于它有自身独特的育人任务——提升学生的劳动素养。劳动思想教育、劳动技能培育、劳动实践锻炼，均以全面提升大学生的劳动素养为根本着眼点。大学育人的各主要环节——思想政治教育、专业教育、实

① 王凤兰、黎延年：《论知识经济条件下劳动的内涵和外延》，《社会科学论坛》2003年第5期。

② 曲霞、刘向兵：《新时代高校劳动教育的内涵辨析与体系建构》，《中国高教研究》2019年第2期。

习实训、创新创业教育、就业指导、社会实践、志愿服务、产教融合等本身，都含有劳动教育的基因，但如果这些育人环节的关注点主要是知识技能本身的学习、巩固和运用，或一般意义上的道德养成，而非劳动素养提升的话，严格地说，不能视之为真正的劳动教育。

（五）在目的取向上，新时代劳动教育追求内在价值与外在价值的和谐统一

新时代劳动教育的目的，首先是引导青年在劳动创造中追求幸福感、获得创新灵感；在此基础上，为国家建设培养具有社会责任感、创新精神和实践能力的高级专门人才。这一目的定位，体现了新时代劳动教育内在价值与外在价值的统一。考察 1949 年以来我国劳动教育的历史演变，我国劳动教育表现出明显的服务社会发展的外在目的取向，每一次都是来自教育系统之外的需要左右着劳动教育的走向。20 世纪五六十年代，推进劳动教育是为了解决中小学毕业生就业问题、缓解国家经济压力；六七十年代，推行劳动教育是为了服务阶级斗争、政治改造；八九十年代，推行劳动教育是为了服务经济建设，加强现代化建设所需劳动技术教育；21 世纪以来，劳动教育再次受到重视，是为了推动国家创新、实现民族复兴。可以说，未能由衷地认识到并在全社会充分彰显劳动对于人的身心健康及全面发展的重要意义，是我国劳动教育缺乏内在生命力的重要原因。因此，基于对历史的反思，新时代劳动教育首先要引导学生在劳动创造中获得幸福感，激发劳动创造的热情与兴趣，在此基础上实现"培养具有社会责任感、创新精神和实践能力的高级专门人才"的人才培养目标。

三、新时代劳模与劳动教育的新实践

（一）以劳模进校园活动为载体推进劳动教育的探索实践

2010 年，全国总工会在全国劳动模范和先进工作者表彰大会期间，邀

请 10 余位劳动模范走进清华大学、北京大学、北京八中、中关村第一小学，为广大青少年提供了走近劳模的机会。同年，教育部下发《关于组织开展劳模进校园活动的通知》，决定在各级各类学校广泛开展劳模进校园活动，要求各地教育部门和各级各类学校积极邀请在全面建设小康社会、加快推进社会主义现代化伟大实践中取得显著业绩的先进模范人物走进校园，通过作报告、座谈、对话、担任校外辅导员和学生社团指导教师等形式，引导广大青少年学生学习领会爱岗敬业、争创一流，艰苦奋斗、勇于创新、淡泊名利、甘于奉献的伟大劳模精神。自此，劳模进校园活动在全国广泛开展起来。

在开展劳模进校园活动过程中，各地涌现了一大批先进经验做法，不断丰富着劳模进校园活动的载体形式，取得了显著成效。比如，江苏省总工会、省教育厅、省文明办联合下发《关于在全省广泛开展"劳模精神进校园"活动的意见》，通过形式新颖的活动，让劳模走进校园成为学生的偶像，让学生走出校门体验劳模工作，将劳模进校园活动有机融入学校的教育计划中，在青少年中引导树立辛勤劳动、诚实劳动、创造性劳动的观念。福建省总工会、省教育工委、省教育厅联合开展了以劳模进校园、走进劳模工作室、宣传劳模精神为主要内容的"学习劳模、热爱劳动"活动，具体活动方式包括：将劳模典型事例提炼成贴近青少年的故事、画报和读本等，在思想政治课、德育课上讲授；开辟劳模课堂，让劳模走进学校、走进课堂；利用劳模的微博等新媒体，与网民互动；在学校配备校外劳模辅导员，并邀请劳模与班级对接，探索常态化、长效化的活动机制。上海市在开展劳模进校园活动时，将单一的进校园活动，扩展为成立上海市劳模文化研究中心、组建劳模讲师团、设立劳模育人实践基地、开展走近劳模系列活动、推进劳模精神进课堂等，让劳模精神在潜移默化中成为青少年成长成才的精神榜样。

在全国各地，劳模进校园逐渐演变为劳模大讲堂、劳模巡回宣讲团等常态模式，将劳模精神送进机关、企业、社区，让劳动模范与社会公众零距离接触，广泛传播劳模的正能量。大力开展劳模进校园活动，在青少年中广泛宣传劳模事迹、传播劳模故事，是劳模精神、劳动精神得以薪火相传的重要载体，也是在全社会营造劳动最光荣、劳动者最伟大良好风尚的重要途径。开展劳模进校园活动，对于弘扬劳动最光荣、劳动最崇高、劳动最伟大、劳动最美丽的价值导向，推动让劳模精神在校园中蔚然成风，发挥了积极作用。

中国劳动关系学院是中华全国总工会直属的唯一一所普通高等院校，由中华全国总工会与教育部共建。建校70年来，该校坚持弘扬劳动特色、工会特色、工运特色，坚持走"特精尖"内涵式发展道路，已经成为工会和劳动关系领域学科门类较为齐全、较为完整的大学。近年来，该校党委坚持把立德树人作为一切工作的根本任务和中心环节，坚持"弘扬特色创一流、崇尚劳动育英才"，将"劳动情怀深厚"写入人才培养目标，坚持发挥"劳动模范在校园，大国工匠在身边"的独有优势，推动劳模精神、劳动精神和工匠精神进教材、进课堂、入脑入心，探索将劳动教育同思想政治教育有机结合，逐步构建起立足行业特色、符合学校实际的劳动教育格局。

一是打造一个特色品牌。中国劳动关系学院先后举办"劳模大讲堂""大国工匠进校园——走进中国劳动关系学院"等活动，邀请许振超、郭明义等全国著名劳模和20余位劳模学员与师生座谈，分享成长经历，弘扬劳模精神，对青年大学生自觉践行社会主义核心价值观起到了很好的引领示范作用。二是完善一个共建机制。近年来，劳模学员所在党总支与本科生党支部结对子，劳模党员分享先进事迹，本科生党员畅谈学习心得。通过不断完善党支部共建机制，促进劳模党员和本科生党员同学习、共进步，取得了良好成效。三是选聘一批劳模导师。积极探索建立"聘请劳模学员担任大学生德育导师和兼职辅导员"制度，增强劳模精神潜移默化的影响力，强化劳模品质对青年大学生的日常引领，为学校思想政治工作队伍注入新的力量，做到全员、全过程、全方位育人。四是拓展一片文化阵地。将传统宣传阵地与新媒体平台有机结合，通过在官微开设"身边劳模"、在官网报道劳模故事等多种形式，展示劳动模范和大国工匠的成长故事，塑造"崇尚劳动、崇尚创造"的新时代劳动价值观，增强劳模精神的时代感和感染力。五是开创一系列特色课程。开设"大国工匠面对面"公共选修课，创新授课方式，邀请全国劳模走进课堂，与思想政治理论课教师共同授课。课上，劳模们演示精湛技艺、讲述工匠事迹，教师讲解理论知识、进行思想引领，用鲜活素材生动阐释新时代劳模精神的丰富内涵、广泛宣传劳模精神。六是建设一批学术平台。积极培育"劳动 +"学科群，组建了全国高校第一家以劳动关系与工会为主题的新型智库——劳动关系与工会研究中心，参与发起成立了国家一级学会——劳动经济学会，并成立了大国工匠与劳动模范研究所、"一带一路"与劳动关系研究所等研究机构。[①]

中国劳动关系学院通过特有的校园文化品牌建设，让学生近距离感受劳模精神，引领青年大学生勤奋学习、勤勉为人，践行社会主义核心价值观，为高校劳动教育进行了有益的探索和实践。

（二）以劳模为引领进一步推进新时代劳动教育的发展方向

一是着力构建科学、规范的劳动教育制度体系。首先，要尽快修订教育法和高等教育法，将劳动教育、"劳育"入法，从顶层设计上构建完善的人才培养体系，为高校普及劳动教育提供法律依据和支持。同时，要完善相关配套制度，在借鉴教育部等部门联合下发的《关于加强新时期中小学劳动教育的意见》基础上，结合 2018 年全国教育大会精神，适时出台《关于全面

---

① 刘向兵、李珂、彭维峰：《深刻理解新时代加强劳动教育的重大意义与现实针对性》，《中国高等教育》2018 年第 21 期。

加强劳动教育的意见》，对实施劳动教育全覆盖的主要目标、基本原则、关键环节和保障机制进行明确概括，坚持大中小学劳动教育一体化、学校教育家庭教育社会教育协同化，进一步深化劳动教育领域改革，有效拓展劳动教育领域，优化劳动教育结构，推动劳动教育在基础教育、职业教育、高等教育领域协同发展。

二是着力探索切实可行的高校劳动教育实施路径。高校要深刻认识和把握教育发展规律，以创新精神推进劳动教育高质量普及。一要建立并完善劳动教育学科体系、教学体系、教材体系、管理体系，开好劳动教育课程，与其他专业课同向同行。二要推进劳动教育同思想政治教育密切结合，利用好思想政治理论课课堂这个主渠道、主阵地，使德育、劳育形成协同效应。三要打通劳动教育实施路径，强化社会实践育人，通过增加实验实践教学课时、鼓励参加创业创新项目、志愿服务、工学结合、毕业实习、产教融合等多种途径，感受劳动带来的收获，促进形成尊重劳动、热爱劳动的真挚情感。四要完善劳动教育平台和载体，在日常学习生活中强化大国工匠、劳动模范的榜样引领作用，以校园文化建设为载体，宣传大国工匠，传播劳模故事，引导大学生立足勤奋学习，立志劳动创造，切实全面提升自身素质。

三是着力加强劳动科学学科建设、学术研究和智库建设。高校加强劳动教育，要在构建完备的中国特色劳动科学学科体系上下功夫；要加强学科专业与思想政治教育课、社会实践课及相关专业课的交流借鉴，推动劳动科学学科建设与学术研究、智库建设协同发展，推动劳动科学学科建设同劳动教育深度融合。同时，党和政府也要大力支持劳动科学领域学科建设、学术研究与智库建设，加大国家级相关科研项目规划、立项和经费支持力度。

四是着力将劳模精神、劳动精神、工匠精神纳入师德师风建设范畴。高尚的师德，是对学生最生动、最具体、最深远的教育。应将劳模精神、劳动精神、工匠精神的内涵纳入师德师风建设范畴，建立科学的教育评价导向，着力选树一批新时代教育楷模，形成正面示范效应；还应将劳模精神、劳动精神、工匠精神与师资队伍建设有机结合，丰富师德师风建设的内涵，着力建设一支执着于教书育人、有热爱教育定力、带干劲闯劲钻劲的 水平教师队伍。

第七章　劳模与职业培训

职业培训是提升劳动者就业创业能力、增强企业与国家核心竞争力的重要举措，也是经济迈向高质量发展的重要支撑。在职业培训中发挥劳模的重要作用，弘扬劳模精神和工匠精神，是营造劳动光荣的社会风尚和精益求精的敬业风气，建设知识型、技能型、创新型劳动者大军的重要保障。

第一节　我国职业培训的发展状况

一、职业教育的概念、内涵与发展历史

职业教育是普通教育的重要组成部分，是对受教育者在进入社会某个行业之前进行的一项有针对性的技能培训，也是使受教育者正式融入某个行业的一种培训手段。职业教育的受教育者主要是社会中下层青年。这一劳动力主体大量雇佣化，由传统就业领域转向新兴工业就业领域，是职业教育实现规模化的前提。学生通过接受职业教育，受到必要的知识和技能培训，能够从事某种职业，获得某种社会职业资格。职业教育具有针对性、实用性、行业性等特点，受教育者通过职业教育得到工作，通过职业训练得到更好的工

作机会。职业教育的关键在于满足工业需求，即通过职业教育为工业社会培养出大量符合条件的劳动者。

世界上最早的职业教育诞生于19世纪的德国，成熟发展于20世纪初。1871年德意志实现全国统一后，现代化工业发展加速推进。第一产业从业人口下降，第二产业劳动者的人数占比越来越大，越来越多的劳动力从乡村涌入城市。德国迅速地从一个农业国向工业化国家迈进，经济和社会发展对劳动力的技术要求越来越高。新兴的现代化工厂更强调员工的技能水平，强调各工序分工合作的现代化流水线生产方式，而传统的家庭作坊式手工业者已无法适应现代工业的要求。在这一历史背景下，职业教育首先在德国蓬勃发展起来。至1875年，普鲁士的矿业、冶金业等部门，便有百余家企业为工人开设培训课程、教育课程及讲座，有组织的工人职业技能培训在新兴大工业企业中日益获得重视。与此同时，职业教育相关理论也开始萌芽。德国的凯兴斯泰纳在其著作《劳作学校的要义》中提出，国家应该对人的个性进行影响，以改善社会道德，而实现这一目标的重要一步是实行职业教育。凯兴斯泰纳将进行职业教育的学校称为劳作学校，认为这种学校培养的人才是能够直接服务于国家的"有用的国家公民"，它才是国民教育的根本。凯兴斯泰纳认为"学校应该是学生为未来职业进行准备的场所"，职业教育应是面向全体公民义务实施的国民教育。

中国的职业教育真正迈入近代化轨道，是在辛亥革命之后。推翻了封建专制的清王朝，民族工商业开始萌芽。特别是1914年第一次世界大战爆发后，欧洲老牌帝国主义国家陷入战争泥沼，为中国民族工商业的启蒙与发展提供了难得的历史机遇。中国民族工商业的迅速发展，促进了国家产业结构的调整，使得中国从一个传统农业国向工业国迈进。这种的结构调整需要大量农民转化为产业技能人才，尤其以上海、天津、广州等城市为代表。这一情况，推动了以实业学校为主要形式的职业技术教育发展。随着教育界对职业教育的大力宣传与提倡，以及经济社会发展对职业教育愈来愈大的需求，从 1916 年起到 1922 年新学制颁布，职业教育开始在整个学制系统中占据重要地位。

1917 年，著名教育家黄炎培联合蔡元培、梁启超、张謇、宋汉章等 48 位教育界及实业界的知名人士，在上海发起成立了中华职业教育社。该社以倡导、研究和推行中国的职业教育，改革脱离生产劳动和社会生活的传统教育为立社宗旨，提出职业教育的目的是"谋个性之发展，为个人谋生之准备，为个人服务社会之准备，为国家及世界增进生产力之准备"。中华职业教育社成为中国近代教育史上改革的先行者。对于在中国开展职业教育的初衷，黄炎培认为，当时中国最重要、最困难的问题是生计，而从根儿上解决生计问题只有教育。但当时的教育不仅没有解决生计问题的希望，反而成为莫大障碍。于是，要大力提倡、推行职业教育，以矫正教育之弊、救济社会之穷。黄炎培在国内外的教育考察中，广泛宣传其职业教育的主张与理论，博得国内外有识之士的赞同与支持。由黄炎培草拟的《中华职教社宣言书》揭露了当时教育存在的弊端，分析了其原因："今之策国是者，莫不重教育；策教育，莫不谋普及。兴学二十余年，全国学校亦既有十万八千余所，何以教育较盛之区，饿莩（殍）载涂（途）如故，匪盗充斥如故？更进言之，谓今之教育而能解决生计问题，则必受教育者之治生，较易于其未受教育者可知。而何以国中自小学以至大学，学生之毕业于学校而失业于社会者比比"？并且指出："今吾中国至重要至困难问题厥惟生计。曰：求根本上解决生计问题厥惟教育。曰：吾中国时之教育决无能解决生计问题之希望。曰：吾中国时之教育不惟不能解决生计问题，且将重予关于解决生计问题之莫大障碍"，"教育不与职业沟通，何怪百业之不进步"。进而，提出了解决以上问题的方法："假立救济之主旨三端，曰：推广职业教育；曰：改良职业教育；曰：改良普通教育，为适于职业之准备"。在黄炎培上述职业教育思想指导下，1918 年，在中华职业教育社基础上创建了中华职业学校。其后数十年间的职业教育及社会活动，主要通过中华职业教育社来展开。新中国成立后，中华职业教育社通过函授教育等方式，在社会主义革命和建设事业中继续发挥着积极作用。改革开放后，中华职业教育社紧紧围绕党和国家的中心工作，运用长期从事职业教育积累的丰富经验，认真开展职业教育研究，积极建言献策，加强办学实践，注重在民办职业教育领域发挥作用，倡导并实施"送温暖工程"，广泛联系港澳台和海外职业教育界人士，为推进我国职业教育的健康发展作出了应有贡献，成为推进实施科教兴国战略和人才强国战略的重要力量。

著名教育家陶行知也是中国职业教育的开拓者之一。他为了改变旧中国积贫积弱的落后面貌，提倡和推行有利于国计民生的平民教育运动，开创了中国当代职业教育。1916 年，陶行知提出："国内青年，学成无用，中学毕业就业者仅十分之一，此为国内最急需解决之问题。解决方法：一在提倡职业教育，一在普通教育教材与训练方针，皆能适合于实用"。陶行知还发表了《生利主义之职业教育》一文及题为《教育者的机会与责任》等演讲。他认为，职业教育是"生活所需之教育，职业劳动是生活的基础。任何人都必须接受职业教育以为职业之准备，任何轻视或鄙薄职业教育的观点都是轻率和错误的"。在《生利主义之职业教育》一文中，陶行知强调："职业以生利为作用，故职业教育应以生利为主义"。"生利主义"就是生产出有利于社会与人群的物质财富，培养出服务于社会与人群的技术本领。陶行知主张，"凡养成生利人物之教育，皆得谓之职业教育"，这是整个职业教育的宗旨与关键。

陶行知特别强调，开展职业教育要手脑并用、手脑联盟。他指出：在中国人的心目中，"以为教育便是读书、写字，除了读书、写字之外，便不是教育"。而我国劳动人民又是单纯地付出劳力，"知识与技能都不能充分发达"。因此，陶行知提出："中国教育革命的对策是使手脑联盟"，"人生两件宝，双手与大脑"，"在头脑指挥之下，把双手从长袖里伸出来，左手拿着科学，右手开着机器生产、建设、创造，必定能开辟出一个新天地来"。陶行知在南京、上海、香港、重庆等地，先后创办了晓庄师范、晓庄茶园，以及木作店、山海工学团、育才学校、中华业余学校、重庆社会大学等职业教育机构，大力推行职业教育。

在黄炎培、陶行知等一批先行者和开拓者的引领下，中国的职业教育完成了理论拓荒与实践探索。理论拓荒方面，对于在中国发展职业教育的重要性、职业教育的基本概念与内涵、职业教育同传统教育的区别及联系、职业教育方法论等方面，均进行了深入研究。他们指出，"劳心者治人，劳力者治于人"的传统思想，造成了中国传统文化中对劳动者和劳动实践的极度轻视，严重影响了我国职业教育的发展。并且，劳力与劳心分家，社会就难以发展，人类就无法进步。他们提出了"教学做合一"的职业教育思想，强调了培养动手能力与技能的重要性。

实践探索方面，从1918年创办中华职业学校开始，中国的职业教育走过了探索初创期、成长发展期与成熟稳定期。先后制定了专科学校组织法、修正专科学校规程、职业学校法、职业学校规程等法律法规，不仅将职业教育纳入正规教育系统，还加强了普通中小学的职业技术教育和职业补习教育。同时，逐步建立了从初等教育到高等教育、从职业学校到普通教育、从正规学校教育到各种职业培训班在内的职业教育制度体系。在中央苏区，也颁布了职业教育纲领性文件《短期职业中学试办章程》及《中央农业学校简章》，规定中央农校是为苏维埃农业建设的需要而建立，并列出了执行任务。[①] 抗战期间，为满足抗日根据地建设需要，创办了多种职业学校，逐步建立了职业教育制度，创办的职业学校包括农业学校、工业学校、卫生学校、财经学校等。

1949年全国解放后，在党和政府的正确领导下，我国的职业教育更进

---

① 柳燕：《民国时期职业教育制度的历史考察与现实启示》，《职业技术教育》2015年第22期。

入了一个大发展时期，建立了涵盖技工学校与中等专科学校，门类齐全、层次分明的职业教育体系，为新中国的建设提供了大量高水平建设者。

二、职业培训与职业教育的重要意义

中国是个有着将近 14 亿人口的大国，拥有近 8 亿劳动者。随着知识经济时代的来临，社会发展对劳动者素质和技能的要求愈来愈高，我国劳动力资源相对丰富与劳动者技能相对较低的矛盾日益突出。提高劳动者的素质与技能，将丰富的人力资源转化为强大的智力资源，变"中国制造"为"中国创造"，是国家的一项重大战略目标。职业培训与职业教育，担负着加快培养国家发展急需的各类技术技能人才、让更多有志青年在创造社会财富中实现人生价值的重大任务。职业培训与职业教育如果发展得好，能够为学生提供多样化的成长路径，有效地分流高考升学压力，避免"千军万马挤独木桥"的现象，为深化教育体制改革创造更好的条件。因而，大力发展各种层级的职业培训，提高劳动者素质，培养高技能人才，是我国的一项基本国策。2019 年 3 月召开的十三届全国人大二次会议上，李克强总理在《政府工作报告》中指出："多管齐下稳定和扩大就业。扎实做好高校毕业生、退役军人、农民工等重点群体就业工作，加强对城镇各类就业困难人员的就业帮扶。对招用农村贫困人口、城镇登记失业半年以上人员的各类企业，三年内给予定额税费减免。加强对灵活就业、新就业形态的支持。坚决防止和纠正就业中的性别和身份歧视。实施职业技能提升行动，从失业保险基金结余中拿出 1000 亿元，用于 1500 万人次以上的职工技能提升和转岗转业培训。健全技术工人职业发展机制和政策。加快发展现代职业教育，既有利于缓解当前就业压力，也是解决高技能人才短缺的战略之举。改革完善高职院校考试招生办法，鼓励更多应届高中毕业生和退役军人、下岗职工、农民工等报考，今年大规模扩招 100 万人。扩大高职院校奖助学金覆盖面、提高补助标准，加快学历证书和职业技能等级证书互通衔接。改革高职院校办学体制，加强师资队伍建设，提高办学质量。引导一批普通本科高校转为应用型大学。中央财政大幅增加对高职院校的投入，地方财政也要加强支持。设立中等职业教育国家奖学金。支持企业和社会力量兴办职业教育，加快产教融合实训基地建设。我们要以现代职业教育的大改革大发展，加快培养国家发展急需的各类技术技能人才，让更多青年凭借一技之长实现人生价值，让三百六十行人才荟萃、繁星璀璨。"

2019 年 2 月，国务院印发了《国家职业教育改革实施方案》。该方案指出："职业教育与普通教育是两种不同教育类型，具有同等重要地位。改革开放以来，职业教育为我国经济社会发展提供了有力的人才和智力支撑，现代职业教育体系框架全面建成，服务经济社会发展能力和社会吸引力不断增强，具备了基本实现现代化的诸多有利条件和良好工作基础。随着我国进入新的发展阶段，产业升级和经济结构调整不断加快，各行各业对技术技能人才的需求越来越紧迫，职业教育重要地位和作用越来越凸显。但是，与发达国家相比，与建设现代化经济体系、建设教育强国的要求相比，我国职业教育还存在着体系建设不够完善、职业技能实训基地建设有待加强、制度标准不够健全、企业参与办学的动力不足、有利于技术技能人才成长的配套政策尚待完善、办学和人才培养质量水平参差不齐等问题，到了必须下大力气抓好的时候。没有职业教育现代化就没有教育现代化。"

2019 年 2 月，中共中央、国务院印发了《中国教育现代化 2035》，提出推进教育现代化的总体目标是："到 2020 年，全面实现'十三五'发展目标，教育总体实力和国际影响力显著增强，劳动年龄人口平均受教育年限明显增加，教育现代化取得重要进展，为全面建成小康社会作出重要贡献"，"到2035 年，总体实现教育现代化，迈入教育强国行列，推动我国成为学习大国、人力资源强国和人才强国"。围绕上述总体目标，该文件明确了至 2035年的主要发展目标，包括职业教育服务能力显著提升、普及有质量的学前教育、实现优质均衡的义务教育并全面普及高中阶段教育等。这凸显了职业教育的重要地位。

2019 年 4 月，在京召开全国深化职业教育改革电视电话会议。国务院总理李克强对职业教育作出重要批示。他指出，发展现代职业教育，是提升人力资源素质、稳定和扩大就业的现实需要，也是推动高质量发展、建设现代化强国的重要举措。要坚持以习近平新时代中国特色社会主义思想为指导，认真贯彻中共中央、国务院决策部署，结合完成 2019 年高职院校扩招 100 万人的任务，瞄准市场需求和推动中国制造、中国服务迈向中高端，进一步改革完善职业教育制度体系，积极鼓励企业和社会力量兴办职业教育，补上突出短板，推动产教融合，着力培育发展一批高水平职业院校和品牌专业，加快培养国家发展急需的各类技术技能人才，完善人才评价激励机制，持续推进职业技能提升行动，让更多有志青年成长为能工巧匠，在创造社会财富中实现人生价值，为经济社会持续健康发展提供更好的人力人才资源保障。

国务院副总理孙春兰在这次会议上指出：职业教育和普通教育是两种不同类型的教育，但具有同等重要的地位。习近平总书记亲自主持审议《国家职业教育改革实施方案》，明确了一系列制度设计和政策举措。我们要深入贯彻习近平总书记关于教育的重要论述，认真落实李克强总理的批示要求，以提升职业教育质量为主线，深化改革、破解难题，更好发挥职业教育在经济社会发展大局、教育工作全局中的作用。各地、各有关部门要全面落实职教改革任务，完善体制机制，加强政策保障，形成多元办学格局，提高技能型人才的社会地位和待遇，增强职业教育的认可度和吸引力。加强"双师型"教师队伍建设，及时将新技术、新工艺、新规范纳入教材，推动教学、实训的融合。加快培育产教融合型企业，打造一批高水平实训基地，推动校企深度合作。稳妥推进 1+X 证书制度试点，鼓励学生在获得学历证书的同时，取得多类职业技能等级证书，拓展就业、创业本领。建立"职教高考"制度，完善"文化素质＋职业技能"的考试招生办法，推动实现中高职贯通、普职融通。扎实做好高职院校扩招 100 万工作，针对不同群体制定切合实际的招生办法和培养途径，保证培养质量，充分释放扩招的政策效应。

三、职业培训的发展现状

经过改革开放 40 多年来的不断发展，我国的职业教育有了很大发展，已形成与经济和社会发展、劳动就业紧密结合，多种形式并存、多种层次互相补充的职业培训体系。职业教育已经具备了大规模培养技术技能人才的能力，为国家经济社会发展提供了不可或缺的人力资源支撑。目前，已组建了56 个行业职业教育指导委员会，汇聚各方面专家 3000 多人，搭建起行业指导职业教育的组织平台。组建了 1400 个职教集团，3 万多家企业参与职业教育，广泛开展订单培养、校中厂、厂中校、现代学徒制等，基本形成产教协同发展以及校企合作共同育人的格局。联合行业企业，发布了新修订的包括 770 个专业的高职专业目录、410 个高职专业教学标准、230 个中职专业教学标准、136 个职业学校专业顶岗实习标准、30 个职业院校专业实训教学条件建设标准。

目前，我国的职业培训体系包括职前培训和在职培训两大系统。中职教育、高职教育、应用型本科教育是职前培训的主要形式，在职培训包括企业内部培训、在职职工培训及"金蓝领"培训等。

（一）职前培训——职业教育

职业教育为经济社会发展提供了有力的人才支撑。中职毕业生就业率连续 10 年保持在 95% 以上，高职毕业生半年后就业率超过 90%，近 70% 的职业学校毕业生在县市就近就业。在现代制造业、新兴产业中，新增从业人员 70% 以上来自职业院校，职业院校毕业生成为支撑中小企业集聚发展、区域产业迈向中高端的产业生力军。我国还与多个国家和国际组织建立了稳定联系，重点面向发展中国家实施了一系列人才培训、学校援建项目，分享我国职业教育的经验和成果，为世界职业教育发展贡献力量。

发展职业教育是促进教育公平和脱贫减贫的重要举措。我国已实施了示范性中等和高等职业学校建设、现代职业教育质量提升计划、产教融合工程等重大项目，打造了一批骨干学校、专业和师资。2017 年，全国职业教育财政性教育经费达 3350 亿元。服务家庭经济困难学生的资助体系逐步健全，中职的免学费、助学金分别覆盖超过 90% 和 40% 的学生，高职的奖学金、助学金分别覆盖近 30% 和 25% 以上的学生。近 3 年来，850 多万个家庭通过子女接受职业教育，实现了拥有第一代大学生的梦想。

1. 中职教育

中职教育是在中等教育高级阶段进行的职业教育，也包括部分高中后职业培训，招生对象是普通初中或高中的毕业生，目前是我国职业教育的主体。其定位是：在义务教育的基础上，培养大量技能型人才与高素质劳动者。中职学校在对学生进行高中程度文化知识教育的同时，根据职业岗位的要求，有针对性地实施职业专业知识技术技能教育。截至 2018 年，我国共有中职学校 1.03 万所，年招生 559.41 万人，在校生 1551.84 万人，招生和在校生分别占高中阶段教育的 41.37%、39.47%，发展规模世界最大。

2. 高职教育

高等职业教育是职业技术教育的高等阶段，以培养技术型人才为主要目标。它在完全中等教育的基础上培养出具有高等教育知识，又有一定专业技术技能的高水平人才，知识讲授以能用为度、实用为本。报考对象以应届普通高中毕业生为主，应届中职毕业生也可报考。高等职业教育包括专科和本科两个学历教育层次。高职学生毕业时，颁发国家承认学历的普通高等学校专科和本科毕业证书，并享受普通高校毕业生的一切待遇。《教育部关于全面提高高等职业教育教学质量的若干意见》（教高〔2006〕16 号）明确指出："高等职业教育作为高等教育发展中的一个类型，肩负着培养面向生产、建设、服务和管理第一线需要的高技能人才的使命，在我国加快推进社会主义现代化建设进程中具有不可替代的作用。"截至 2018 年，我国高职高专院校共计 1400 所，在校生规模达 1135 万人。

3. 应用型本科教育

应用型本科教育，是以本科教育为主，面向区域经济社会，以学科为依托，以应用型专业教育为基础，以社会人才需求为导向，培养高层次应用型人才，并以培养知识、能力和素质全面协调发展，面向生产、建设、管理、服务一线的高级应用型人才为目标定位的一种高等教育类型。引导部分本科高校向应用型转变，是近年来中共中央、国务院的重大决策部署，是高等教育结构调整的重要着力点和战略突破口，也是事关发展理念、制度体系、人才培养模式的重大变革。在这场变革中，要强调走地方性、应用型、开放性之路，坚持固基础、明特色、强应用、重协同的发展方针。

2019 年出台的《国家职业教育改革实施方案》，提出推动具备条件的普通本科高校向应用型转变、鼓励有条件的普通高校开办应用技术类型专业或课程、开展本科层次职业教育试点的指导方针。目前，广东、河南等 20 多个省区市，已出台引导部分普通本科高校向应用型转变的文件，300 多所地方本科高校参与改革试点，大多数是学校整体转型，部分高校通过二级学院开展试点，在校地合作、校企合作、教师队伍建设、人才培养方案和课程体系改革、学校治理结构等方面，进行改革探索。

（二）在职培训——职工教育

在职培训是指为提高在职劳动者的技术与技能水平，由用人单位直接或委托培训机构对劳动者实施的培训。劳动法第六十八条规定："用人单位应当建立职业培训制度，按照国家规定提取和使用职业培训经费，根据本单位实际，有计划地对劳动者进行职业培训。"职业教育法第二十八条规定："企业应当承担对本单位的职工和准备录用的人员进行职业教育的费用，具体办法由国务院有关部门会同国务院财政部门或者由省、自治区、直辖市人民政府依法规定。"该法第二十九条规定："企业未按本法第二十条的规定实施职业教育的，县级以上地方人民政府应当责令改正；拒不改正的，可以收取企业应当承担的职业教育经费，用于本地区的职业教育。"为了推动教育制度和劳动制度的配套改革，促进职业教育发展，普遍提高劳动者素质，根据《中国教育改革和发展纲要》和劳动法，20世纪90年代，国家出台了相关规定：凡技术工种比较复杂、技术要求比较高的行业、部门和工种招收与录用新工人，或在职人员转换岗位，必须先经过培训，培训合格才允许就业和上岗。经过几年的实践，一些经济比较发达的地区和大中城市、大型企业，初步实现了"先培训、后就业，先培训、后上岗"。

1.企业内部培训

企业内部培训是指，企业以自身力量对新招募员工或原有员工通过各种方式、手段，使其在知识、技能、态度等诸方面有所改进，达到预期标准的过程。由于存在不同的培训对象和不同的培训内容，企业一般采取多种培训方式和方法，以求取得良好的成效。内部培训是培训体系中最重要的组成部分，是培训的基石和不可再生力量，在企业中起着非常重要的作用。企业内的培训教师是对企业最认同、最拥护的群体，他们将企业精神融入课程，讲解知识，传授技能，为员工解答各类疑难问题。

2.政府部门主导的在职培训

党的十九大提出要大规模开展职业技能培训，建设知识型、技能型、创新型劳动者大军。国务院也印发了《关于推行终身职业技能培训制度的意见》。在人力资源和社会保障部的指导下，各地人力资源和社会保障厅（局）开展了职工培训和高技能人才培养工作，主要有以下几类：（1）扶持企业广泛开展职工培训。对有培训能力的大企业，鼓励自主开展职工培训。对缺乏培训能力的中小微企业，建立企业职工培训公共服务平台，整合企业培训需求，对接优质培训机构，提供课程开发技术支持等个性化服务。针对企业中农民工的技能薄弱环节，实施"农民工技能提升行动计划"。（2）开展企业新型学徒制试点等专项培训。（3）加强高技能人才队伍建设，依托重点领域的企业、协会、园区等建立高技能人才培养基地，并辐射带动相关企业的高技能人才培养。（4）实施职业教育东西部协作行动计划，广泛面向农民、农村转移劳动力、下岗失业人员、残疾人等开展职业培训。

3."金蓝领"职工培训

"金蓝领"是指技术工人中的高级技师。他们拥有丰富的专业知识、精湛的操作技能，是企业的技术骨干，也是工匠精神的体现者。党的十九大提出，要建设知识型、技能型、创新型劳动者大军，弘扬劳模精神和工匠精神，营造劳动光荣的社会风尚和精益求精的敬业风气。"金蓝领"培训项目是面向企业一线职工的技能再培训、转岗培训及入职前培训，"金蓝领"培训中心是提高企业一线职工技能的重要平台。

全国总工会十六届四次执委会会议制定了《2016年全国工会工作总体要求和主要任务》，在主要任务中着重提出："加强职工职业技能培训，努力培养造就知识型、技术型、创新型职工队伍。充分发挥工会'大学校'作用，适应结构性改革对职工素质的要求，深入实施职工素质建设工程，更加重视职工教育和职业技能培训，建立全总'金蓝领'职工技能培训示范点，依托工会院校、职工技能实训基地和多媒体手段，加强校企结合、工学结合，加强技能培训和下岗失业人员技能再培训，构建职工教育培训立体化网络，帮助广大职工更好适应创新带来的市场变化和创业就业条件变化。深化职工职业技能大赛，拓宽技术工人职业发展渠道，培育更多高素质劳动者。"

这一工会工作主要任务，抓住了当前职工在职培训的主要问题，把握了结构性改革对职工素质的更高要求，指明了职工队伍技能培训的主要方向，找准了实现目标的突破口。主要核心是依托工会院校建设"金蓝领"培训中心，并以此为平台，完成在职职工的技能再提高，以及下岗转岗职工的再培训。

四、新时期职业培训面临的挑战

近年来，我国的经济形势、人口状况及科技发展水平等方面发生了一系列重大变化。人口老龄化问题开始显现，青壮年劳动人口不增反降，特别是学龄人口出现断崖式下降，高等教育正跨入普及化阶段。在供给侧结构性改革的大背景下，经济增速从高速向中高速转变，产业结构面临从中低端向中高端转型升级的压力。改革开放40多年来推动中国快速发展的"人口红利"已不复存在，产业转型升级也对劳动力技能和知识结构提出了更高的要求，需要从追求劳动人口数量向追求高技能人口转变。总之，我国发展职业教育的外部环境正在发生重大变化，使得职业教育发展面临的机遇和挑战并存。为了适应这些变化，近年来，我国职业教育正在经历着转型升级的阵痛。

（一）中职教育的困境

中职教育对于优化我国中等教育结构、提高劳动者技能与素质、促进就业、为企业提供合格劳动者，具有十分重要的作用。但是，在高等教育日益普及的今天，很多学生和家长对中职教育充满偏见，认为进入中职学校的学生综合素质不高，是事实上的"差生"。这些偏见使得中职学校的招生工作越来越困难。近十几年来，中等职业学校数量一直处于减少趋势。从2012年到2017年，我国中等职业学校数量从9762所减少到8181所。河南、河北及湖南等人口大省，原本是中等职业学校数量最多的地区，总数分别达到640所、609所、467所。近几年来，受经济结构调整、高校扩招的影响，报考中等职业学校的初中毕业生明显减少，使得中等职业学校招生数、在校生数连续减少，同时，生源质量也有所降低。从2006至2016年，全国普通高中招生与中职学校招生的数据对比来看，中职学校招生数量比普通高中的下滑速度更加迅猛，这与国务院提出的"要以中等职业教育为重点，保持中等职业教育与普通高中教育的比例大体相当"的要求相去甚远。2017年，我国中等职业学校招生数量为 451.52 万人，在校生数量为 1254.2 万人。河南、四川、广东是招生数量最多的地区，分别为 42.02 万人、34.93 万人、32.22 万人。目前，社会上鄙视职业教育、重视高学历文凭、轻视技术劳动的现象仍比较严重，各企业的工作岗位普遍劳动强度大、工作时间长，加之中职学生就业年龄相对较小、吃苦耐劳精神差，导致学生就业不稳定，直接影响到中职毕业生的就业质量。

（二）高职教育的困境

21 世纪初，随着高校扩招与高等教育快速发展，我国高职教育进入快速发展期，新成立了一大批高职院校，或由中职院校升级为高职院校，为国家经济建设培养了大批技能型人才。经过十几年的快速发展，高职教育进入一个瓶颈期，突出表现为招生困难。以北京市的高职院校为例，近年来，实际录取人数与招生计划相比，存在着很大的缺口，很多专业面临着停招，一些院校的生存也面临着挑战。北京高职院校在校生规模从 2011 年的 11.24 万人，下降到 2016 年的 8.74 万人，比 2011 年减少了 2.5 万人。以工程制造类专业为例，通过走访调研北京的高职院校，发现近年来，制造类专业在这些院校均处于相对萎缩的尴尬处境，表现在：（1）报考人数不足，导致招生完不成计划，而且新生质量下降严重；（2）在校生学习积极性不高，导致毕业生质量下滑；（3）毕业生严重缺乏劳动情怀，不愿从事制造业相关工作。

（三）在职培训的困境

制造业是国民经济的支柱产业，"中国制造"是中国向世界展示的一张亮丽名片。但是，目前中国制造业的劳动生产率与发达国家相比还存在着一定差距，这种差距的产生与劳动力的知识水平和技能水平紧密相关。中国的制造业还是一个劳动密集型行业，从业人员数量庞大，但生产效率较低。制造业从业人员超过 1 亿人，而在高端制造领域，生产率水平不到美国的

10%。根据《中国劳动统计年鉴》，中国制造业从业者中，教育程度为中职与高中的约占 80%，拥有高职及大学本科学历的约占 15%，均明显低于美国等发达国家。只有中职与高中学历的职工构成了我国制造业从业人员的主体，此种情况严重制约了我国制造业转型升级。

由于我国制造业从业人员数量庞大、总体受教育水平较低，在当前制造业转型升级与人工智能广泛应用的时代背景下，在职人员的培训需求十分巨大。但目前，在职培训由于种种原因受到冷遇，现状与需求间存在着巨大的鸿沟。具体表现为企业进行在职培训的意愿不强、缺乏制度保障，现有培训针对性较差、系统性不够，企业员工参与意愿低落。

五、职业培训应对挑战的对策分析

（一）高职教育遇冷的原因与对策

值得注意的一个问题是：当前我国高职教育遇冷只是在招生层面遇冷，在就业市场上，高职毕业生仍然是供不应求。以中国劳动关系学院高职学院数控技术专业为例，招生对象面向全国，近年来招收新生的普遍特点是：高考成绩较差，未养成良好的学习习惯，选择报考数控技术专业主要是家长的意愿，对专业课学习兴趣不高，毕业后也不愿意进入制造类企业。从连续几年数控技术专业毕业生就业的情况看，近年来，北京市各类制造类企业对数控技术专业毕业生的需求仍然旺盛，但选择制造类企业就业的毕业生人数逐年下降，从 6 年前的约 2/3 降到不足 1/4。上述情况，在北京各高职院校数控技术专业中普遍存在。在与合作企业负责人的座谈中，众多企业都感到，此种现状已经影响了制造业企业的人才储备、长期发展及核心竞争力。

针对上述原因，解决高职教育面临的困境，需从以下方面着手：（1）在高职教学中突出劳动精神与工匠精神的教育；（2）高职与应用型本科分段培养；（3）将高职教育升级为应用型本科教育。

1.强化劳模精神与工匠精神教育

高职教育作为我国职业教育体系中的重要一环,是培育和弘扬劳模精神、工匠精神的重要平台。工匠精神是对技术的极致追求,是劳模精神在职业教育领域的集中体现。在高职教学实践中,要掌握劳模精神与工匠精神的内涵,将其落实到教书育人的全过程中,通过各种途径提高高职人才培养的质量,使得劳模精神与工匠精神得以传承下去。要坚持以立德树人为根本、以服务为宗旨、以就业为导向,坚定地走产教融合、校企合作、工学结合的高职教育发展道路。具体措施有以下几方面。

(1)打造一支专兼结合的教师团队

培养学生的劳模精神与工匠精神,首先,要打造一支优秀的教学团队,构建专兼结合的"双师型"师资队伍。团队中的专任教师,需要强化师德师风、行为规范以及职业态度,通过言传身教为学生树立榜样。要积极推动专任教师到企业中挂职锻炼,通过在企业的挂职实践,促使教师提升职业能力和专业素养。其次,高职院校要积极拓展兼任教师队伍,将企业中的劳动模范与大国工匠聘为兼任教师,将具有较强专业能力与优秀职业素养的企业技术骨干充实到教学团队中,将劳模精神与工匠精神的塑造和传承作为打造专兼结合教师团队的重要标准。建立健全分层分类的职教教师专业标准体系,明确"双师型"教师的国家要求,构建以高职院校为主体、综合性大学参与、校企合作、产教融合的教师团队培养新体系,建立"双师型"教师资格准入、任用管理制度。

(2)强化德育教育

高职院校需要转变育人理念,帮助学生树立正确的职业操守和职业道德,在教学实践中强化思想政治教育。要树立德艺兼具、立德树人的人才培养理念,将德育教育和知识技能教育摆在同等重要的地位。要以劳模精神、工匠精神作为德育教育的突破口,将劳动教育融入思想政治教育实践中,贯彻到学生的技能培养、能力培养、意志品质培养等各个环节。培养的高职毕业生，要具有精益求精的理念、扎实专业的技术和勤劳奋进的品格。以德育教育为载体，将德育教育同劳模精神、工匠精神充分结合，倡导敬业、钻研、创新的劳动精神，使学生深切领会劳模精神与工匠精神的内涵，在未来的工作中能以劳模精神与工匠精神要求自己。高职院校要结合自身情况，研究专业与学生特点，按照企业和社会对人才职业道德的要求，制定行之有效的德育教育计划，引领学生岗位意识与职业素养的培养。在教学中要强调，爱岗敬业是中华民族的传统美德，也是新时代社会主义核心价值观的重要内容和基本要求。要求学生以积极探索、不断创新和坚持不懈的理念，实现个人道德、职业道德和集体主义精神的全面发展。从做事严肃认真、毫不懈怠的职业精神，到脚踏实地、吃苦耐劳、无私奉献的价值观，培养学生立足于细节、倾心于坚持、笃定于品质的工匠精神。

（3）打造热爱劳动、争当工匠的校园文化

培养学生的劳模精神与工匠精神，是一项复杂的系统工程。要提升育人质量，除了课堂上的德育教育外，还要营造热爱劳动、尊重劳动者的校园文化氛围。要改变中国社会传统的万般皆下品、唯有读书高的陈旧偏见，积极宣传劳动者最光荣、行行出状元的新理念。充分利用讲座、学生社团、宣传海报以及选修课等各种方式，加强思想引导，将劳模精神与工匠精神融入学生在校生活的方方面面。邀请全国劳模、大国工匠进校园，作事迹报告、技能展示，并与学生面对面交流座谈，激励学生热爱所学专业，并从榜样人物的事迹中感悟劳模精神与工匠精神。使学生全面而深刻地掌握劳模精神与工匠精神的内涵，自觉成为现代工匠精神的践行者、弘扬者和继承者。

（4）实行校企合作与产教融合

要想更好地培养学生的劳模精神与工匠精神，就需要高职院校与企业深化合作，实行校企合作与产教融合，将其作为培养劳模精神与工匠精神的重要途径。高职院校需要结合自身的专业优势、师资与设备优势，探索并尝试同当地企业进行校企合作。利用企业的育人资源、责任教育及职能教育资源，落实劳模精神与工匠精神培养任务，在提升学生职业能力和职业素养的同时，解决学生就业难的问题，并为企业储备高素质人才。高职院校还可通过承担企业研发课题，夯实校企合作的基础，完善产教融合发展的环境。高职院校应面向企业需求办学，努力破除师资聘用、职称评定、实习实训、科研管理等方面的体制机制障碍，打出产教对接、产教合作、产教引领的"组合拳"。产教对接是指专业建设要以产业发展为导向，所在区域有什么样的支柱产业，就设置什么样的专业，促进学校专业发展与区域产业发展同步；产教合作是指以企业需求为导向，签订校企合作协议，建立校企合作平台，为企业发展提供技术支持、产品开发、成果转化、项目策划等服务；产教引领是指根据产业发展需求，及时调整学校学科建设方向，帮助解决产业升级的核心问题。

2.高职与应用型本科分段培养

2014 年，国务院在《关于加快发展现代职业教育的决定》中明确提出："统筹发展各级各类职业教育，引导一批普通本科高等学校向应用技术类型高等学校转型，加强职业教育与普通教育沟通，积极发展继续教育，打通从中职、专科、本科到研究生的上升通道，为学生多样化选择、多路径成才搭建立交桥"。2014 年，《关于地方本科高校转型发展的指导意见（征求意见稿）》也指出："促进应用技术本科与中高职有机衔接，拓宽中高职毕业生和在职技术技能人才的成长通道"。《现代职业教育体系建设规划（2014—2020 年）》更进一步指出："系统构建从中职、专科、本科到专业学位研究生的培养体系，满足各层次技术技能人才的教育需求，服务一线劳动者的职业成长。拓宽高等职业学校招收中等职业学校毕业生、应用技术类型高等学校招收职业院校毕业生通道，打开职业院校学生的成长空间。在确有需要的职业领域，可以实行中职、专科、本科贯通培养。"这些文件的出台，为构建高职与应用型本科分段培养的现代职业教育体系，奠定了政策基础。

3.高职教育转型升级为应用型本科

推动本科高校向应用型转变，是教育领域人才供给侧结构性改革的重要内容。《国民经济和社会发展第十三个五年规划纲要》提出推动具备条件的普通本科高校向应用型转变，《国家职业教育改革实施方案》进一步提出"一大批普通本科高等学校向应用型转变"的发展目标。近几年来，教育部通过部门协同、部省（区市）合作，持续推动转型改革向政策保障、深度转型、示范引领迈进。具体措施包括：

（1）做好应用型高校发展的顶层设计

《国家教育事业发展"十三五"规划》将推动具备条件的普通本科高校向应用型转变，作为高等教育结构调整的重要举措，提出引导高校从治理结构、专业体系、课程内容、教学方式、师资结构等方面进行全方位、系统性的改革。教育部、国家发改委、财政部出台了《关于引导部分地方普通本科高校向应用型转变的指导意见》，对高校转型改革进行了顶层设计，提出了本科高校转型发展的主要任务、配套政策和推进机制，为应用型本科高校发展指明了方向。

（2）支持省级试点高校发挥示范作用

广东、河南等20多个省区市，已出台了引导部分普通本科高校向应用型转变的文件，运用项目建设和试点遴选的方式，从简政放权、专业设置、招生计划、教师聘任等方面对试点高校给予支持，激发高校向应用型发展的内生动力与活力。一批高校办学定位更清晰，特色更凸显，应用型人才培养模式更符合产业需求，受到学生、用人单位好评。

（3）加大对应用型高校的投入力度

国家发改委、教育部在"十三五"期间，实施了教育现代化推进工程和应用型本科高校建设项目，支持各省区市推荐的100所应用型高校建设，中央预算内投资在"十三五"期间对每所项目高校拟投入1亿元，推动项目高校将产教融合项目建设与学校转型深化改革相结合，切实把办学真正转到服务地方经济社会发展上来，转到产教融合、校企合作上来，转到培养应用型、技术技能型人才上来。

（二）在职培训遇冷的原因与对策

目前，职工在职培训的主体是各类制造业企业，服务对象是企业在编职工。在职培训遇冷，首先是因为企业的培训积极性不高。造成这一局面的主要原因是，各企业的在职培训存在着重操作技能、轻劳动精神与职业道德的问题。把操作技能作为培训的重点，对劳动精神、爱岗敬业的职业道德以及质量意识、责任意识、安全意识等相关培育重视不够。这导致员工对企业忠诚度不高，提高自身知识技能的主要目的是为了待价而沽，业务水平提高后就被竞争企业高薪挖走的情况层出不穷；也导致企业普遍对员工在职培训的积极性不高，宁可花巨资进行设备升级改造，也不愿投资对员工进行在职培训，将员工在职培训的任务推给设备提供商。

其次，企业培训的内容和方式比较单一、粗浅，培训的内容不能体现最新行业发展水平，覆盖面还不够广。培训的师资得不到保障，很多的培训流于形式，不能真正服务于职工知识技能以及岗位能力的提高。培训教师主要由企业内部的员工担任，受制于受教育水平，理论联系实际的分析讲解能力有限，知识老化现象明显。而从职业院校聘请的教师，擅长理论教学，但实际操作技能不高。另外，企业用于职工培训的财政经费由人社部、工信部、全国总工会等多个政府部门下发，缺乏统筹与监管，使用效率不高。有些企业不能按国家规定的职工工资总额1.5%—2.5%的比例提取培训费用，也不能按照国家规定把60%以上的培训经费用于一线员工。

针对上述原因，解决在职培训的困境需从以下方面着手：（1）改革培训内容。企业在职培训要改变重技能、轻思想的现状，在弘扬劳动精神、强调劳动教育、加强职业道德教育等方面予以加强。（2）提高职业培训与职工继续教育的水平。以行业协会及企业集团为主体，创造行业职工教育培训体系。行业培训体系要根据本行业发展的最新趋势，更新陈旧的职业标准，开发新兴产业岗位能力标准和资格认证标准，并制定行业内人才发展规划。企业作为培训主体，要实施主体责任，保障职工的教育权益。（3）发挥高校的优势，走校企合作的在职培训道路。行业协会与企业在制定职业标准和培训标准、开发培训课程、组织实施培训等阶段，要联合中职、高职等院校。发挥院校在师资与设备上的优势，依托院校优质学科资源，通过产学研合作，共同从事共性技术与共性基础工艺的研发，并基于研发成果开展生产型、工程型培训，提高在职培训的质量，提升企业职工的技术创新能力与操作技能。

第二节　劳模在职业培训中的重要地位

2019 年 2 月，中共中央办公厅、国务院办公厅印发了《加快推进教育现代化实施方案（2018—2022 年)》;并发出通知，要求各地区、各部门结合实际认真贯彻落实。该实施方案提出了推进教育现代化的 10 项重点任务，其中第三项任务就是推进深化职业教育产教融合:"构建产业人才培养培训新体系，完善学历教育与培训并重的现代职业教育体系，推动教育教学改革与产业转型升级衔接配套。健全产教融合的办学体制机制，坚持面向市场、服务发展、促进就业的办学方向，优化专业结构设置，大力推进产教融合、校企合作，开展国家产教融合建设试点。建立健全职业教育制度标准，完善学校设置、专业教学、教师队伍、学生实习、经费投入、信息化建设等系列制度和标准，制定并落实职业院校生均拨款制度。建立国务院职业教育工作联席会议制度。"

构建产业人才培养培训新体系、建立健全产教融合的办学机制，是上述实施方案提出的我国推进教育现代化的重点任务之一，要完成该任务，劳模参与职业培训是重要的前提与条件。劳模在职业培训中有着非常重要的地位和作用，其主要形式为劳模创新工作室。

一、劳模创新工作室对职业培训的引领作用

（一）劳模创新工作室的制度建设

2017 年 7 月 6 日，全国总工会发布《关于进一步深化劳模和工匠人才创新工作室创建工作的意见》，指出："创新工作室是由较强技术能力、业务能力、创新能力和管理能力的劳模、工匠人才领衔，以技术创新、管理创新、服务创新和制度创新为主要内容，以解决工作现场难题、推动所在单位创新发展为目标的群众性创新活动团体。"2018 年召开的中国工会十七大，提出了之后 5 年工会工作的主要任务。其中的一项重要任务，就是营造劳动光荣的社会风尚和精益求精的敬业风气。加强劳模和工匠人才创新工作室创建，深化新时代工匠学院建设。创新劳模培养选树和管理服务工作，推动落实劳模政策，加强劳模教育培训，为劳模成长搭建平台、创造条件，做到政治上信任、工作上支持、生活上关心。持续开展学习宣传先进模范和大国工匠系列活动，广泛宣传劳模和大国工匠先进事迹，厚植工匠文化，大力弘扬劳模精神、劳动精神、工匠精神，让诚实劳动、勤勉工作蔚然成风。

劳模是民族的精英、国家的栋梁、社会的中坚、人民的楷模。劳模创新工作室是弘扬新时期工人阶级伟大品格和劳模精神的具体实践，能够激励劳模及大国工匠发挥示范带头作用，引领职工群众积极投身大众创业、万众创新。当前，我国面临着促进经济平稳健康发展的繁重任务，更加需要大力弘扬劳模精神，用劳模的崇高精神影响职工，用劳模的先进事迹感召职工，用劳模队伍中蕴藏的巨大创造潜能激发企业创新活力。创建以劳模、工匠人才为引领的创新工作室，是企业发展所需、职工成长所盼、工会工作所为。做好这项工作，有利于弘扬劳模精神，凝聚起促进企业发展的强大正能量；有

利于拓展劳动模范、优秀技能人才施展才华的广阔舞台；有利于激发企业的创新活力，强化企业的创新主体地位，推进创新驱动发展；也有利于团结和动员广大职工积极参与群众性创新活动，加快形成人人敢创新、人人会创新、人人善创新的良好局面。

搞好劳模创新工作室需要做到以下几点：（1）创新工作室要由劳模及大国工匠领衔：劳模创新工作室应有一名全国五一劳动奖章获得者或全国劳动模范，或在本行业有相当影响力，其技能得到业内公认的大国工匠、金牌工人等高技能人才领衔。（2）要有一支创新团队：创新团队的专业技术结构、学历结构、年龄结构要相对合理，团队协作氛围浓厚。（3）要有活动场地：有功能完备、设施齐全、技术水平先进的工作室，有专业技术资料、设备器材、实验仪器等开展创新活动的必要设备，以及创新实践与成果荣誉展示场所。（4）要有完善的创新工作室规章制度及开发计划任务：要建立创新团队的学习计划、活动规划、创新设想、成果发布、奖励激励等内部管理制度。（5）要有充足的经费保证：创新工作室的上级主管部门要提供必要的经费，以确保创新工作室的各项活动顺利进行。（6）要有创新成果：要结合劳模所在企业的技术攻关开展创新课题或攻关项目研究，要有成果的鉴定及转化机制。（7）要加强宣传：为保证创新工作室的社会影响力及辐射力，各级工会要重视和加强对创新工作室的宣传，大力弘扬劳模和工匠人才在技术创新、职工技能素质建设中的示范作用，积极弘扬创新工作室在推动企业技术进步、实施创新驱动发展战略中的促进作用。通过成果展示、事迹报告、舆论宣传等形式，为深化创新工作室创建活动营造良好氛围，推动形成尊重劳动、崇尚技能、鼓励创造的良好局面。

（二）劳模创新工作室对职业培训的重要作用

全国总工会提出的任务是：到 2020 年，各级创新工作室创建总数超过 10 万家，全国示范性创新工作室总数达到 300 家。从顶层设计层面完善发挥劳模和工匠人才示范引领作用的制度机制，带动提高职工队伍的整体素质，这也是全国总工会贯彻落实《新时期产业工人队伍建设改革方案》的重要举措之一。创建劳模创新工作室有利于传承劳模精神、劳动精神、工匠精神，展示劳模和工匠人才的时代风采，增强劳模和工匠人才的感召力，让广大职工学有榜样、赶有目标；有利于发挥劳模和工匠人才的示范引领作用，更好地传播劳动技能、创新方法、管理经验，培养造就更多大国工匠；有利于提升职工技能素质，为职工学习交流、攻坚克难构筑平台，夯实大众创业、万众创新的群众基础；有利于提高职工创新能力，促进优秀创新成果转化应用，增强企业的自主创新能力与核心竞争力，实施创新驱动发展战略。劳模创新工作室对于企业高技能人才的培养，具有不可替代的重要作用。在各级政府、工会及企业的制度建设助推下，劳模创新工作室已发展成为"研用一体"的技术创新平台与"知行合一"的职业培训体系，其重要作用表现在：

1. 以职业培训需求为导向，变封闭式课堂教学为开放式实操教学，解决了技术课程开发设计困难等问题，增强了工程科技人才继续教育的实用性

劳模创新工作室源自企业生产、科研对技术发展的需求，源自工程科技人员对技术开发知识的渴求，以生产、科研中的技术需求和技术创新来设计继续教育课程。在工程科技人才继续教育项目设计中，劳模创新工作室着眼于实用、有效，将培训学习重心定位在提高工程科技人才综合素质、促进人才全面发展上。理论和实践课程的设置对接企业真实项目及实际岗位，在具体课程设计中，先建立不同类别技术岗位与不同类型人才的需求模型，把岗位需求与人才现状之间的差距作为培训课程主要依据，从而保证了劳模创新工作室培训课程设计的针对性和实效性。依托劳模创新工作室进行的职业培训，以高端技能为核心，以职业道德、职业精神为灵魂，以全面发展及拥有一技之长为主线，对接行业标准与企业的新技术、新装备、新工艺，对接国际化生产的工艺流程和服务以及岗位风险控制能力、经营管理能力等。培训课程更多地着眼于动态知识构建，动态调整课程体系、升级课程标准、更新

教学内容，实现了职业培训与行业企业技术升级的一致性。改变了以往"填鸭式"的单一办班方法，通过综合运用技术研究、实例分析、现场示范、技能指导、技术论坛、交流讨论等互动式培训学习方法，使职业培训由封闭走向开放、由课堂教学走向生产现场、由理论走向实践。

2.与传统的职业培训方式相比，劳模创新工作室更加注重能力的提高，增强了职业培训的针对性与有效性

劳模创新工作室作为一个综合性培训学习平台，按照高技能人才孵化器的培养目标，充分利用企业自身资源，并挖掘自身潜力，可以为职工提供多层次、多视角、多领域的培训课程。从而，使企业员工在亲身参与中提高了解决实际问题的能力，满足了不同层次员工的成长需要，弥补了在职培训资源的不足。劳模创新工作室在培训中更加强调学习与应用的高效结合，立足企业实际生产项目，技术创新与能力提升同步，有效提高了职业培训的质量。

二、基于劳模创新工作室的认知学徒制

（一）认知学徒制

阿兰·柯林斯和约翰·西利·布朗等人，从人类学者关于传统学徒制的研究中受到启发，在保留传统学徒制核心技术的基础上，提出了认知学徒制。该理论被认为是"一个能促进技能和知识向工作场所的成功迁移的教学模式"，"必将是21世纪学校教育的格局"。认知学徒制有别于传统的工匠学徒制，将传统学徒制中的核心内涵与现代学校教育相结合，培养学生的认知技能，即专家实践所需思维、问题求解和完成复杂任务的能力。在这种模式中，学习者通过参与专家实践共同体的活动和社会交互，进行某一领域的学习。认知学徒制模式包括内容、方法、序列与社会性四个维度，将这四个维度组合起来，即可为创设有效支持认知学徒制的学习环境，提供有价值的思维框架。

认知学徒制将书本知识的学习与职业能力的培养结合起来，使传统的学校课堂教学实景化及真实化。在教学中强调教师与学生的互动，通过师生共同模拟与构建真实的工作环境，将抽象难懂的概念与一般性的知识及现实工作场景对照起来，增强学生的理解能力，加深学生的印象。与传统学徒制相比，认知学徒制具有以下特征：（1）将传统学徒制与现代学校教育及信息技术结合起来，并把课堂上教授的概念、定律等书本知识与传统学徒制中有关社会的知识结合起来。汲取了传统学徒制中有效的部分，弥补了其无法适应现代知识时代、无法在短时间内培养大批量高技能人才的缺陷。（2）将授课专家的思想、分析真实案例的情境、操作指导演示等可视化并展示给学生，使学生通过观察、实践、与专家及自己的同伴互动，了解解决问题的过程，促进学生快速地从新手成长为专家。（3）认知学徒制的学习过程是一个递归与循序渐进的过程。专家提出的问题或假设最初是简单化的，随着任务的展开而逐渐变得复杂化。学生通过专家的示范和指导进行反思、探究，如果未能完全理解问题或者操作存在误区，可以请专家重新进行示范、指导，不断循环往复，直到问题得到解决。（4）侧重于提高学生的技能，培养学生终身学习的能力。（5）认知学徒制的情境设计基于教育技术，具有运用教育技术进行情境设计的经济性和优势，以及给后进生带来的巨大好处和潜力。

（二）基于劳模创新工作室的高职教育认知学徒制

认知学徒制强调学生为学习主体、指导教师为学习主导，能够使学生处于自主学习与协作学习相结合的环境中，在专家及教师的指导下完成自主探索、主动学习、独立创新设计，充分地发挥出自身的主动性、创造力，真正成为学习的主体。认知学徒制需要师生共同执行，教师重在示范操作，把主动权交还给学生，让学生身临其境，以便于更好地去理解、探究和建构知识，提高认知水平、高阶思维能力、知识迁移能力及创新思维能力。

为提高实训课程的教学质量，激发学生的自主学习热情，中国劳动关系学院高职学院进行了基于创新工作室的数控技术专业认知学徒制试点。从大二下学期开始，学生在完成了专业基础知识学习与基本技能训练后，分组进入各创新工作室进行认知学徒制学习。创新工作室的指导教师由专任教师与外聘教师组成，专任教师全部是拥有高级职称的"双师型"教师，外聘教师由大国工匠、全国劳动模范及来自企业的高级技师组成。这两类创新工作室在项目选择上各有侧重。

外聘教师担任指导教师的创新工作室以企业真实项目为主，为学生提供具有真实感的企业开发环境。来自企业的大国工匠带来其主持的国家重点项目中的复杂零件，指导学生自主完成复杂零件的造型设计、工艺规程设计、工装夹具设计与加工方案选择等。通过参与这些代表了国内最高工艺水平的复杂零件设计，学生们树立了自信，巩固了专业理论知识，也提高了学习兴趣。更重要的是，学生们从指导教师身上学到了大国工匠面对难题的解决方法、百折不挠的意志品质和勇于探索的可贵精神，潜移默化地受到了劳模精神与工匠精神的熏陶。

而专任教师担任指导教师的创新工作室，以辅导学生参加教育部主办的大学生创新设计大赛与应用技能大赛为主。以 2017 年应用型人才技能大赛为例，在项目论证阶段，专任教师与每个参赛小组在充分讨论的基础上，拟定各自的参赛项目。在项目的概念设计、详细设计阶段，以学生为主完成相应的设计工作，指导教师负责指导与演示。从而，以学生为主体，发挥学生的主观能动性。学生完成项目的全部设计工作后，指导教师在全体学生面前，依次对各小组的设计作品进行详细点评，着重指出不足并指导修改。在修改完善的基础上评选，再推荐一组学生的作品代表中国劳动关系学院参加大赛。最终，高职学院 2015 级数控技术专业学生的参赛作品——"波轮式＋滚筒式"套筒洗衣结构洗衣机，获得 2017 年应用型人才技能大赛——海尔洗衣机杯全国总决赛二等奖。

基于创新工作室的高职数控技术专业认知学徒制，解决了传统教学里，学生专业知识与实际能力脱节的问题，在理念创新、教学转型、能力工程，以及培养模式和实践教学改革等方面取得了新的突破。实践证明，在高职教学中引入认知学徒制，能够实现以学生为主体、以专家为主导的新教学模式，对学生理论水平与实践能力的快速提高具有重要作用。认知学徒制是一种能够满足高端制造业对人才培养的要求，助力国家和企业提高核心竞争力的培养形式。其优点为：（1）克服了高职教学中知识与能力脱节的困境；（2）克服了教学过程中对学生一刀切的现象；（3）克服了高职教学实训环节薄弱的缺陷。认知学徒制的工作过程如图所示：

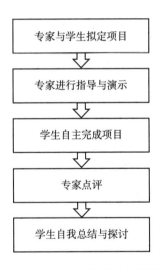

基于劳模创新工作室的高职教育认知学徒制工作过程

第三节　劳模精神在职业培训中的重要作用

一、劳模精神与工匠精神

2018 年 10 月，王东明在中国工会第十七次全国代表大会上的报告中指出："坚持弘扬劳模精神、劳动精神、工匠精神。强调要树立劳动最光荣、劳动最崇高、劳动最伟大、劳动最美丽的理念，倡导辛勤劳动、诚实劳动、创造性劳动，尊敬劳动模范，用劳模的干劲、闯劲、钻劲鼓舞更多的人，激励广大劳动群众争做新时代的奋斗者，营造劳动光荣的社会风尚和精益求精的敬业风气。这是引领教育广大职工的重要抓手。"

实干兴邦，劳动筑梦。劳模精神、劳动精神、工匠精神正是实干奋斗的生动诠释和集中表达。劳模精神与工匠精神紧密相连，劳模是工匠中的模范，工匠精神是劳模精神的基础，劳模精神是工匠精神的升华与深化。工匠精神是对劳模精神内涵的丰富，在劳模身上表现得尤为突出。如果说工匠精神是点燃自己，劳模精神则是在点燃自己的同时照亮别人。党的十九大报告提出"弘扬劳模精神和工匠精神，营造劳动光荣的社会风尚和精益求精的敬业风气"，进一步强调了劳模精神与工匠精神在新时代中国特色社会主义建设中的重要性，并引发全社会对新时代劳模精神、工匠精神内涵与作用的新思考。劳模精神、工匠精神与社会主义核心价值观和中国精神内在相通，是社会主义核心价值观在劳动者身上的体现，也是当代中国精神的重要组成部分。弘扬劳模精神，就要讲好劳模故事，树立劳模形象，发挥劳模作用，大力弘扬劳模精神、劳动精神、工匠精神，激励广大职工用勤奋劳动、诚实劳动、创造性劳动铸就辉煌。当今社会，打算成为一个真正的现代工匠，首先要从思想上树立劳动精神，从心底里感到自己从事的工作是神圣的，是值得为之付出毕生一切的。没有这样一种神圣感的人，就不会成为一名合格的现代工匠，更不会成为一名劳动模范。而这样一种劳模精神、工匠精神的养成，正是目前职业教育普遍欠缺的，具体表现为：（1）学生劳动精神的养成处于弱化地位；（2）专业教学与工匠精神的融合度不够；（3）校园文化在弘扬劳模精神与工匠精神方面存在缺失。

二、工匠精神与大国工匠的内涵

工匠是指熟练掌握某一领域技术的工人。工匠精神是"巧夺天工"的创造精神、"尊师重教"的师道精神、"强而力行"的敬业精神、"切磋琢磨"的精益精神的有机统一。工匠精神的第一要旨是劳动神圣，第二要旨是执着专注、精益求精。在社会急速发展的今天，更多地发掘工匠精神的内涵，用以激励现代企业的员工，已成为社会共识和时代召唤。2016 年的《政府工作报告》首次提出"培育精益求精的工匠精神"，从 2016 年至 2018 年，"工匠精神"四个字被三度写入《政府工作报告》。2018 年的《政府工作报告》提出："全面开展质量提升行动，推进与国际先进水平对标达标，弘扬工匠精神，来一场中国制造的品质革命。"

全国总工会在全国政协十三届一次会议上的发言稿中提出，要大力弘扬劳模精神和工匠精神，叫响做实大国工匠品牌，营造劳动光荣的社会风尚和精益求精的敬业风气。全国总工会在题为《加强理论武装，凝聚职工力量，为实现中国梦汇聚强大正能量》的书面发言中建议，要大力弘扬劳模精神和工匠精神，积极培育健康文明、昂扬向上的职工文化，形成崇尚劳动、尊重劳动者的舆论导向和价值取向。要进一步叫响做实大国工匠品牌，持续强化劳动模范、大国工匠、最美职工等品牌的时代性、感召力和影响力，充分体现新时代劳动者的风采，发挥先进模范人物的示范引领作用，在全社会唱响"工人伟大、劳动光荣"的时代主旋律。在题为《立足经济建设主战场，团结动员广大职工，为推动我国经济高质量发展作出新贡献》的发言中指出：劳模精神和工匠精神是社会的宝贵财富，也是推动高质量发展的重要力量。在新时代，要使我国从制造大国变为制造强国，就必然需要在全社会弘扬劳模精神和工匠精神，大力培养和选树劳动模范与工匠人才，建设高素质产业工人队伍。

工匠精神成为社会共识和时代召唤。在高职教育中着重培养学生的工匠精神，是中国经济转型升级发展的需要，也是企业生存、发展的重要保障；是高职院校自身生存、发展的需要，也是学生就业和个人发展的现实需要。从古至今，工匠精神从来都没有停止对世界的改变。倾心于技术提升和创造发明的工匠精神，是世界上每个国家永葆青春和活力的源泉。中国梦的实现不但需要互联网精神，也呼唤工匠精神回归。工匠精神是一种职业态度和精神理念，是从业人员的一种职业价值取向和行为表现，与其人生观和价值观紧密相连。在中国传统意义上，工匠专指从事手工制造和劳作的匠人，毕生只专一门技艺，忠于职守，默默劳作。随着现代工业文明的发展，机器制造越来越多地代替了手工制作，传统的工匠逐渐退出了历史舞台，但工匠这个概念仍在发展和延伸。从传统手工匠人到科技研发人员，从简单劳动到复杂劳动，一切创造物质文明和精神文明的、具有专长的劳动者都是现代意义上的工匠。这就是工匠精神的现代传承，也是现代工匠精神的内涵。

大国工匠精神是在某个行业或职业中，通过"师徒制"形成的爱岗敬业、精益求精的职业理念与工作态度。其精髓是注重细节，追求极致，诚心正意，术有专攻，大国气魄，匠人风骨。这种精神之所以能够培育与弘扬，最基本的条件是有优良的社会教育文化环境来滋养。重实业、强实业，就能在其中孕育出大国工匠精神，并在社会各行业弘扬这种精神，"中国制造"就会通过"中国创造"转型为"大国制造"，各行业发展与社会整体服务水平就能够跻身于国际发达水平的行列。日本产业工人中的高级技工占比约为40%，德国则超过50%；而在中国，这一比例不到10%。制造业从业人员整体素质与技能水平的现状，是制约中国制造业由大变强的主要因素。要实现从中国制造向中国创造的转变，建设一支充满劳动情怀的金牌工人队伍、打造更多的大国工匠，是重中之重的任务。

三、弘扬劳模精神在高职教育中的重要作用

劳模精神与工匠精神不应只是劳模及工匠才有的精神，高职院校的学生也同样需要。以劳模精神引领高职教育，就是引导学生向劳模学习、向大国工匠学习，在他们心里埋下爱岗敬业、精益求精、追求极致的种子。因此，需要着重解决如下几个具体问题：（1）为什么现在的学生不愿成为工匠；（2）如何使学生渴望成为工匠；（3）学生如何成为一名好工匠。

（一）以劳模进校园活动来塑造尊重劳动的校园文化

塑造尊重劳动、崇尚工匠精神的校园文化，营造劳模与大国工匠伴我行的校园氛围，对于高职学生培养工匠精神具有潜移默化的作用。近年来，中国劳动关系学院举行了多次全国劳模、大国工匠进校园活动，发行了《大国工匠之歌》，举办了多场报告会与技能展示会，拉近了全国劳模、大国工匠与在校生的距离。通过座谈交流，使学生学到了他们信仰坚定、矢志报国的爱国精神，争创一流、勇攀高峰的创新精神，艰苦奋斗、淡泊名利的奉献精神，勤奋学习、爱岗敬业的职业精神。在技能展示活动中，内蒙古北方重工业集团有限公司车工、中国兵器首席技师郑贵有的车床加工技能，使高职学生大开眼界，也使他们感到很亲切。不少学生还将自己加工的工件拿出来，请郑贵有指导。中国航天科工三院精密机械制造部钳工、中国航天科工集团公司首席技师巩鹏的钳工技艺，也使数控技术专业的学生赞叹折服，更加喜爱自己的金属切削刀具与金工实习等实训课程。在这些课上，学生们变以往的老师让我练为自己主动练，并将自己亲手用砂轮机研磨的钻头和车刀收藏好，想等巩鹏下次再来学校时与他交流。从这些事例中可以看到，全国劳模、大国工匠进校园活动有效地改变了校园文化，激发了学生不服输的劲头，培养了学生的劳动情怀及竞争意识，主动地以劳模为榜样和楷模，既要学习其技术，更要学习其精益求精的精神，使得劳模精神与工匠精神深入人心。

（二）以劳模上讲台来实现言传身教

高职院校将劳模、大国工匠聘为特聘教师，以开设公选课、思政课的形式，让各相关行业的劳动模范走上讲台，有助于培育学生的职业责任感和敬业精神。通过劳动模范、大国工匠讲述自己的奋斗经历来感染学生，增加学生对劳动模范、大国工匠的认识，强化学生的劳模精神与工匠精神。在学生中展现劳模的魅力、树立榜样的力量，并让学生拥有职业认同感与荣誉感。通过劳模、大国工匠这些特聘教师的言传身教，向学生进一步弘扬勇于实践、精益求精、执着创新的劳模精神和工匠精神，引导学生践行社会主义核心价值观，培养积极的劳动情怀。在新生进校时，邀请劳模对他们进行入学教育，开展学劳模、做工匠活动，将学校的劳模育人文化不断深化、拓展。在毕业生离校时，通过劳模给他们上思政课、办讲座等形式，以劳模精神帮助毕业生做好职业生涯启航。

高职院校将劳模、大国工匠聘为技术技能导师，担任实训课程及专业课程教师，对于建设知识型、技能型、创新型劳动大军，弘扬劳模精神和工匠精神，具有非常重要的作用。以中国劳动关系学院高职学院数控技术专业为例，聘请金福吉担任特聘教授，聘请李兴宇担任特聘讲师。金福吉是国内知名的数控技术专家、历届全国数控技能大赛专家组组长，既是一位大国工匠，也是一位大国工匠的培育者。金福吉参与了数控专业机械制造工艺与机床夹具课程的教学工作，主讲复杂零件的机械加工工艺。在课上，他带来亲自主持的国家重大专项及航天工程的产品，向学生讲授复杂零件的工装夹具设计、装夹方案确定与误差分析、工艺规程设计与加工设备选择、加工方法与检验手段等。这些零件均代表了国内最高工艺水平，因而弥补了书本知识的不足，提高了学生的学习兴趣。金福吉还在授课过程中穿插讲述自己的工作经验，以及在复杂零件加工中遇到的各种困难，最终凭借着不服输的劲头与坚韧的毅力，攻坚克难，完成了一项又一项超乎想象的工作，解决了一次又一次难以克服的困难，创造了一个又一个令人赞叹的奇迹。金福吉的这些成长经历，也使学生潜移默化地学到了大国工匠面对难题的解决方法、百折不挠的意志品质和勇于探索的奋斗精神，大大提高了课堂教学质量，使这门课程成为数控技术专业的精品课。李兴宇是数控加工领域的大国工匠，曾被原铁道部授予全路技术能手称号。他主讲金工实习、金属切削刀具及数控机床操作与加工等课程，手把手地传授学生钳工技艺、刀具刃磨技艺以及数控车床加工技能。

由大国工匠担任专业课教师，通过他们的言传身教，实现了"心传身授"的教学方式。学生在学习过程中除了学到专业知识，更领会了现代工匠精神的内涵。由大国工匠担任实训课教师，学生在他们的指导下动手操作，实现了"体知躬行"的实践方式。学生在实践中不断磨炼技艺，体验并形成了精雕细琢、精益求精、严谨专注的工匠精神。

通过上述实践，学生们的变化证明：以劳模精神、工匠精神引领高职专业的教学改革，能够较好地解决职业教育目前存在的问题；尊重劳动的校园文化与大国工匠的言传身教，能够使学生渴望成为工匠并成为一名好工匠。

四、弘扬劳模精神在企业新型学徒制中的重要作用

（一）企业新型学徒制的主要内容

为贯彻落实党的十九大精神，加快建设知识型、技能型、创新型劳动者大军，按照中共中央、国务院《新时期产业工人队伍建设改革方案》《国务院关于推行终身职业技能培训制度的意见》有关要求和全国教育大会有关精神，2018年10月，人力资源和社会保障部、财政部联合发出《关于全面推行企业新型学徒制的意见》。该意见在指导思想方面提出：以习近平新时代中国特色社会主义思想为指导，全面贯彻党的十九大和十九届二中、三中全会精神，认真落实中共中央、国务院决策部署，以服务就业和经济社会发展为宗旨，适应培育壮大新动能、产业转型升级和现代企业发展需要，大力推

进技能人才培养工作，深化产教融合、校企合作，创新中国特色技能人才培养模式，面向各类企业全面推行企业新型学徒制，扩大技能人才培养规模，为促进劳动者更高质量就业、实现经济高质量发展，提供有力人才支撑。在目标任务方面提出：按照政府引导、企业为主、院校参与的原则，在企业全面推行以"招工即招生、入企即入校、企校双师联合培养"为主要内容的企业新型学徒制，进一步发挥企业主体作用，通过企校合作、工学交替方式，组织企业技能岗位新招用和转岗等人员参加企业新型学徒培训，促进企业技能人才培养，壮大发展产业工人队伍。从 2018 年起到 2020 年年底，努力形成政府激励推动、企业加大投入、培训机构积极参与、劳动者踊跃参加的职业技能培训新格局，力争培训 50 万以上企业新型学徒。从 2021 年起，继续加大工作力度，力争年培训学徒 50 万人左右。

企业新型学徒制的培养对象和培养模式为：学徒培训，以与企业签订一年以上劳动合同的技能岗位新招用和转岗等人员为培养对象。企业可结合生产实际自主确定培养对象，采取"企校双制、工学一体"的培养模式，即企业与职业院校、职业培训机构、企业培训中心等教育培训机构，采取企校双师带徒、工学交替培养等模式共同培养学徒。新型学徒制的培养主体职责是：培养学徒的主要职责由所在企业承担。企业应与学徒签订培养协议，明确培训目标、培训内容与期限、质量考核标准等内容。企业委托职业院校承担学徒的部分培训任务，应与职业院校签订合作协议，明确培训的方式、内容、期限、费用和双方责任等具体内容，保证学徒在企业工作的同时，能够到职业院校参加系统的、有针对性的专业知识学习和相关技能训练。职业院校与企业签订合作协议后，对学徒进行非全日制学籍注册，加强在校学习管理。新型学徒制的培养目标和主要方式为：学徒培养目标以符合企业岗位需求的中、高级技术工人为主，培养期限为 1—2 年，特殊情况可延长到 3 年。培养内容主要包括专业知识、操作技能、安全生产规范和职业素养，特别是工匠精神的培育。要以企业为主导确定具体培养任务，由企业与职业院校分别承担。在企业主要通过企业导师带徒方式，在职业院校主要采取工学一体化教学培训方式。积极应用"互联网+"、职业培训包等培训模式。学徒培训期满后，可参加职业技能鉴定或结业考核，合格者取得相应职业资格证书。

（二）企业新型学徒制的制度保障

企业新型学徒制是职业培训工作主动适应经济高质量发展和供给侧结构性改革的重大举措，是我国技能人才培养模式的重大创新，也是支持企业发挥主体作用、提高培训针对性和有效性的培训制度重大变革。企业新型学徒制作为一个新鲜事物，要想取得成功，制度上的保障必不可少。

1.师资保障

培训质量能否得到保障，师资质量是个关键因素。在培训师资队伍建设中要建立企业与职业院校"双师型"联合培养制度，选拔优秀的高技能人才特别是劳模与大国工匠担任学徒的企业导师。企业导师要着重指导学徒进行岗位技能操作训练，帮助学徒逐步掌握并不断提升技能水平和职业素养，使之能够达到职业技能标准和岗位要求，具备从事相应技能岗位工作的能力。与之合作的职业院校应提供具备相应专业知识和操作技能水平的指导教师，负责承担学徒的学校教学任务，强化基础理论知识学习，做好与企业实践技能的衔接。

2.学习制度保障

新型学徒制应实行弹性学制和学分制。承担培训任务的职业院校，要结合企业生产与学徒工作、生活实际，采取弹性学制，实行学分制管理。鼓励和支持学徒利用业余时间分阶段完成学业，建立并完善适合弹性学制和学分制的教学质量评价体系及考核制度。

3.企业人事制度保障

要健全企业对学徒培训的用工保障机制。在学徒学习与培训期间，企业应当按照劳动合同法的相关规定支付工资，并且，工资不得低于企业所在地最低工资标准。企业按照与职业院校签订的合作协议约定，向职业院校支付学徒培训费用，所需资金从企业职工教育经费中列支。在符合政策的条件下，由政府提供职业培训和职业技能鉴定补贴。承担带徒任务的企业导师应享受导师带徒津贴，津贴标准由企业确定，津贴由企业承担。企业对学徒开展在岗培训、业务研修等企业内部发生的费用，在符合政策的条件下，可从企业职工教育经费中列支。

4. 政府部门组织领导

政府各级人力资源和社会保障部门、财政部门应把推行企业新型学徒制，作为推行终身职业技能培训制度、加强技能人才队伍建设的重要工作内容，制定工作方案，认真组织实施。建立人力资源和社会保障部门牵头，财政等有关部门密切配合、协同推进的工作机制，加强组织领导，全面推动实施。

5. 建立培训质量监管机制

对学徒培训实施目录清单管理，制定企业目录、培训机构目录，及时向社会公开并实行动态调整。结合国家"金保工程"二期，建立基于互联网的职业培训公共服务和监管平台，积极推行网上备案审核制度，实现信息联通共享。实施学徒培训实名制信息管理，指导企业建立培训台账，详细记录参训人员的姓名、年龄、性别、身份证号、学历、培训职业（工种）、学校班次、培训时间、考核成绩、技能等级和联系方式等，以备查验。对培训过程、培训结果要加强监管，实时监控，严格考核验收。企业组织学徒培训，要向人力资源和社会保障部门报送培训计划、学徒名册、劳动合同复印件等有关材料。

6. 加强宣传引导

广泛动员企业、培训机构和劳动者积极参与学徒培训，扩大企业新型学徒制的影响力和覆盖面。强化典型示范，突出导向作用，大力宣传推行企业新型学徒制的典型经验和良好成效。创新宣传方式，充分运用各类新闻媒体，采取灵活多样的形式，做好推广动员工作，努力营造全社会关心尊重技能人才、重视支持职业技能培训工作的良好社会氛围。

（三）以劳模精神引领企业新型学徒制

现代学徒制有利于促进行业、企业参与职业教育人才培养全过程，实现专业设置与产业需求对接、课程内容与职业标准对接、教学过程与生产过程对接、毕业证书与职业资格证书对接、职业教育与终身学习对接，提高人才培养质量和针对性。建立现代学徒制，是职业教育主动服务当前经济社会发展要求、推动职业教育体系和劳动就业体系互动发展、打通并拓宽技术技能人才培养和成长通道、推进现代职业教育体系建设的战略选择；是深化产教融合、校企合作，推进工学结合、知行合一的有效途径；是全面实施素质教育，把提高职业技能和培养职业精神高度融合，培养学生社会责任感、创新精神、实践能力的重要举措；也是一种旨在深化产教融合、校企合作，构建和完善校企合作育人机制、创新高技能人才培养的模式。新型学徒制更加注重技术技能的传承，由职业院校与企业共同合作完成人才培养工作，是校企深入合作的结晶，已成为人力资源开发的国家战略。在"中国制造2025"的背景下，新型学徒制还具有由校企合作向产教融合升级、由顶岗实习向在岗学习升级、由技能学习向技术转移升级的战略意义。在教育部主导的企业新型学徒制试点过程中，明确企业新型学徒制的教学团队，是通过校企共建选聘学院教师与企业技师，共同承担现代学徒制的教学工作。校内课程由职业院校导师负责教授、考核，以理实一体的教学为主。企业课程由企业导师负责教授、考核，以实践教学为主，侧重强化岗位技能培训和职业素养培养。

要搞好这一试点，就需要大胆探索、实践，着力构建企业新型学徒制培养体系，全面提升技术技能人才的培养能力和水平。以劳模精神引领企业新型学徒制，具有以下重要意义。

1.以劳模精神引领课程体系建设

新型学徒制的形成基础以及内涵、意义，同传统的学徒制相比有很大区别，参与主体、学习形式、管理制度以及师生关系均发生了变化，因此，要准确把握现代学徒制的本质。在创新学徒制课程体系建设过程中，要坚持课程内容与提高职业技能和培养职业精神对接、生产与学习对接、学生与学徒对接等原则。课程体系的设计必须与工作体系相对应，课程内容必须与工作相贯通，包括分析岗位素养、明晰培养目标、归纳生产技能、掌握核心需求、筛选课程内容、对应教学标准、设计教学方案及确定实施方法等。人才培养质量评价方面，应建立职业标准评价、学徒标准评价、课程教案评价、教学过程评价、课程效果评价等。

新型学徒制的教学标准应由院校与企业合作制定。院校是学历教育单位并且熟悉教学规律以及新型学徒制人才培养理论体系，企业是用人单位并且熟知岗位技能标准、职业精神等，因而，新型学徒制教学标准应由双方共同制定。院校在校内课程讲授阶段，要着重加强劳动教育，用劳模精神与工匠精神引导学生，使学生树立正确的人才观，弘扬劳动光荣、技能宝贵的核心价值观。同时，要注重对学生加强以下几方面的教育：（1）热爱劳动。劳模精神的内核是"劳"，工匠精神的内核是"工"，两者结合就是"业"，即强调敬业。（2）爱岗敬业。爱岗敬业表现了劳模的精神风貌。他们用自己的事迹诠释了职业无高低贵贱之分，只要甘当螺丝钉，在岗位上发光发热，就能够得到企业和社会的认可。忠诚自己的岗位，就是用高超技艺与辛勤劳动回报社会。在制造业领域，就是在继承劳模精神的基础上弘扬工匠精神，精心打磨每一个零部件，精益求精地生产优质高效的产品。（3）勇于创新。勇于创新彰显了劳模敢为天下先的创新精神。创新能够让劳动更有质量和效率。创新是对生产要素的新组合，体现了永不自满、永不懈怠的工作作风，也体现了锐意进取、自强不息的创新精神。创新驱动是国家命运所系、发展形势所迫、世界大势所趋。创新是引领发展的第一动力，科技创新是提高社会生产力和综合国力的战略支撑。创新是民族进步之魂，是现代经济增长的唯一动因。勇于创新的劳模精神，是个人追求理想、企业追求发展、国家追求强盛、民族追求复兴的主导力量。

2. 以劳模精神引领教学团队建设

新型学徒制的教学团队是由企业与职业院校组建的"双师型"团队，在政策上要通过建立严格的教师准入制度强化教师选拔，在教学团队建设上要注重发挥劳模精神的引领作用，打造具有以下优秀品质的教学团队，以保障新型学徒制的培养质量：（1）爱岗敬业的劳模精神。爱岗敬业是最基本的职业道德规范，也是所有教师都应该坚守的工作态度。只有对岗位"爱"、对事业"敬"，才会全身心地投入教学，默默耕耘于三尺讲台；才会全身心地关爱学生，既传授知识又立德树人；也才会通过自身的言传身教去感染学生。（2）争创一流的工匠精神。争创一流是成为一流教师的根本动力。正是在争创一流目标的激励下，教师们汇聚了不竭的动力，在教学能力、教学业绩、教学效果等方面始终追求极致。（3）勇于创新的拼搏精神。创新是国家兴旺发达的不竭动力，是带动社会前进的火车头，也是教师能力的重要表现形式。勇于创新是教师成为一流教师的关键法宝，能够确保各项教学工作体现时代性、把握规律性、富于创造性。只有勇于创新，才能在新型学徒制这一新事物的试点过程中，做到观察问题有新视角、实施教学有新思路、解决问题有新办法。在争创一流目标驱动下不断创新，才能创造各种切实可行的新教法，使得职业院校与企业组成的"双师型"教学团队紧密配合、分工合作，共同完成好新型学徒制的教学工作。

五、弘扬劳模精神在职工培训中的重要作用

（一）新形势下制造业企业职工培训的需求与存在的问题

制造业是国民经济的主体，是立国之本、兴器之器、强国之基。自工业

革命开启人类工业文明之后，制造业的发展与国家的繁荣富强休戚相关。没有强大的制造业，就没有国家和民族的强盛。打造具有国际竞争力的制造业，是我国提升综合国力、保障国家安全、建设世界强国的必由之路。当前，新一轮科技革命和产业变革与我国加快转变经济发展方式形成历史性交汇，国际产业分工格局正在重塑。必须紧紧抓住这一重大历史机遇，把我国建设成为引领世界制造业发展的制造强国，为实现中华民族伟大复兴中国梦打下坚实基础。

职工是企业的主体，职工素质的高低决定着企业的前途与命运，也在一定程度上决定着中国这个制造业大国的发展潜力。高技能人才是企业员工队伍的骨干，是推动企业技术创新和技术成果向生产实际转化的不可缺少的重要力量。培养和造就一支高技能人才队伍，是增强企业核心竞争力、促进企业持续稳定发展的重要保障。《中国制造2025》提出了坚持创新驱动、智能转型、强化基础、绿色发展，加快从制造大国转向制造强国，将中国建设为制造业强国的战略目标。要实现这一战略目标，就需要提高企业一线职工的技能，建设一支高素质、高技能的制造业人才队伍，培养出更多的大国工匠，走人才引领的制造业发展道路。

但是，目前职工在职培训的状况与上述目标的要求还有着非常大的差距。中国制造业的转型升级，除了设备的升级，更是人才的升级。如果缺少高技能人才和大国工匠，迈向制造强国的目标就很难实现。通过走访调研不同领域及行业的多家制造业企业，发现在企业一线职工技能培训方面还存在着很多急需解决的问题。

1. 在职职工缺乏技能再提升的机会

通过走访调研国有大中型企业，发现中青年一线职工缺乏技能再提升的机会是个突出问题。主要表现在企业内部没有技能培训机制，无法在企业内部得到系统的理论培养与技能提升。具体表现为：（1）企业对职工培训缺乏重视，普遍存在重使用、轻培养的问题。在新技术、新装备、新软件层出不穷的今天，一线职工缺少了解和掌握最新技术与技能的平台。（2）无法在企业生产一线开展技能鉴定，优秀技能人才缺乏脱颖而出的机会。受现有标准化考核鉴定方式制约，不能在企业生产一线进行技能鉴定，并在实际生产中进行考核。因此，企业内的优秀技能人才缺乏脱颖而出的机会。工作业绩突出的高技能一线职工，无法突破年龄、工龄、资格等级的限制，破格获得技师、高级技师的职业资格证书。

2. 转岗职工急需新岗位技能培训

制造业信息化，是信息技术、自动化技术、管理技术与制造技术相融合的产物。随着制造业信息化的迅猛发展，企业也面临着从传统制造方式向先进制造技术的转变。这一过程必然伴随着部分职工转岗。例如，由普通车工、铣工、磨工转向数控车床、加工中心、数控磨床的操作工，由普通检验工转向三坐标测量机操作工等。这些职工在企业工作多年，有丰富的工作经验和一定的基础理论知识，但欠缺新岗位所需专业知识。在最短时间内完成转岗职工的新岗位技能培训，使其能够发挥工作经验的优势、补上缺乏新知识的短板，对于转岗职工和所在企业，都是一项具有重要意义的工作。

3. 下岗职工急需再就业培训

随着供给侧结构性改革的深入，钢铁、煤炭、水泥等行业的去产能与减员增效工作导致企业大批职工离开生产岗位。去产能过程中不能出现大规模失业潮，是中央确定的重要方针。消化吸收这些富余职工，是一件事关社会稳定与职工切身利益的大事。但是，这些下岗职工普遍人到中年、学历低，又身处老工业城市，再就业岗位普遍局限于保安及服务行业。就业面狭窄，导致再就业工作面临很大压力。因而，需要探索适应下岗职工自身特点、提高其职业竞争力的再就业培训模式。

（二）工匠的摇篮——"金蓝领"培训项目

"金蓝领"培训项目，是面向企业一线职工的技能再培训、转岗培训及新入职员工的岗前培训，对于加快推进高技能人才队伍建设，支持企业积极开展技能培训，提高企业职工队伍业务素质，培养助推新旧动能转换、加快产业转型升级急需的高技能人才，具有非常重要的作用，近年来受到各级政府和工会组织的高度重视。按照人力资源和社会保障部的规划，到2020年，将新培养350万名技师、100万名高级技师，使技师和高级技师达到1000万人。各省区市的各级相关部门及工会组织也出台了各项政策文件，为"金蓝领"培训项目提供了良好的政策保障。

以"金蓝领"培训工作起步较早的山东省为例，从2004年开始，当时的山东省劳动和社会保障厅就对拓展高技能人才培养领域、创新高技能人才培养模式进行了大量卓有成效的调研。2006年，山东省劳动和社会保障厅与省财政厅研究制定了《山东省"金蓝领"培训项目管理办法》，在山东全省组织开展"金蓝领"培训项目试点工作，为企业生产一线培养出一大批急需的技师、高级技师等高技能人才。"金蓝领"培训项目已成为山东省打造的品牌工程，也是该省创新高技能人才队伍建设工作的重点培养模式。从2006年以来，山东全省17个市、22个行业开展了"金蓝领"培训项目试点工作，共培养技师、高级技师近7万人，其中高级技师1万人，并建设"金蓝领"培训基地50个。考核鉴定的技师工种达到90个，高级技师工种达到20个。经过"金蓝领"培训的人员，有的被评为省、市首席技师和有突出贡献技师，多人在国家、省、市职业技能大赛中获得较好的名次。山东省"金蓝领"培训项目是独具特色的高技能人才培养模式，其特点有：（1）政府、企业、职工共同筹集资金。"金蓝领"培训费用，采取单位补助、财政补贴和个人适当交费相结合的方式解决。山东省财政原则上按人均1000元的标准予以补贴。（2）为企业培养一线青年技术骨干。要求参加"金蓝领"技师培训的人员年龄在40周岁以下，具有高中（技工学校、中等职业学校）以上文化程度，从事本工种工作3年以上，取得相关工种高级工职业资格证书2年以上；参加高级技师培训的人员年龄在45周岁以下，具有高中（技工学校、中等职业学校）以上文化程度，从事本工种工作 5 年以上，取得相关工种高级工职业资格证书 2 年以上。（3）院校与企业相结合，理论与实际生产相结合。"金蓝领"培训依托培训基地实施。培训基地设在高职院校、技工院校和企业，必须拥有从事技师、高级技师培训的理论教师和实习教师。高职院校、技工院校的培训基地必须有大型企业作为实习场所。培训采取理论学习、模拟操作和生产实践相结合的方式进行，尤其加强系统的理论学习和新知识、新技术、新工艺、新材料应用，注重培养学员的创新能力和解决实际问题的能力。（4）培训与考核鉴定相结合。学员完成教学计划规定的课程学习后，必须参加由山东省人力资源和社会保障厅统一组织的考核鉴定。鉴定包括理论知识考试、操作技能考核及论文撰写与答辩。通过考核、鉴定合格的学员，由山东省人力资源和社会保障厅颁发相应的国家技师、高级技师职业资格证书和"金蓝领"培训合格证书。截止到目前，山东省经过"金蓝领"培训项目培养的技师、高级技师已占到全省技师、高级技师总量的近 1/4，在一定程度上缓解了企业对高技能人才的需求。

另一个制造业大省浙江省，在国内率先开展了"金蓝领"高技能人才国（境）外培训工作。根据浙江省财政厅发布的《关于开展 2018 年"金蓝领"高技能人才国（境）外培训工作的通知》，2018 年举办了 4 期赴国（境）外的高技能人才培训，分别是德国的数控技术、日本的模具制造技术、新加坡的物流技术、中国台湾地区的汽车电工电子技术各一期，每个班次有 25 名学员。培训对象为浙江省内的优秀高技能人才，培训为期 3 周，培训内容主要包括行业新工艺、新操作法等先进技术技能，以及在企业和机构的实地观摩等。培训专业包括：（1）数控加工技术，包括数控车工、数控铣工、加工中心操作工、数控装调与维修等相关职业（工种）。（2）模具制造技术，包括模具设计技术、模具制造、模具加工等相关职业（工种）。（3）物流技术，包括物流服务、商品储运、快递业务、交通运输等相关职业（工种）。（4）电工电子(汽车）技术，包括汽车维修工、汽车电工等相关职业(工种)。

（5）列入浙江省传统制造业改造提升行业，与上述职业（工种）相近的相关职业（工种）。

在该计划的人员选送过程中，优先支持"钱江技能大奖""浙江省首席技师""浙江省技术能手"等省级以上相关荣誉获得者，以及省级以上技能大师工作室领办人、"百千万"高技能领军人才参加培训。

（三）弘扬劳模精神与工匠精神在"金蓝领"培训中的重要作用

近年来，"金蓝领"培训工作在全国范围内的发展并不均衡，培训工作先进省份主要集中于东部沿海地区，而且，各省区市内不同地区的培训工作也存在着不平衡现象，与国家制造业转型升级战略的要求相比还有较大差距。

1.培训中心的条件参差不齐

"金蓝领"培训中心主要设在职业院校和企业，各培训中心的设备与师资条件差距较大。作为技师与高级技师的摇篮，"金蓝领"培训的内容应侧重高精尖技术以及新知识、新设备、新技术和新工艺，培训中心应装备国内外最新的设备与工艺装备，使之成为新技术的展示中心。但现有的部分培训中心因资金、场地等各种原因，设备陈旧、落后、老化，导致培训设备与企业生产设备的差距越来越大，学员结业后不能适应企业生产一线的需求。

2.培训资金缺口较大

"金蓝领"培训中，技师和高级技师们要使用先进设备、消耗大量材料，而原材料的费用逐年上涨。例如，培养一名电焊高级技师，仅焊条的费用就要千元左右。这导致"金蓝领"培训原定培训成本，已远远不能满足当前实际培训开支的需求。

要实现人才培养目标，培养出企业急需的高技能人才，需要采取以下措施。

1.大力支持职业院校办好"金蓝领"培训中心

"金蓝领"培训项目是由政府财政拨款，企业、院校共同办学的一种高技能人才培养模式，不需要企业承担培训费用。在进行人才培养时，涉及院校、企业、政府三个主体单位，因此，地方政府要加大对"金蓝领"培训项目的资金投入，强化职业院校建设，建立健全教学管理制度和质量监督体系，不断完善职业资格认证体系、劳动准入制度，制定出切实可行的法规、政策，引导职业院校办好"金蓝领"培训中心。

2.积极参加职业技能竞赛活动

推进"金蓝领"人才培养模式改革，鼓励受训学员参加国家级、省级、市级职工技能大赛，以赛促教、以赛促学、以赛促练，激发学员的学习兴趣，发挥学员的主动性和创造性。通过举办竞赛、参加竞赛，营造出受训学员学知识、学技术、练技能、互相交流的浓厚氛围，促进高技能人才脱颖而出，进一步夯实高技能人才培养工作的基础。

3.将劳模精神的培养贯穿于培训整个环节

"金蓝领"培训的目标，就是培养具有精湛技能和职业素养的技能人才、能够在具体工作中解决综合性专业问题的行业精英。在培训中要坚持以劳模精神育人，将岗位意识、职业精神、进取精神、拼搏精神、创新精神、家国情怀和奉献精神等劳模精神，以及精益求精、专注执着、严谨慎独、创新创造、爱岗敬业的工匠精神传授给学员，使培养出的高技能人才在工作中能够以厂为家、以企为家、以国为家，真正成为企业的技术骨干、员工的行为楷模。弘扬劳模精神与工匠精神，已成为社会共识和时代召唤。在职工培训中着重培养工匠精神，是中国经济转型升级发展的需要，也是企业生存、发展的重要保障。面对激烈、残酷的市场竞争，人才已成为企业能否在竞争中脱颖而出、立于不败之地的关键因素。为了培养高技能人才，大部分企业建立了在职培训机制，对员工进行必要的岗位培训，但培训内容和方式仍显单一，仅注重职工专业技能的培养，希望借此带来直观的经济效益，却忽视了对劳模精神的培养，导致一些职工的工作态度不端正、缺乏爱岗敬业精神。往往是不但没有提高企业的经济效益，反而由于爱岗敬业精神缺失而降低了工作效率。所以，在培训内容上应克服以往只重视技能培训而忽视思想培养的局限性，加强综合素质培训，特别是加强对所有员工的职业道德培训，使其真正成为企业发展的核心动力。

打造一支高素质、高技能的企业职工队伍，离不开劳模和工匠的榜样作用，离不开弘扬劳模精神和工匠精神。2018年"五一"国际劳动节前夕，习近平总书记在给中国劳动关系学院劳模本科班学员的回信中指出："我一直强调，劳动最光荣、劳动最崇高、劳动最伟大、劳动最美丽。全社会都应该尊敬劳动模范、弘扬劳模精神，让诚实劳动、勤勉工作蔚然成风。"习近平总书记的回信是对劳模们辛勤劳动、无私奉献的褒奖，体现了党和国家对劳动者的关怀，激励着广大职工群众发扬劳动精神，以劳动模范为榜样，忘我拼搏，无私奋斗。劳模精神是对劳动者朴素劳动情感的升华，凝聚了建设社会主义的向心力量及奋发向上的劳动情怀。其内在价值首先体现在对劳动价值的尊重和追求，其次体现在对创新和创造的引领与倡导。

劳模精神与工匠精神在"金蓝领"培训中具有非常重要的作用。比如，智能制造除了对企业职工应掌握的专业知识、应具备的专业技能提出了更高要求，更要求他们具有爱岗敬业、勇于创新的劳动情怀，专注钻研的职业精神，以及百折不挠的意志品质。劳模精神激励着职工在基层岗位上创造价值，指导着职工的创造性和创新性劳动。在劳模先进事迹和精神的感召下，参加"金蓝领"培训的学员们的择业、就业、创业等观念都会发生积极变化。

劳模及大国工匠参与"金蓝领"培训的形式主要有：(1) 担任技能培训主讲教师；(2) 担任劳模创新工作室指导教师；(3) 参与学员的组织管理与思想政治工作。由劳模及大国工匠担任技能培训教师，既传授了高新技术与技能，也对学员进行了现代工匠精神的教育。由劳模及大国工匠担任指导教师的劳模创新工作室，以企业技术攻关课题为主，为学员提供具有真实感的研发环境。由劳模及大国工匠兼职担任"金蓝领"培训项目的辅导员，有利于对学员进行劳模精神、劳动精神、工匠精神的培养，是在"金蓝领"培训中大力弘扬劳模精神、劳动精神、工匠精神的具体保障，并能够充分发挥榜样的力量，构建尊敬劳动者、崇尚劳动精神的校园风尚，让诚实劳动、勤勉工作蔚然成风。

（四）依托工会院校建设"金蓝领"培训示范中心

中国劳动关系学院作为全国总工会唯一直属的高等院校，本科、高职、干部培训三位一体的培养模式是它的办学特色，特别是办有劳模本科班，在以劳模精神引领校园文化建设方面走在了全国高校前列。经过多年来的发展，中国劳动关系学院高职学院在专业设置、师资建设、实验实训设施建设等方面，均处于国内领先地位，积累了丰富的职业教育经验，拥有良好的社会声誉和行业知名度。因此，依托中国劳动关系学院高职学院建设"金蓝领"培训示范中心，能够确保将该中心建设成为多专业、高水平的职工技能培训平台，涵盖数控、计算机、酒店服务等众多社会急需的专业领域。其中，以数控专业为主体建设的数控"金蓝领"培训中心主要服务于制造类企业，面向企业一线职工的技能再培训、转岗培训及入职前培训，培训数控工艺师及数控应用型高技能人才。

1. 依托工会院校进行数控"金蓝领"培训的优势

依托中国劳动关系学院高职学院建设面向全国职工的数控"金蓝领"培训中心，在师资、教学资源等方面均具有很多优势，是建设高水平"金蓝领"培训中心的基础和保障。

（1）高素质教学团队与完备的课程体系为培训提供了坚实的理论基础

教师是人才培训、技能传授的主体，也是搞好"金蓝领"培训的基础和根本。打造一支达到国内顶尖水平的培训师资队伍，是实现"金蓝领"人才培养目标的关键所在。中国劳动关系学院高职学院数控专业，拥有一支经验丰富、学历高的专任教学队伍，还拥有一支行业顶尖的兼职教师队伍，集中了一批全国知名数控专家。这个"双师"素质、专兼结合的教学团队，是数控"金蓝领"培训的重要人力资源保障。团队中的专任教师承担专业基础课与专业课教学，团队中的"双师型"专任教师与兼职教师共同承担实训课程教学，为不同层级、不同方向的"金蓝领"培训计划提供了丰富的课程选择，而高质量的专兼结合教学团队则是培训质量的师资保证。

（2）设施先进的实验室为培训提供了坚实的保障

经过多年发展，中国劳动关系学院高职学院建成了设备先进、体系完整的数控专业计算机辅助设计与辅助制造（CAD/CAM）中心，包含 5 个实验室，全部专业课教学、实验与实训均安排在其内。以一个复杂零件数控加工的全生命周期为例，首先在计算机辅助设计实验室内完成零件的计算机建模与刀路轨迹设计和加工代码生成，随后在数控系统实验室内进行模拟加工，然后在计算机辅助加工实验室内完成零件加工，最后在精密测量实验室内利用三坐标测量机完成零件的检验。数控机床的原理掌握及故障诊断实验，则在电工电子与自动控制实验室及数控系统实验室内进行。这一系列体系完整、设施一流的实验室，是数控"金蓝领"培训的资源保障。

2. 数控"金蓝领"培训中心的培训模式

作为面向全国职工、代表最高水平的数控"金蓝领"培训中心，在培训目标上要坚持高标准、严要求，要紧扣国家制造业发展战略及企业需求，选择培训目标与定位。结合国家发展与企业的迫切需求，数控"金蓝领"培训中心的培训目标分为三个层次：（1）数控加工高技能人才与大国工匠；（2）企业转岗职工的数控操作技能培训；（3）企业下岗职工的再就业培训。

第一层次的培训目标是面向企业一线的高级工以上业务骨干，培训目标岗位是从事数控工艺员工作的技师，培训时间为 16 周。第二层次的培训目标是面向企业转岗职工，培训目标岗位是从事数控机床操作或三坐标测量机操作的中级工，培训时间为 12 周。第三层次的培训目标是面向下岗职工中的"40""50"人员，培训目标岗位是从事计算机辅助设计的职工，培训时间为9周。

以数控工艺员为代表的数控高技能人才，是掌握复杂零件加工工艺设计、工装夹具选择与设计技术，能够完成零件的计算机辅助设计建模与辅助制造编程，并在数控机床上最终完成零件加工的复合型人才，是各类制造业企业不可或缺的骨干，也是大国工匠的重要组成部分。因而，培养适合各行各业需要的、掌握最新数控加工技术和手段的高水平数控工艺员，就是一项非常重要、意义深远的任务，也是数控"金蓝领"培训中心培训工作最主要的目标。数控工艺员培训的招生对象为企业一线从事数控加工的技术骨干，拥有数控机床高级工以上职业资格证书。此类培训学员的共性为：拥有10年以上工龄，年龄在30至40周岁之间，年富力强，接受新技术、新事物快，接受过中职或高职教育，有一定的理论基础和实践经验，掌握数控加工的基本知识，拥有较高的工程图纸识图能力与数控手工编程能力；但是，在复杂零件工艺路线拟定，利用计算机辅助制造（CAM）系统进行零件造型、刀路设计及加工代码生成等方面，还有很大的欠缺。

针对此类学员的特点，将培训周期定为16周，分为3个阶段。

（1）基础课程阶段

此阶段的时间为4周，由教学团队中的专任教师讲授。

（2）复杂零件加工专项研讨学习及操作实习阶段

此阶段的时间为10周，由教学团队中的兼任教师讲授。复杂零件数控加工工艺专项研讨课程以教师与学员共同探讨的方式，每周设一个专题，研讨加工中心与数控车床复杂零件的工艺分析、工装夹具设计、计算机辅助制造（CAM）系统加工程序生成、数控机床加工以及产品检验等。研讨的零件以国家重大专项、国防军工高精尖零件及全国数控技能大赛赛题为主，通过这门课程使学员能够从国内知名数控专家那里学到最新的数控加工技术。综合实训课程以培养学员的实际操作技能为目标，由教师指导学员独立完成复杂零件的工艺规划、计算机辅助制造（CAM）系统编程、数控加工与检测等。

（3）考核总结阶段

此阶段的时间为 2 周，总课时为 48 学时。主要任务是总结培训成果，考核学员掌握技能的情况，组织学员去合作企业参观。此阶段的另一项重要任务是组织学员参加职业资格证书考试。对于已有高级工证书的受训人员，在满足资格证书时间要求的情况下，帮助他们取得技师的职业资格证书。

3. 课赛结合的培训特色

目前在数控技能方面的全国性大赛，主要有人力资源和社会保障部联合教育部、科学技术部、全国总工会和中国机械工业联合会共同举办的全国数控技能大赛；以及由全国总工会、科学技术部、人力资源和社会保障部、工业和信息化部联合主办，中国职工技术协会承办的全国职工职业技能大赛。这两项大赛均属国家级一类技能竞赛，代表着中国现代制造业的最高水平。参加及观摩这两项大赛，对于企业一线职工提高技能有很好的引领作用，也是优秀技能人才脱颖而出的舞台。2014 年的第六届全国数控技能大赛产生了 7 名全国五一劳动奖章获得者和 46 名全国技术能手，并有 100 多名获奖者晋升了职业资格。2015 年第五届全国职工职业技能大赛后，全国总工会向获得每个工种决赛第一名并符合条件的选手授予全国五一劳动奖章。人力资源和社会保障部授予获得各工种前 5 名选手全国技术能手称号，并直接晋升技师职业资格；已具有技师职业资格的，晋升高级技师职业资格；第 6 至 20 名选手直接晋升高级工职业资格，已具有高级工职业资格的晋升技师资格。

数控"金蓝领"培训中心的一个突出特色，就是采取培训与国家级数控技能大赛相结合的模式，为学员提供深度参加与观摩国家级数控技能大赛的机会。上述两项国家级数控技能大赛的专家组组长及总裁判长，均为培训数控"金蓝领"培训中心教学团队中的兼职教师；而数控"金蓝领"培训中心拥有的先进设备与场地条件，为承办国家级数控技能大赛提供了坚实的保障。利用这些优势，数控"金蓝领"培训中心将承接全国数控技能大赛的赛项准备与培训、初赛、复赛等比赛任务。而全国总工会举办的全国职工职业技能大赛，除相关赛项培训、初赛外，决赛也将安排在数控"金蓝领"培训中心内举行。从而，使数控"金蓝领"培训中心成为先进技术的展示平台、参赛选手快速成长的通道。

　　学员能够以多种形式参与国家级数控技能大赛，通过参与，使自己的实际操作技能和解决复杂问题的能力得到快速提升。（1）样件试切：在数控高技能人才培训的复杂零件加工专项研讨学习及操作实习阶段，由担任大赛专家组组长的兼职教师带领学员，分组完成大赛数控车床组与加工中心组赛题样件的试切，为大赛出题提供参考。数控技能大赛的赛题注重联系生产实际，体现了企业一线生产采用的基本技能、工艺流程及管理方法；同时，注重创新，注重推广新知识、新技术、新设备、新技能。在样件试切过程中，锻炼了学员对于复杂零件的工艺设计、编程与加工能力，提高了他们作为数控工艺员的综合技能。（2）组队参赛：每届大赛时，都由受训学员组成一支参赛队伍，参加全国职工职业技能大赛与全国数控技能大赛，具体参加数控车床组、加工中心（四轴）组及加工中心（五轴）组的比赛。参赛队员从数控高技能受训学员中选拔产生，由专任教师及兼职教师共同指导。数控技能大赛是一项综合性很强的操作技能比赛。笔试、软件应用和实际操作三个环节的备赛与参赛，对于选手是极大的考验，也是激发其潜能、使其各项技能得到极大提高的过程。而每一名参赛学员都是一颗种子，在培训结业回到企业后，把参加数控技能大赛学到的新技术、新工艺推广到所在企业，促进了企业的技术进步。（3）全员观摩：利用作为数控技能大赛主办场地的优势，组织全体学员观摩大赛，对于他们是一个极其难得的学习机会。身教胜于言传。通过场上观摩、场下与选手交流，能够开拓学员的视野，增强其学好技能的信心，并调动他们学技术、练技能的积极性。

第八章　劳模与工会工作

　　劳模工作是党和国家事业的重要组成部分，也是工会工作的重要组成部分。做好劳模工作，有利于体现党和政府对劳模的关心、爱护，有利于在全社会倡导尊重劳模、学习劳模、关爱劳模、争当劳模的良好风尚，有利于用劳模的干劲、闯劲、钻劲激励广大劳动群众争做新时代的奋斗者，营造劳动光荣的社会风尚和精益求精的敬业风气，也有利于工会组织发挥优势、体现作为、扩大影响。

　　新时代，在习近平新时代中国特色社会主义思想指导下，劳模工作迎来了新的发展契机。各级工会必须提高认识，统一思想，深入实际，开拓创新，开创劳模工作的新局面，让劳模精神在实现中华民族伟大复兴中国梦的历史进程中发挥更大作用。

第一节　劳模工作概述

一、劳模工作的内涵

　　劳动模范工作，即劳模工作，是运用榜样力量激励并鼓舞群众，投身改革开放和社会主义现代化建设事业的群众工作，包括劳动模范的培养、选树、评选、表彰、宣传、管理、服务等，也是工会工作的重要内容。

二、劳模工作的重要意义

（一）做好劳模工作，对实现"两个一百年"奋斗目标、实现中华民族伟大复兴中国梦具有重要意义

在中国革命、建设和改革的历史进程中，广大劳模以当家作主的主人翁姿态、以极大的劳动热情投身其中，为中国革命、为社会主义建设和改革开放作出了重大贡献。当好主人翁、建功新时代，是新时代广大职工需要承担的历史责任。在当前建设知识型、技能型、创新型劳动者大军，培养新时代中国特色社会主义新人的历史任务中，做好劳模工作，有利于发挥劳模的骨干带头作用和示范引领作用，影响并带动广大职工群众把思想和行动统一到中共中央的部署上来，把智慧和力量凝聚到实现"两个一百年"奋斗目标、实现中华民族伟大复兴中国梦的伟大事业中来。做好劳模工作，有利于引导广大职工以劳模为榜样，"爱岗敬业、争创一流，艰苦奋斗、勇于创新，淡泊名利、甘于奉献"，以高度的主人翁责任感和使命感，投身到决胜全面建成小康社会、夺取新时代中国特色社会主义伟大胜利的历史进程中。做好劳模工作，有利于大力弘扬劳模精神、劳动精神、工匠精神，用劳模的干劲、闯劲、钻劲鼓舞更多的人，激励广大劳动群众努力提高自身素质，争做新时代的奋斗者，激励广大职工加快产业工人队伍建设改革，保持和发展工人阶级的先进性，造就一支有理想守信念、懂技术会创新、敢担当讲奉献的宏大的产业工人队伍。

（二）做好劳模工作对促进企业发展具有强大推动作用

职工是企业的主人。广大职工群众的积极性和创造性，是企业活力的源

泉。劳动模范生活在职工群众中，成长于职工群众中。做好劳模工作，用劳动模范的先进思想和先进事迹去教育、激励职工群众，坚持不懈、及时有效地把劳动模范创造的先进生产技术和先进经验传播到广大职工中去，有利于把蕴藏在他们当中的积极性、主动性、创造性充分调动和发挥出来，形成推动企业发展的巨大力量。

（三）做好劳模工作对于弘扬社会主义核心价值观具有积极促进作用

劳动模范为社会主义革命、建设、改革作出了突出贡献。他们的先进思想和崇高精神是对社会主义核心价值观的生动诠释与现实呈现，是引领广大职工群众推动社会主义全面进步的强大精神力量。一方面，劳模是遵循社会主义核心价值观的典范样本，是社会主义核心价值观的模范实践者、生动传播者和最有说服力的检验者；另一方面，劳模之所以能够生成劳模精神，能够成为全社会学习的典范，一个重要原因就在于他们主动、自觉地遵循并践行了社会主义核心价值观。① 做好劳模工作，大力宣传劳模的崇高思想和高尚品质，营造尊重劳模、热爱劳模和学习劳模的良好氛围，有利于大力弘扬社会主义核心价值观，使劳模精神成为培育和践行社会主义核心价值观的重要抓手，让劳模精神在实现中华民族伟大复兴中国梦进程中绽放璀璨光芒。

三、劳模工作是工会工作的重要组成部分

工会是"劳模之家"，做好劳模工作是工会的应尽职责。劳模工作是工会工作的重要组成部分，是工会围绕中心，服务大局，运用先进模范人物的榜样作用，动员并激励广大职工群众为推进经济和社会发展作贡献的重要职责。

---

① 彭维峰：《新时代劳模精神的十大内涵》，《工人日报》2018 年 3 月 20 日。

（一）劳动模范的评选表彰工作是在政府依法授权下，工会与有关部门协调共同进行的

1950 年，在筹备召开全国工农兵劳动模范代表会议，即第一次全国劳模表彰大会时，政务院就明确规定：劳模代表要在工会负责组织开展的劳模运动基础上评选。1979 年，在筹备召开全国职工劳模表彰大会时，中共中央、国务院在《关于召开全国职工劳动模范代表大会的通知》中强调指出："做好劳动竞赛的组织工作，在竞赛过程中及时发现、热情鼓励、认真培养和教育先进人物，积极总结和推广他们的先进经验，使竞赛既蓬蓬勃勃，又扎扎实实，是各级党政机关和群众组织，首先是各级工会组织的重要任务。"由此可见，做好劳模工作是工会应尽的重要职责。

1980 年 3 月，全国总工会发布的《劳动模范工作暂行条例》规定："劳动模范和先进集体，对推动生产力的发展起了显著作用，对社会主义建设事业作出了贡献，他们体现了社会发展的方向，是先进生产力的优秀代表，是广大职工学习的榜样。为了在四个现代化的建设中，涌现更多的劳动模范和先进集体，不断提高他们的水平，充分发挥他们的带头、骨干和桥梁作用，工会组织必须在各级党委领导下，与有关部门紧密配合，负责做好劳动模范的经常工作。"

《中共中央办公厅关于印发〈全国总工会机关主要职责、内设机构的人员编制方案〉的通知》，对于全国总工会机关的主要职责明确规定："协助国务院做好全国劳模的推荐、评选工作，负责全国劳模的管理工作；负责全国五一劳动奖章、奖状获得者的评选表彰和管理工作。"

《国务院办公厅关于深入贯彻工会法支持工会工作的通知》规定："评选、表彰劳动模范等有关工作，要与工会共同研究并组织实施。"这些规定，明确了工会开展劳模工作的基本职责。

2001 年第一次修正的工会法第三十二条规定："根据政府委托，工会与有关部门共同做好劳动模范和先进生产（工作）者的评选、表彰、培养和管

理工作。"2018 年 10 月，中国工会第十七次全国代表大会通过的《中国工会章程》（修正案）明确规定，工会基层委员会的基本任务之一是："组织职工开展劳动和技能竞赛、合理化建议、技能培训、技术革新和技术协作等活动，培育工匠人才，总结推广先进经验。做好劳动模范和先进生产（工作）者的评选、表彰、培养和管理服务工作。"

（二）工会在劳模工作中已经建立起一套完善的组织机构和工作制度，形成了比较健全的运作机制

长期以来，在中共中央、国务院的领导和支持下，工会组织为做好劳模工作作出了重要贡献。从 1950 年到 2015 年，工会组织协助党和政府成功召开了 15 次全国劳模表彰大会。从新中国成立初期的"劳模运动""先进生产者运动"，到"为四化立功活动""学赶先进活动""职工经济技术创新工程""创先争优建功立业"劳动竞赛等，工会始终坚持把推动群众性学赶先进活动作为自己的一项重要工作，在这些活动中培养和造就了一大批先进模范人物，形成了具有时代特点的劳模队伍，为广大职工群众树立了学习的榜样。

多年来，除积极做好劳模的评选表彰工作外，各级工会还加强了调查研究，推动工作规范化，建立健全了劳模电子档案，实行网络化动态管理，真正关心劳模的工作和生活，切实帮助劳模解决实际困难，大力弘扬劳模精神和工匠精神，并且对劳模的培养、评选、表彰、宣传和管理，形成了一套行之有效的基本管理制度和办法。

第二节　劳模的评选表彰

评选劳模是劳模工作的首要环节，是保证劳模质量的关键。评选表彰劳模的过程，也是大力宣传工人阶级历史功勋、大力弘扬劳模精神的过程。因

此，在评选推荐过程中，要以建立健全评选机制为基础，牢牢把握劳模评选工作的正确方向，坚持把政治坚定、品德高尚、勤奋敬业、勇于创新，在社会主义经济建设、政治建设、文化建设、社会建设以及生态文明建设和党的建设等方面作出突出贡献的先进模范评选出来。

一、劳模的推荐评选

（一）推荐评选的对象和原则

1.推荐评选的对象

《劳动模范工作暂行条例》第一条规定："评选劳动模范的根本标准，必须是在推动生产力发展方面起了显著作用，对社会主义现代化建设事业做出了较大贡献的个人和集体。"

劳模的评选表彰对象是在社会主义经济建设、政治建设、文化建设、社会建设、生态文明建设和党的建设等方面作出重大贡献，取得突出成绩的工人、农民、科教人员、管理人员、机关工作人员及其他社会各阶层人员。

其中，全国劳动模范称号授予企业职工、农民和其他劳动者，全国先进工作者称号授予机关、事业单位职工。随着农民工队伍的日益壮大，注重推荐评选他们当中的先进模范人物，使评选表彰对象具有更加广泛的代表性。

2.推荐评选的原则

一是坚持公开、公平、公正的原则，广泛听取群众意见，充分发扬民主，以政治表现、工作实绩和贡献大小作为衡量标准，优中选优。二是面向基层、面向一线、面向普通劳动者，确保评选表彰主体是工作在生产一线的普通劳动者。三是突出时代性、先进性、代表性，面向经济社会发展的各条战线和社会的各个阶层。四是实行组织推荐。在全国劳模的推荐评选中，除单独组织推荐的中央直属机关、中央国家机关、人民法院、人民检察院、国务院国资委管理的中央企业在京直属单位、军队直属单位外，其他系统的人选原则上由其所在省、自治区、直辖市推荐。

为确保推荐评选工作面向基层、面向一线、面向普通劳动者，推荐评选工作一般要明确各类表彰对象的比例。例如，在全国劳模评选中，一线工人、农民、专业技术人员的比例不断上升。1989年规定，工人不少于30%，农民不少于20%。2015年规定，企业一线工人和专业技术人员不低于企业职工人选的57%，企业负责人不超过企业职工人选的20%，中小微企业负责人应有一定代表；农民工不低于农民人选的25%。

（二）评选条件

各级劳动模范的评选都有明确的条件，这些条件是根据不同历史时期的政治形势和经济社会发展要求制定的。

1950年召开的劳模代表大会名称为"全国工农兵劳动模范代表会议"，劳动模范主要来自工业、农业和军队等方面。如工业劳动模范代表的当选条件包括："生产节约中有特殊贡献者""生产技术的发明者与改进者及重大合理化建议者""护厂斗争有特殊功绩者""支援前线有特殊功绩者"等。农业劳动模范代表的当选条件包括："带领组织群众实行生产互助或精耕细作勤劳增产，发家致富获有显著成绩者""创造与引用新的品种、新的农具、新的科学技术，为农民效法并卓有成绩者""模范的农民协会或合作社等群众组织中组织生产的优秀工作者"等。人民解放军劳动模范代表，由人民解放军总政治部指导参加生产的各部队推选。

1956年评选劳模时，在全国总工会发出的《关于召开全国先进生产者代表会议的通知》中，把"提前完成第一个五年计划规定指标的先进生产者""达到优等质量指标的先进生产者""在学习与推广先进经验或在掌握先进技术试制新产品方面有成就的先进生产者""在节约方面有优良成绩的先进生产者""优秀的合理化建议者和合理化建议工作的组织者"等作为重要的评选标准。

　　实行改革开放后，随着经济建设中心地位的确立，劳模评选标准也开始发生变化。1979年，首次对"先进"进行了理论概括，即"各条战线的劳动模范和先进集体，必须是先进生产力的优秀代表，能够体现社会发展的方向"。① 同时明确了，劳动模范的标准为："判断一个职工是不是模范，一个集体是不是先进，归根到底要看其在推动生产力发展方面是不是起了显著的作用，对社会主义建设事业是不是作出了较大的贡献。这是我们选举劳动模范和先进集体的根本标准"。② 从评选标准和评选条件来看，这一时期评选标准的核心就是紧紧服务于社会主义现代化建设。

　　在1989年全国劳模的评选条件中，强调要坚持四项基本原则、拥护改革开放总方针，在企业发展生产、深化改革，发展农业生产和农村经济，科研、教育、文化、卫生、体育等事业，发明创造、技术改造，增产节约、增收节支，提高经济效益和社会效益，环境保护和安全生产，保卫国家和人民利益，社会主义精神文明建设等方面作出重大贡献。

　　改革开放后历届全国劳模的评选条件均在此基础上不断加以完善，体现了时代发展的要求和更为广泛的代表性。比如，1995年全国劳模的评选条件，增加了在人口控制、勤政廉政、对外开放等方面作出重大贡献的规定；2000年，基本延续了1995年的做法；2005年，根据经济社会发展的新形势、新情况，全国劳模的评选条件更加规范、更加科学，具有更为广泛的代表性和突出的时代特点；2010年的全国劳模评选工作，突出了推动经济发展方式转变、优化经济结构、提高自主创新能力等方面的条件；2015年，评选全国劳模时，突出了主动适应经济发展新常态、提高经济发展质量和效益、推动经济转型升级、推动新型城镇化建设、实施创新驱动、强化风险防控、促进经济平稳健康发展等方面的条件。

---

　　① 　游正林：《我国职工劳模评选表彰制度初探》，《社会学研究》1997年第6期。

　　② 　全国供销合作总社编：《中国供销合作社史料选编》（第1辑）下，中国财政经济出版社1986年版，第113页。

制定劳模评选条件时要把握以下几个方面：一是坚定的政治立场和信念，热爱祖国，拥护中国共产党的领导，认真执行党的路线方针政策。二是广泛的代表性，要兼顾各个行业、各个方面。三是突出的先进性，即必须在某行业或某方面取得突出成绩或作出重要贡献。四是鲜明的时代性，要与时俱进，体现出鲜明的时代特点。

（三）推荐评选程序

劳动模范要经过民主推荐评选，有关部门审核、政府审批后授予"劳动模范"的荣誉称号。严格、规范的推荐评选程序，是保证评选质量的重要环节。随着经济社会的发展，劳模的推荐评选程序也逐步得到规范和完善。

全国劳模的推荐评选要坚持以下几个程序。

1. 民主推荐程序

推荐的人选必须经所在单位民主评议产生，并由职工大会或职工代表大会讨论通过。农村地区的推荐人选要经村民会议、城市社区的推荐人选要经居民会议讨论通过，即必须通过一定的民主程序，自下而上产生，得到群众公认。

2. "两审三公示"程序

为了增强推荐评选工作的透明度，自 2000 年起，全国劳模评选实行公示制度。2005 年后，全国劳模的评选执行"两审三公示"程序，即在推荐人选产生过程中，先在本单位进行公示；经过全国劳模表彰大会筹委会办公室对各地区、各系统推荐人选基本情况和各类人员比例预审后，在其所在地区、系统进行公示；公示无异议的，上报正式推荐审批材料，由筹委会办公室进行审核，审核后在全国范围内进行公示。这一制度较好地保证了人民群众的知情权、参与权和监督权，体现了公开、公平、公正原则。

3. 特别审查程序

为保证评选质量，对被推荐的机关、事业单位工作人员和企业负责人，要经过必要的审查程序。被推荐人选是机关、事业单位工作人员的，必须由纪检、卫生计生等部门签署意见，并按照干部管理权限，征得有关部门同意。被推荐人选是企业负责人的，必须由当地县级以上工商、税务（国税、地税）、人力资源和社会保障、安全生产、环保、卫生计生等部门签署意见；是国有企业负责人的，则必须由审计、纪检等部门签署意见；是私营企业负责人的，必须征求当地统战部门和工商联的意见。凡违反国家政策、法律法规，违反企业用工规定，劳动关系不和谐，发生安全生产事故和严重职业危害，无故拖欠职工工资，未按规定缴纳社会保险费的企业，其负责人不能参加评选。

二、劳模的表彰奖励

中共中央、国务院历来高度重视劳模的表彰奖励工作。党的十八大以来，习近平总书记多次对党和国家功勋荣誉表彰工作作出重要指示，强调要充分发挥党和国家功勋荣誉表彰的精神引领、典型示范作用，推动全社会形成见贤思齐、崇尚英雄、争做先锋的良好氛围。

全国劳模由中共中央、国务院表彰，为国家级表彰奖励。省级劳模由各省、自治区、直辖市党委和政府表彰。部级劳模一般由中央和国家机关各部委（门）表彰。全国五一劳动奖和全国工人先锋号，是中华全国总工会设立的、授予先进集体和先进职工的最高荣誉称号。

新中国成立以来，表彰全国劳模时授予的荣誉称号，除"全国劳动模范"和"全国先进工作者"外，还有 1956 年全国先进生产者代表会议，1959 年全国工业、交通运输、基本建设、财贸方面社会主义建设先进集体和先进生产者代表大会（即全国群英会），1977 年全国工业学大庆会议，1978 年全国财贸学大庆学大寨会议等授予的"全国先进生产者"称号，以及 1978 年全国科学大会授予的"全国先进科技工作者"称号。从 1989 年起，表彰全国劳模只设立"全国劳动模范"和"全国先进工作者"两个荣誉称号。

全国劳模由中共中央、国务院发布表彰决定，颁发奖章和证书，并给予一定数额的奖金。长期以来，对劳动模范的奖励，实行精神鼓励和物质奖励相结合、以精神鼓励为主的原则。1989年以后，实行精神鼓励与物质奖励并重，并逐渐加大了物质奖励的力度。1989年表彰全国劳模时，对职工中的全国劳动模范和先进工作者奖励晋升两级工资，对农民中的全国劳动模范每人奖励1000元。1995年以来，表彰全国劳模采取一次性奖励的方式。每人的奖金，1995年为3000元，2000年为5000元，2005年、2010年和2015年均为1万元。

三、劳模评选表彰的组织领导

评选表彰全国劳模一般都要成立临时评选机构，负责领导评选表彰工作，工会则承担具体工作。

1950年，筹备召开全国工农兵劳动模范代表会议期间，时任全国总工会党组书记、副主席的李立三担任筹委会第一副主任委员，全面主持工作；筹委会办公室设在全国总工会。这次全国劳模表彰大会后，周恩来充分肯定了这种劳模表彰会议的组织形式，并在1950年12月14日的政务院总理令中，明确地把它作为"今后全国进行劳模运动的指针"。"文化大革命"前的历次全国劳模表彰大会，都是按照这种组织形式进行的。

1989年以来，从劳模的表彰名称、表彰频率，到表彰人数、表彰对象，逐步趋于稳定、一致，这意味着劳模评选表彰进入常态化、制度化阶段。[①]具体表现为：一是从1989年开始，全国劳模表彰大会统称为"全国劳动模范和全国先进工作者表彰大会"。二是过去表彰时多以某一行业、领域为主，之后，不仅各行各业的体力、脑力劳动者都被纳入其中，一些新社会组织的

---

① 李珂：《楷模与引领：劳动模范评选制度的嬗变与省思》，《教学与研究》2018年第6期。

人员也进入评选范围。三是全国劳模表彰大会开始固定化，自 1995 年开始，每 5 年召开一次；从 1989 年开始，评选的全国劳模每次 3000 人左右。四是建立了"两审三公示"的基本工作机制。①

1950 年的全国工农兵劳动模范代表会议，是以政务院名义召开的；1956—1978 年的 6 次全国劳模表彰大会，都是以中共中央、国务院名义组织的；1979—2010 年的 7 次全国劳模表彰大会，则是以国务院名义召开的。2015 年召开的全国劳模表彰大会再次以中共中央、国务院的名义表彰全国劳模和先进工作者。这一回归，充分体现出在迈向中华民族伟大复兴的征程中，党和国家对劳模评选表彰工作的高度重视。② 劳模评选工作，从此进入了新的发展阶段。

第三节　劳模的管理和服务

做好劳模的管理和服务工作，对于更好地发挥劳模作用，激励广大职工学赶先进的热情和积极性，营造尊重劳模、关心劳模、学习劳模、争当劳模的良好社会氛围，具有重要意义。

一、劳模管理

劳模管理工作按照分级负责、分级管理的原则，由各级工会负责。各级工会设专门机构或指定专人，具体负责劳模管理工作。

劳模管理工作制度主要指制定劳模管理办法，使劳模评选表彰、奖励待

---

① 王嘉昊：《改革开放 40 年劳动模范的"变"与"不变"》，《中国工运》2018 年第 12 期。

② 李珂：《楷模与引领：劳动模范评选制度的嬗变与省思》，《教学与研究》2018 年第 6 期。

遇、荣誉称号撤销等有章可循。目前，尚未出台全国劳模的管理办法，但一些地方已通过立法的形式对劳模管理工作进行了规范。到 2005 年，全国已有 18 个省区市出台了劳模管理办法或暂行规定，其他省区市则以省（区市）委或省（区市）政府文件形式对劳模工作的有关问题加以明确。

（一）分级负责的管理原则

《劳动模范工作暂行条例》规定：劳动模范的管理工作要坚持分级管理原则，基层和基层以上单位以基层管理为主，地方和产业以地方管理为主。

基层工会要掌握本单位劳模和先进生产（工作）者的基本情况，经常调查了解，定期分析研究。要定期向本地区、本单位党委和上级工会汇报有关工作情况，提出培养、教育、使用以及改进工作的建议。对劳模的重大变化情况（提干、调动、退休、处分、死亡等），要及时报告有关上级工会。

各省、自治区、直辖市、省辖市、县的总工会，掌握本地区评选的劳动模范的基本情况，并注意总结经验，研究解决劳模管理工作中出现的问题。

全国产业工会负责全国产业一级的劳动模范管理工作。

全国总工会负责做好中华人民共和国劳动英雄和全国劳动模范的管理工作。

（二）劳模工作制度

根据《劳动模范工作暂行条例》，劳模工作制度的主要内容包括：

定期检查。基层单位每半年结合评比进行一次全面检查，各省、自治区、直辖市每年检查一次，总结经验，找出问题，提出改进意见，分别报告本单位、本地区党委和上一级工会组织。

建立劳模档案。该档案应包括：登记表、先进事迹、重大情况变更（比如提干、退休、死亡、被取消荣誉称号等）。

中华人民共和国劳动英雄，全国劳动模范，各省、自治区、直辖市产业系统、省辖市的劳动模范以及先进生产（工作）者调离本单位时，应将劳模的有关材料移交新单位。

各级工会都要设专人或指定人员兼管劳动模范的工作。

（三）劳模联系制度

疏通与劳模联系的渠道，定期召开劳模座谈会，建立定期走访、慰问制度，并认真做好劳模来信来访接待工作，密切与劳模的联系，尊重和听取他们的意见、建议，及时缓解他们的思想、心理压力。对劳模来信来访予以高度重视、认真对待，设专人负责，做到热情接待、每信必回。对遇到特殊困难的劳模，积极协调有关方面帮助解决。

（四）劳模宣传工作

及时总结劳模的先进思想和先进经验，通过组织劳模先进事迹报告会、经验交流会等活动，并利用媒体、舆论和宣传栏等多种形式，广泛宣传劳模的崇高思想和先进事迹，大力弘扬劳模精神，充分发挥劳模的示范和导向作用，营造尊重劳模、关心劳模、学习劳模、争当劳模的良好社会氛围，使劳动最光荣、劳动最崇高、劳动最伟大、劳动最美丽成为社会的共识和时代的新风。

二、劳模服务

做好劳模的服务工作，就是要关心劳模，帮助他们解决在工作和生活中遇到的困难，解除劳模的后顾之忧，为劳模发挥作用创造条件。长期以来，党和政府不仅高度评价劳动模范在社会主义建设、改革中作出的突出业绩与贡献，给予劳模很高的政治荣誉，而且历来十分关心劳模的工作、学习和生活，逐步建立了劳模教育培养、劳模定期健康体检、劳模疗休养等制度。

（一）劳模教育培养

主要指对劳动模范继续进行教育培养。通过对劳动模范进行思想政治、科学文化知识教育和技术技能培训等，不断提高劳模的思想政治觉悟、科学文化素质和技术技能水平。积极选送有条件的劳模学习深造，不断提高劳模素质，加强劳模队伍建设，更好地发挥劳模的先锋模范作用。

党和政府一直关心、关怀劳动模范，为他们的成长创造了很好的条件。经教育部批准，从 1992 年起，中国工运学院（现为中国劳动关系学院）开办了成人高等学历教育劳模本科班，免试招收符合条件的全国劳动模范、全国先进工作者和全国五一劳动奖章获得者入学。1995 年，中共中央组织部专门下发文件，"同意确认中国工运学院劳模本科班毕业生为干部身份。今后各有关单位对参加公务员公开考试合格的劳模本科班毕业生，应优先录用。"这一规定把劳动模范的培养和使用结合起来，为从优秀工人中培养和选拔干部创造了条件。

（二）劳模定期健康体检

1983 年，中华全国总工会、中共中央组织部、劳动人事部、卫生部制定《关于保护劳动模范身体健康的几项规定》（工发总字〔1983〕43 号），对保护劳动模范身体健康作出安排。

该规定指出，要把保护劳动模范和先进人物的身体健康当作一件大事来抓。爱护与关心劳动模范和先进人物，是各级党政机关和群众组织的工作任务之一，是关心工人阶级、为人民服务的具体表现。凡属省市（县）以上人大常委会或者人民政府授予劳动模范和先进人物称号的职工（包括国务院各部委授予的劳动模范和先进人物），在 1983 年内要普遍进行一次身体检查，今后每年一次，形成制度。有条件的单位，由本单位或本系统所属医院、门诊部进行检查；无条件的单位，或不能检查的某些项目，与当地的医疗合同医院联系安排检查。对查出有病的职工，需要治疗的，要及时治疗；需要住院治疗的，各有关医院要提供方便条件，给予优先照顾。需要到地方医院进一步确诊或进行特殊检查的项目，由合同医院或由合同医院指定的其他医院进行确诊和检查。希望各医院要积极配合，互相协作。承担身体检查任务的医院、门诊部和卫生保健部门，要选派技术水平较高、工作认真负责的医务人员参加身体检查工作，并于这次身体检查后，由本单位的卫生保健部门或有关医院建立劳动模范和先进人物保健档案。身体检查所需经费，由劳动模范和先进人物所在单位负责。

按照属地原则，体检工作由劳模所在省区市工会负责组织实施。各省区市工会与政府财政、卫生部门密切协作，共同制定具体措施。同时，各地工会要积极与当地卫生部门协商，为劳模提供便捷的医疗保健服务。

（三）做好劳模休养工作

劳模休养是对劳模辛勤劳动、无私奉献的褒奖，体现了党和国家对劳动模范的关心、关怀，是一项重要的制度性工作。

全国总工会组织劳模大规模集中疗休养始于 2000 年。当年 6 月 14 日，《关于组织全国劳动模范和先进工作者进行疗养活动的通知》，以红头文件的形式下发到各地工会。该通知规定，疗休养活动主要邀请在各条战线，特别是在生产、科研第一线作出突出贡献，并具有一定社会影响的全国劳动模范和先进工作者参加。同时规定，劳模往返路费由其所在单位负责，困难企业的劳模由省、市总工会负责。劳模疗养期间的食宿、体检、参观游览等费用，由全国总工会负责。

除全国总工会组织的全国劳模疗休养活动外，各地工会也组织了其他各类劳动模范、先进生产（工作）者及广大职工群众的疗休养活动，并在资金和物质条件方面给予适当的补助与扶持。同时，"向一线劳模倾斜，由工会和单位承担全部费用"也成为一种惯例，延续至今。

2004 年，全国总工会又下发了《关于建立劳动模范疗休养基地的通知》，决定在工会系统的疗养院中选择部分地理位置、设施条件、管理服务较好的地方，定点作为劳动模范疗休养基地。2005 年，全国总工会又制定了《关于组织劳动模范在疗休养基地活动的管理办法》，计划每年拨款 200 万元作为专项经费，对劳模疗休养活动予以补助。① 从 2006 年起，加大了劳模休养工作的力度，每年组织 2000 名全国劳动模范或全国五一劳动奖章获得者分赴 9 地进行休养。

2017 年，全国总工会下发《中华全国总工会办公厅关于进一步加强和规范劳模休养工作的通知》(厅字〔2017〕19 号)(以下简称《通知》)。《通知》要求：要认真学习贯彻习近平总书记系列重要讲话精神，特别是关于工人阶级和工会工作的重要论述，大力弘扬劳模精神、劳动精神、工匠精神，把思想认识统一到中央的要求上来。要充分认识组织劳模休养活动的重要意义，把做好劳模休养工作作为一项重要的政治任务，用服务劳模、弘扬劳模精神的实际行动，认真组织、精心安排、热情服务，落实落细劳模休养的每项工作，使劳模切身感受到党和政府的关心、关爱。

全国和各省级工会安排的休养对象，必须是在工作岗位上作出突出贡献的全国劳动模范和先进工作者、全国五一劳动奖章获得者、省部级劳动模范和先进工作者及省级五一劳动奖章获得者。要坚持面向基层、面向一线、面向普通劳动者的原则，重点安排生产一线，特别是在劳动条件艰苦、劳动强度大岗位工作的劳模，以及在重大工程、重点科研项目中发挥骨干作用的劳模参加休养，并优先考虑从未参加过休养的劳模。要认真做好休养劳模的审核工作，严禁不符合休养条件的人员参加劳模休养。

劳模休养主要以休息疗养、康复治疗、开展健康体检，以及讲座、形势报告、座谈交流、文体活动等方式组织开展。《通知》要求，要依规选择休养地点、合理安排休养内容，加强对劳模休养工作的领导，制定劳模休养工

---

① 郑莉：《劳模休养制度的前世今生》，《当代劳模》2010 年第 3 期。

作方案，对劳模休养期间的食宿、交通、参观考察等作出统筹安排，强化责任意识，切实保证劳模休养工作安全、优质、高效进行。

（四）切实解决劳模的生活困难

关心劳模生活，落实好各项劳模待遇政策，及时帮助劳模解决生产、生活中遇到的困难，是劳模工作的一项重要内容，也是工会义不容辞的职责。为切实解决部分劳模的生活困难、提高劳模待遇，国家和有关部门先后制定了关于提高劳模退休金、不得安排劳模下岗、给予劳模一次性奖励等文件，从资金和政策等方面解决部分劳模生活中遇到的困难。

1978 年，国务院颁布实施《关于工人退休、退职的暂行办法》，规定："获得全国劳动英雄、劳动模范称号，在退休时仍然保持其荣誉的工人；省、市、自治区革命委员会认为在革命和建设中有特殊贡献的工人；部队军以上单位授予战斗英雄称号的转业、复员军人，在退休时仍保持其荣誉的，其退休费可以酌情高于本办法所定标准的百分之五至百分之十五"。

1995 年，国务院下发《关于深化企业职工养老保险制度改革的通知》时，其附件一《企业职工基本养老保险社会统筹与个人帐户相结合实施办法之一》指出："本办法实施后，职工获得劳动模范等称号时，由奖励单位给予一次性奖励或由单位为其办理补充养老保险，离退休时不另外提高基本养老金计发标准。对本办法实施前获得国家规定可享受养老保险优惠待遇的劳动模范等称号的职工，离退休时仍保留优惠待遇。"

从 2003 年起，国家财政拨专款，对收入较低、有特殊困难的劳模进行帮助。各地也陆续出台了一些提高劳模待遇的政策。至 2005 年，全国有 18 个省市设立了劳模荣誉津贴，使省部级以上劳模离退休后每月可领到 80 至 200 元的荣誉津贴；11 个省市为劳模办理了 5000 至 1 万元的补充养老保险；20 多个省区市总工会定期安排省部级以上劳模体检和疗休养；23 个省区市设立了专项劳模帮困资金，用于解决省部级以上劳模的生活困难；还有一些省市，出台了优先报销劳模的医疗费用、对劳模实行医疗补助和住房优惠等政策。

近年来，随着各项优待劳模政策陆续出台，劳模的待遇不断得到提高。从 2012 年起，全国劳模专项补助资金的使用范围，调整为劳模生活困难补助、特殊困难帮扶、春节慰问、疗休养和健康体检补助。截至 2017 年，累计发放补助资金 25.6 亿元。补助资金的发放，使全国劳模收入的总体水平有了很大提高，有效缓解了劳模的生活困难，在社会上产生了良好的反响。

2010 年，人力资源和社会保障部、公安部、民政部、财政部、住房和城乡建设部、卫生部、中华全国总工会联合下发《关于进一步解决劳动模范社会保障和生活困难等问题的通知》，就进一步解决劳模生活困难问题作出了明确规定；2015 年，国务院办公厅下发《关于做好省部级以上劳模困难帮扶工作的通知》，明确要求"中央财政要利用现有资金渠道，继续做好全国劳模帮扶工作"。这些政策措施有力地促进了劳模生活困难问题的解决。

三、劳模协会

劳动模范协会简称劳模协会，是由各级工会领导的、劳动模范和先进工作者自愿参加的社会团体。劳模协会以弘扬劳模精神，发挥劳模作用，加强劳模之间的学习、交流、协作和联系，维护劳模正当权益为宗旨。成立劳模协会有利于大力弘扬劳模精神，扩大劳模的社会影响，进一步营造尊重劳模、爱护劳模、学习劳模、争当劳模的社会氛围；有利于集中劳模人才资源优势，更好地发挥劳模的骨干带头作用和示范导向作用；有利于增进劳模之间的联系和交流，为劳模创造学习、交流和活动的平台。①

① 吴跃华：《新形势下如何办好劳模协会》，《中国社会组织》2017 年第 13 期。

劳模协会通过章程进行管理。劳模协会章程，一般包括总则、业务范围、会员、组织机构和负责人产生与罢免、资产管理使用原则等内容。

劳模协会是由劳动模范和劳动模范管理工作者自愿参加组成，经社会团体管理机关核准登记的非营利性社会团体。比如，《湖南省劳动模范协会章程》规定，湖南省劳动模范协会是由该省劳动模范和劳动模范管理工作者自愿参加组成，经湖南省社会团体管理机关核准登记的非营利性社会团体。业务主管单位是湖南省总工会，并接受社团登记管理机关——湖南省民政厅的监督。

劳模协会的宗旨是：遵守宪法和法律法规，遵守国家政策和社会道德，弘扬劳模精神，展现劳模风采，增进劳模之间的沟通交流，帮助解决劳模实际困难，推动全社会进一步形成尊重劳模、爱护劳模、学习劳模、争当劳模的良好风尚，发挥劳模队伍的人才优势和表率作用，为经济发展和社会进步作贡献。

劳模协会的主要任务是：组织劳模为促进改革发展和社会进步献计献策，发挥劳模作用；组织劳模开展技术协作、技术咨询、技术扶贫、技术服务等活动，为发挥劳模的专长创造条件；宣传劳模的先进思想和事迹，弘扬劳模精神，总结推广劳模的先进经验和先进工作法；组织有益于提高劳模业务素质、科学文化技术水平、增进身体健康的学习、交流、考察、休养活动；关心爱护劳模，依法维护他们的合法权益，帮助他们解决实际困难等。其经费来源主要是社会资助、企业捐赠、工会拨款、团体会费等。

劳模协会的会员包括个人会员和单位会员。凡拥护劳模协会章程，经自愿申请，可成为劳模协会会员，申请者分为个人和单位。《苏州市劳动模范协会章程》规定，个人会员的条件是：凡承认本章程，并曾被授予全国、省、市劳动模范（先进工作者）称号的及国务院部、委、办的劳动模范，在授予荣誉之日起都视作当然会员。单位会员的条件是：县级市、区已建的劳模协会，劳模较多单位的工会，由市总工会推荐加入。

劳模协会会员的权利包括：享有劳模协会的选举权、被选举权和表决权，参加劳模协会的活动权，获得劳模协会服务的优先权，对劳模协会工作的批评建议权和监督权，入会自愿、退会自由等。劳模协会会员的义务包括：必须执行劳模协会决议，维护劳模协会合法权益和声誉，完成劳模协会交办的工作，向劳模协会反映情况，提供有关信息和资料，学习、宣传和推广先进经验，促进劳模协会健康发展，按规定缴纳会费。

会员退会，应书面通知劳模协会。如果有严重违反劳模协会章程的行为或不执行劳模协会决议的，经理事会表决通过，予以除名。会员逝世或调离所在地的，会员会籍自然终止。凡被撤销劳模荣誉称号的，其会员资格自动取消。

长期以来，劳模协会通过多种形式开展依法维权活动，有效维护了劳模会员的合法权益，为会员解决了诸多实际问题，树立了劳模协会的良好形象；通过开展多种形式的职业培训，帮助劳模进一步提高劳动技能；通过强化服务意识，和劳模交朋友，自觉做到劳模有虑必解、有难必帮、有堵必疏，当好劳模的"贴心人"。

新形势下，劳模协会要针对劳模队伍结构的新变化、维权重点工作的新动向、思想动态的新特点、更好生活的新期待、经济社会发展的新要求，创新思维，深入实际，开拓创新，做好劳模管理、服务工作，通过弘扬劳模精神、劳动精神、工匠精神，倡导全社会进一步树立尊重劳模、关爱劳模、学习劳模、争当劳模的新风尚。

第四节　新时代劳模工作的创新与发展

新时代的劳模工作，要以习近平新时代中国特色社会主义思想为指导，认真贯彻落实习近平总书记关于工人阶级与工会工作重要论述，以及中共中央关于劳模工作的一系列重要指示，以建立健全劳模评选机制为基础，以充分发挥劳模作用、弘扬中国工人阶级伟大品格和劳模精神为核心，以真心关爱劳模、真诚服务劳模为出发点和落脚点，全面贯彻落实尊重劳动、尊重知识、尊重人才、尊重创造的方针，在服务党和国家工作大局过程中发挥更大作用。

一、切实加强党对劳模工作的领导

一直以来，党和政府都十分关心并高度重视劳模工作，党的历代领导人都对劳模工作作出过重要指示。党的十八大以来，习近平总书记多次对劳模工作发表重要讲话。习近平总书记关于劳动模范和劳模精神的重要论述，为新时代劳模工作指明了方向。

坚持党对劳模工作的领导，就是通过劳模工作，密切党与职工群众的联系，巩固党的阶级基础和执政地位；必须坚持与创先争优劳动竞赛紧密结合，把培养选树劳模和发挥劳模作用贯穿于劳动竞赛的始终，充分调动广大职工的积极性和创造性；必须坚持以人为本，真心关爱劳模，热情服务劳模，为劳模发挥聪明才智、建功立业创造良好环境和条件；必须坚持与时俱进，在继承中发展，在实践中创新，努力使劳模工作适应新形势、新任务的要求。

劳模工作涉及面广，政治性和政策性强，社会关注度高。各级工会要把劳模工作列入重要议事日程，高度重视，切实加强领导；定期研究并主动向党委汇报劳模工作，及时反映和解决劳模在工作中遇到的困难与问题；密切与政府有关部门的联系，加强沟通协调，共同研究对策措施，提出政策建议，形成工作合力；加强对劳模工作的监督管理，充分运用党政机关赋予的资源和手段，尤其要管好用好劳模帮扶资金，做到认真执行发放规定、严格发放程序、加强监督审计；夯实劳模管理工作基础，建立劳模信息库，实现管理动态化、网络化，选配政治强、素质高、业务精、作风好的同志做劳模工作；加强调查研究，认真总结经验，积极探索适应新形势、新任务要求的劳模工作新路子；加强劳模协会建设，充分发挥劳模协会的作用。工会干部要带头学习劳模，大力弘扬劳模精神，自觉做好劳模服务工作，不断把劳模工作提高到一个新水平。

二、充分发挥劳模在政治建设中的作用

中国共产党历来高度重视工人阶级和劳动模范的重要地位与作用。广大劳模在中国革命、建设和改革的每个历史时期，都以实际行动，为完成党和国家的政治任务发挥了重要作用。

新中国成立70多年来，一大批劳模当选为各级党代表、人大代表、政协委员、工会代表大会代表，或者直接进入各级领导机构，在参与管理国家和社会事务过程中发挥了十分积极的作用。党的十八大以来，劳动模范的政治地位得到进一步提高，参政议政渠道更加顺畅，各级党代表、人大代表和政协委员中的劳模比例不断增加。据统计，在2287名党的十九大代表中，省部级以上劳模有405名，占17.7%。在2987名十二届全国人大代表中，省部级以上劳模有593名，占19.9%，他们当中来自一线的工人、农民代表有102名。在2237名十二届全国政协委员中，省部级以上劳模有113名，占5.1%。[①] 在中国工会十七大上，获得市（地）级以上荣誉的先进模范人物有977名，占48.6%，其中全国劳动模范、先进工作者有127名。[②] 各级党代表、人大代表和政协委员中劳模比例的不断增加，为劳模参政议政、参与重大社会活动，充分发挥在国家和社会事务管理、基层民主管理中的重要作用创造了条件。近年来，许振超、郭明义、巨晓林等来自生产和工作一线的劳动模范先后担任全国总工会兼职副主席，一些劳模在部分省级总工会、全国产业工会担任兼职副主席。这对于保持并增强工会工作和工会组织的政

---

① 李玉赋主编：《工会劳动和经济工作概论》，中国工人出版社2018年版，第165页。
② 王嘉昊：《改革开放40年劳动模范的"变"与"不变"》，《中国工运》2018年第12期。

治性、先进性、群众性，加强工会干部队伍建设，具有十分重要的意义。

当前，随着工会改革的不断深化，劳模的政治地位得到进一步提高，参政议政的能力和水平不断提升。未来，仍然要为劳模参政议政提供更多的保障，以劳模的政治参与推动社会政治发展，为构建和谐社会发挥更大的作用。

三、大力弘扬劳模精神

劳模精神是我们国家和民族的宝贵精神财富，也是鼓舞和引导广大职工群众投身全面建成小康社会、实现中华民族伟大复兴中国梦的精神动力。

各级工会要持续开展学习、宣传劳模系列活动，广泛宣传劳模的先进事迹，大力弘扬劳模精神、劳动精神、工匠精神，让"爱岗敬业、争创一流，艰苦奋斗、勇于创新，淡泊名利、甘于奉献"的劳模精神深入人心、发扬光大，让诚实劳动、勤勉工作蔚然成风。要把宣传劳模作为工会宣传工作的一项重要内容，发挥工会组织体系健全、阵地设施完善等方面的优势，做好劳模的宣传工作，营造学习劳模、宣传劳模的浓厚氛围。要及时发现、总结、宣传劳模的先进思想和先进经验，创新宣传理念，丰富宣传形式，突出宣传重点，充分借助工会的宣传阵地、报刊和互联网等传统媒体和新媒体，通过举办劳模先进事迹报告会、座谈会、经验交流会、讲座、征文、演讲等多种形式，全方位、多层次、多角度地宣传劳模的崇高思想和先进事迹，让劳模典型立得住、叫得响，使职工身边有典型、学习有榜样、奋斗有目标。要教育职工以劳模为榜样，把树立远大理想与脚踏实地做好本职工作结合起来，充分发挥劳模的示范和导向作用，营造尊重劳模、关心劳模、学习劳模、争当劳模的良好社会氛围，使劳模精神转化为广大职工为实现中华民族伟大复兴中国梦而奋斗、实现美好生活需要的巨大力量。

四、为劳模建功立业搭建平台

劳动模范在广大职工群众中有很强的感召力和影响力。工会要发挥劳模的骨干带头作用，为劳模施展才干、展示才华、干事创业、发挥作用搭建舞台。一是要采取有效措施，努力创造条件，充分发挥劳模的骨干带头作用和示范导向作用，引导广大职工辛勤劳动、诚实劳动、创造性劳动，营造脚踏实地、勤劳创业、实干致富的社会氛围。二是要努力为劳模干事创业、发挥作用创造有利条件，鼓励和支持劳模搞好传帮带，向职工传授技术和业务知识，帮助职工掌握技能技艺，在提高职工技能水平、加强职工队伍建设过程中发挥积极作用。三是要认真总结和大力推广创建劳模创新工作室的经验，支持劳模开展企业间技术交流活动，推广先进技术和创新经验，进行技术攻关，为建设创新型国家和创新型企业贡献智慧与力量。四是要发动和组织劳模围绕增强企业自主创新能力、建设节约型企业，开展技术攻关、技术创新、技术协作和发明创造等，促进新产品开发和技术创新。五是要鼓励劳模参加社会公益活动，发挥他们的管理、技术专长和资金优势，为推动经济发展、促进社会和谐作出新贡献。

五、建立与完善劳模培养和教育机制

劳模激励机制是一项涵盖劳模的培养、教育、管理、鼓励等方面的系统工作，重点是对劳模的培养和教育。要为劳模学习、深造创造条件，加强劳模的思想政治教育和科学文化技术培训，使他们能及时了解党和国家的重要方针政策及各项改革措施，继续学习现代科学文化技术，掌握先进的操作技术、技能，从而不断提高自身素质，永葆先进性，更好地发挥模范带头作用。

一是要为劳动模范提高素质提供更多的机会。素质是立身之基，技能是立业之本。广大劳模要勤于学习，学文化、学科学、学技能、学各方面知识，不断提高综合素质，练就过硬本领。同时，企业、工会和有关部门也要提供各种学习培训机会，为劳模提高素质创造条件。要建立劳模学习交流制度，组织劳模学习政治、经济、法律和科学文化知识，加强劳模的思想教育，不断提升劳模素质，使劳模始终保持荣誉，不断进取，取得更大的成绩。

二是要通过对劳动模范进行思想政治、科学文化知识教育和技术技能培训等，不断提高劳模的思想政治觉悟、科学文化素质和技术技能水平。实施劳模本科教育，是深入贯彻落实中共中央关于做好劳模工作的指示精神，进一步提高劳模综合素质，打造和培养技能型、创造型人才队伍的有效途径。

三是要积极探索现代远程教育背景下的劳模教学模式。随着数字时代的到来，一些学者也在积极探索、尝试现代远程教育背景下的劳模教学模式。覃凤梅指出：劳模思想文化素质的提高、应用性知识和劳动技能的提升，均对当地社会产生巨大的教育和影响。好的教学模式能够充分发挥现代远程教育不受时空限制的优势，使劳模学员顺利通过在线学习平台自主选课学习，为通过教学大纲、IP 课堂、在线实时教学、网上答疑、学习指导、课程论坛等丰富多彩的学习模块，进行有效的网络学习，提供良好的指引方向。①

---

① 覃凤梅：《现代远程教育背景下劳模教学模式的探索》，《高教论坛》2012 年第 12 期。

结　语

　　中国劳模运动在艰难曲折的历史发展中，曾经铸就令人瞩目的伟业，在实现中华民族伟大复兴中国梦的伟大征程上，将继续创造更加光彩夺目的辉煌！《劳模学概论》如同一幅宏大的时代画卷，以理论形态逻辑地展示出不同时期劳模人物建树的丰功伟绩，科学揭示了劳模运动的一般规律和特殊规律；全面总结和提炼出劳模在自主劳动中的创造规律：他们几乎毫无例外地高扬主人翁精神，不断书写瑰丽的篇章，不断充实和丰富其内涵，为中华民族的民族精神和时代精神增添绚丽的色彩。

　　纵观全书，《劳模学概论》在经历了理论建构和深入探讨过程之后，合乎逻辑地形成以下几个重要结论：其一，中国的劳模运动是先进的生产运动，也是先进的社会实践运动，是工人阶级先进性质和优秀品质的集中体现。劳模的先进性不仅在生产领域得到反映，而且超越生产领域，在社会领域发挥重大影响，得到全社会的广泛赞誉和积极认同。劳模们生动的事迹、感人的精神、高尚的品质，赋予中国劳模运动极大的社会示范效应和精神引领意义。其二，中国的劳模运动是中国共产党领导下中国工人运动的重要组成部分。实现党的领导，是中国劳模运动的光荣传统和最大政治优势。历史和实践一再证明：只有在中国共产党的领导下，中国劳模运动才能始终保持正确的政治方向，劳模精神才能成为引领时代的旗帜。其三，中国的劳模运

334

动及其深远影响不仅仅局限于生产领域，而是与一定时期党的奋斗目标紧密联系，并且对政治建设、经济建设、社会建设、文化建设以及生态文明建设产生重大影响。此外，中国劳模运动还衍生出如下重要关系：劳模同国家和政府的关系、劳模同工会工作的关系、劳模同劳动教育和职业技能培训的关系等等。劳模正是在同上述关系范畴的密切联系中，确立和丰富了劳模范畴。其四，《劳模学概论》作为中国劳模运动的理论反映，力求以理论形态再现中国劳模运动的客观逻辑，力求全面探讨中国劳模运动涉及的各个方面内容及各种联系，形成一个开放的理论体系，由此决定了中国劳模理论的探讨没有止境。伴随时代变迁、时间推移以及科学技术不断进步，新产业、新模式、新业态不断发展，由此导致的劳动分工精细化、劳动形式新型化、劳动内容丰富化，使得劳模活动领域更加广阔，劳模类型更加多样化，劳模产生机制、评价标准以及劳模表彰和日常管理更加科学化。劳模的客观活动将会不断地为劳模理论创新、制度创新和实践创新提出新的研究课题，提供新的材料和内容，为继续深化劳模理论研究开辟更加广阔的空间。

最后，《劳模学概论》结语部分还需要直面一个不可回避的，既具有鲜明现实性，又蕴含深刻理论性的重大社会话题，也是这部著作要回答的重大现实问题之一：劳动尊严问题。在一定意义上，劳动尊严就是劳动者的尊严，即劳动者所从事劳动是否受到全社会的重视、尊敬和崇尚。劳动尊严的本质，是对待劳动的价值观认同问题。

纵观中国劳模运动的历史，无数劳模在自己平凡的岗位上，创造了不平凡的业绩。他们以自己感人肺腑、永续流传的先进事迹，将劳动的"尊严"二字深深地镌刻在人民共和国的历史丰碑上。那么，如何认识和界定"尊严"？围绕"尊严"问题，马克思深刻揭示了它的本质属性："尊严是最能使人高尚、使他的活动和他的一切努力具有更加崇高品质的东西"。① 何谓劳

---

① 《马克思恩格斯全集》第 1 卷，人民出版社 1995 年版，第 458 页。

动的"尊严"？劳动的"尊严"是指社会对劳动实践活动体现的创造本质及其影响的高度的价值评价，并在人们心里产生的积极心理过程。社会对劳模等先进人物的尊敬和崇尚，就是对劳动"尊严"的高度认同，并赋予劳动活动本身更加崇高的品质。

劳动尊严的获得不是一蹴而就的，而是有条件的，其形成主要取决于劳动者主、客观两个方面：一是主观方面。劳动者必须通过自身的主观努力来获得尊严，主要包括劳动者的劳动态度、敬业精神、取得的劳动成就等。这是形成劳动尊严最重要的主体条件。二是客观方面。尊严的获得，来自社会或外界的客观评价、社会核心价值观的大力倡扬、同劳动者切身利益及合法权益密切相关的保障机制的健全等等。其中，体面劳动的实现是基础和前提，社会客观评价是关键，社会核心价值观的大力倡扬是导向，良好的社会氛围是根本。一个积极向上的社会，必然是尊重劳动、崇尚劳动的社会。为此，营造一个尊重和崇尚劳动的社会氛围极其重要，这是树立和维护劳动尊严最重要的社会条件之一。

习近平总书记经常强调"劳动最光荣，劳动最崇高，劳动最伟大，劳动最美丽"，这是对劳动尊严在新时代的创新性阐释。在习近平总书记关于劳模问题的理论阐述中，始终贯穿一条逻辑红线，那就是"劳动是推动人类社会进步的根本力量"[1] 这一唯物史观的基本观点。他一再强调"劳动是人类的本质活动，劳动光荣、创造伟大是对人类文明进步规律的重要诠释"[2]，劳动是推动人类社会进步的阶梯，劳动是财富的源泉，也是幸福的源泉，因此，必须坚持崇尚劳动、造福劳动者，全社会都要贯彻尊重劳动、尊重知识、尊重人才、尊重创造的重大方针，"全国各族人民都要向劳模学习，以劳模为榜样，发挥只争朝夕的奋斗精神，共同投身实现中华民族伟大复兴的

---

[1] 《习近平谈治国理政》第一卷，外文出版社 2018 年版，第 44 页。

[2] 习近平：《在庆祝"五一"国际劳动节暨表彰全国劳动模范和先进工作者大会上的讲话》，人民出版社 2015 年版，第 3—4 页。

宏伟事业"。① 习近平总书记关于劳动问题的重要论述，既具有深刻的理论意义，也具有鲜明的时代意义和现实意义。劳动模范作为新时代工人阶级的先进群体，是实现中华民族伟大复兴中国梦的领头羊。他们以身作则的示范作用，诠释了劳动精神和劳模精神乃至工匠精神，日益充实并丰富着民族精神和时代精神的内涵。让劳动及其创造更加有尊严，让劳动者更加受到尊重，让劳模及其他先进人物成为引领社会的"时尚"和"网红"，是对当下一定程度存在的轻视劳动、不尊重劳动者现象十分有力的矫治。

① 《习近平谈治国理政》第一卷，外文出版社 2018 年版，第 46 页。

参考文献

报纸

《团结动员亿万职工积极建功新时代　开创我国工运事业和工会工作新局面》，《人民日报》2018 年 10 月 30 日。

范迎春：《铁人王进喜：用生命践行誓言》，《人民日报》2016 年 6 月 23 日。

《各地加强中小学劳动教育经验摘登》，《中国教育报》2015 年 8 月 6 日。

期刊

《中华全国总工会 2016—2020 年劳动和技能竞赛规划》，《中国工运》2016 年第 12 期。

忻骅：《中共中央、国务院印发〈新时期产业工人队伍建设改革方案〉》，《中国机电工业》2017 年第 7 期。

费坚真：《徐矿劳模技术创新室：实践特色与运作模式》，《中国职工教育》2010 年第 6 期。

李建东：《打造劳模工作室品牌提升群众经济技术创新水平》，《中国职工教育》2014 年第 10 期。

郑莉：《劳模工作室的故事》，《当代劳模》2012 年第 11 期。

郝永利：《创新工作室，下一站怎么走好——来自河北省技能人才（劳模）创新工作室的调研报告》,《当代劳模》2014 年第 2 期。

许梦醒:《劳模创新工作室:走过十年》,《当代劳模》2014 年第 12 期。

张云龙:《职工文化让劳模精神常态化——访中国劳动关系学院教授乔东》,《现代企业文化》2016 年第 5 期。

陆明:《谈工会工作创新发展的基础和条件》,《天津市工会管理干部学院学报》2016 年第 2 期。

乔东:《职工文化管理推动工会工作创新探析》,《中国劳动关系学院学报》2018 年第 2 期。

刘向兵:《新时代高校劳动教育的新内涵与新要求——基于习近平关于劳动的重要论述的探析》,《中国高教研究》2018 年第 11 期。

刘向兵、李珂、彭维锋:《深刻理解新时代加强劳动教育的重大意义与现实针对性》,《中国高等教育》2018 年第 21 期。

曲霞、刘向兵:《新时代高校劳动教育的内涵辨析与体系建构》,《中国高教研究》2019 年第 2 期。

李珂、曲霞:《1949 年以来劳动教育在党的教育方针中的历史演变与省思》,《教育学报》2018 年第 5 期。

罗荣波、张默:《引入专业社会工作服务推动工会工作创新》,《中国劳动关系学院学报》2016 年第 2 期。

李珂:《劳模精神在大学生培育践行社会主义核心价值观中的作用及实践路径》,《社会主义核心价值观研究》2018 年第 8 期。

王维审:《中小学劳动教育的实践与发展概述》,《中小学德育》2018 年第 7 期。

聂红:《劳模精神对高校校园文化构建的价值及对策研究》,《法治博览》2015 年第 33 期。

封华:《以劳模精神推进大学生践行社会主义核心价值观的研究》,《东华大学学报》2015 年第 2 期。

李超:《德国职业教育历史源起与勃兴——以 19 世纪为考察对象》,《黑龙江高教研究》2016 年第 12 期。

柳燕:《民国时期职业教育制度的历史考察与现实启示》,《职业技术教育》2015 年第 22 期。

吴培宁、周百顺、罗旭华:《面向职工技能培训的数控"金蓝领"中心培养模式研究》,《中国劳动关系学院学报》2016 年第 3 期。

丁建安:《简论劳模精神与大学生思想政治教育》,《中国劳动关系学院学报》2014 年第 1 期。

吴培宁:《高职数控专业认知学徒制探索》,《科技创新导报》2018 年第 24 期。

吴培宁:《大学生创新设计大赛对数控专业教学的引领作用》,《中国劳动关系学院学报》2016 年第 2 期。

庄西真:《倡导劳模工匠精神 引领劳动价值回归》,《中国职业技术教育》2017 年第 34 期。

杨通幸:《企业职工在职培训的现状及对策》,《河南科技》2014 年第 3 期。

图书

《中国共产党第十九次全国代表大会文件汇编》,人民出版社 2017 年版。

李玉赋主编:《工会劳动和经济工作概论》,中国工人出版社 2018 年版。

李玉赋主编:《新的使命和担当:〈新时期产业工人队伍建设改革方案〉解读》,中国工人出版社 2017 年版。

李玉赋主编:《工会十七大文件汇编》,中国工人出版社 2018 年版。

李玉赋主编:《中国工会十七大报告辅导读本》,中国工人出版社 2018 年版。

中国工运研究所:《新编中国工人运动史》,中国工人出版社 2016 年版。

高爱娣编著:《中国工人运动史》,中国劳动社会保障出版社 2008 年版。

中华全国总工会经济技术部:《新编劳模工作手册》,中国工人出版社 2012 年版。

申继臣、孟令军主编:《工会经济技术工作实用全书》,中国工人出版社 2011 年版。

李德齐编：《地方工会干部培训教材》，中国工人出版社 2012 年版。

戴文宪：《劳动竞赛组织与管理工作实务》，中国工人出版社 2003 年版。

高明岐：《社会主义劳动竞赛概论》，中国工人出版社 1993 年版。

其他

上海市浦东新区总工会：《关于深化全员参与劳动竞赛的实施意见》（浦总工〔2016〕第 35 号），2016 年 5 月 23 日。

后　记

　　劳动模范是民族的精英、国家的栋梁、社会的中坚、人民的楷模，是工人阶级和广大劳动群众的杰出代表。习近平总书记指出：劳动模范是劳动群众的杰出代表，是最美的劳动者。劳动模范身上体现的"爱岗敬业、争创一流，艰苦奋斗、勇于创新，淡泊名利、甘于奉献"的劳模精神，是伟大时代精神的生动体现。

　　一直以来，党和政府都非常关心并高度重视劳模工作。党的十八大以来，习近平总书记围绕全心全意依靠工人阶级、充分发挥工人阶级主力军作用、推进产业工人队伍建设改革、崇尚劳动、造福劳动者等，发表了一系列重要讲话，作出了一系列重要指示，充分体现了我们党以人民为中心的发展思想，也充分体现了习近平总书记和中共中央对工人阶级与工会工作的高度重视、对广大职工群众的亲切关怀。尤其是党的十九大以来，对劳动者的尊重、对劳动者的保护进一步加强。

　　中国劳动关系学院是中华全国总工会直属的唯一一所普通本科院校，由中华全国总工会与教育部共建。建校 70 年来，学校走出了一条传承红色基因、彰显工会和劳动关系特色的普通高等学校办学之路。1992 年，中国劳动关系学院创办劳模本科班。27 年来，劳模本科教育在提高我国劳模的知识化、专业化水平方面发挥了表率作用。620 多名劳模本科生从这里走出，在各自工作岗位上奋力拼搏，许多学员成为行业楷模、大国工匠。2018年"五一"国际劳动节前夕，习近平总书记专门给中国劳动关系学院劳模本科班学员回信，充分肯定劳模作出的突出贡献，并就弘扬劳模精神、激励广大劳动群众争做新时代的奋斗者发出号召。

习近平总书记的回信，充分体现了中共中央和习近平总书记对劳动模范的亲切关怀与殷切希望，是对全国广大职工极大的精神鼓舞。为推动相关理论研究，中国劳动关系学院近年成立了全国首个大国工匠与劳动模范研究所，立足于学校已有的学科优势，整合经济学、政治学、管理学、工会理论、工会工作、劳动关系、职工文化等多个领域的专家学者，对劳动模范、大国工匠、工匠精神等进行全方位深入系统的研究。当前，尊重劳模、宣传劳模、学习劳模在全社会已经蔚然成风，但是，从学理层面研究劳模现象，分析、概括其本质特征，探寻其发展规律，为实践提供理论指导的工作，迄今尚未得到充分展开。这是新时代理论工作者面临的一个时代课题，急需作出回答。为此，在中国劳动关系学院党委书记刘向兵指导下，中国劳动关系学院组织长期关注劳模研究的部分教师，组成课题组，集中开展对劳模学的研究。

本课题研究坚持以习近平新时代中国特色社会主义思想为指导，深入学习贯彻习近平总书记关于工人阶级和工会工作的重要论述，从历史与现实、理论与实践入手，融多学科为一体，对劳模学相关问题开展研究，主要包括劳模学的理论建构，劳模制度的历史演变与时代价值，劳模与政治建设，劳模与经济建设，劳模与文化建设，劳模与劳动教育，劳模与职业培训，劳模与工会工作等内容。

《劳模学概论》由中国劳动关系学院工会学院院长杨冬梅教授和《中国劳动关系学院学报》原总编辑赵健杰教授担任主编。全书的总体框架、编写大纲和写作体系由主编提出，并经课题组成员充分讨论后确定。杨冬梅教授负责全书的整合与统稿工作。

参加本书撰写的成员及分工如下：第一章由赵健杰教授撰写，第二章由李珂副研究员撰写，第三章由彭维锋教授撰写，第四章由王淑芬教授、叶鹏飞副教授撰写，第五章由乔东教授撰写，第六章由曲霞副研究员、李冰之助理研究员撰写，第七章由吴培宁教授撰写，第八章由杨冬梅教授撰写。

在本书写作过程中，中国劳动关系学院党委书记刘向兵给予了全面指导和鼎力支持，中国劳动关系学院科研处燕晓飞教授、陈邓海、张楠做了大量组织协调工作，在此一并表示衷心感谢！

感谢人民出版社有关同志的大力支持及为本书出版付出的努力！

在写作过程中，作者阅读、参考、吸收、引用了大量国内外学者的研究成果和文献，在此谨向这些成果的作者表示真诚的感谢和崇高的敬意！由于能力和水平所限，书中难免存在一些缺点和不当之处，恳请专家、读者批评指正。

主　编

2019 年 9 月

策划编辑：侯　春
责任编辑：侯　春
版式设计：严淑芬
封面设计：姚　菲
责任校对：杜凤侠

图书在版编目（CIP）数据

劳模学概论／中国劳动关系学院 组织编写；杨冬梅 赵健杰 主编．— 北京：
　人民出版社，2020.6
ISBN 978－7－01－021908－0

I.①劳…　II.①中…　②杨…　③赵…　III.①劳动模范－先进事迹－文化研究－
　中国　IV.① D412.6

中国版本图书馆 CIP 数据核字（2020）第 032129 号

劳模学概论
LAOMOXUE GAILUN

中国劳动关系学院　组织编写
杨冬梅　赵健杰　主编

人民出版社 出版发行
（100706　北京市东城区隆福寺街 99 号）

北京汇林印务有限公司印刷　新华书店经销

2020 年 6 月第 1 版　2020 年 6 月北京第 1 次印刷
开本：710 毫米 ×1000 毫米 1/16　印张：22
字数：305 千字

ISBN 978－7－01－021908－0　定价：80.00 元

邮购地址 100706　北京市东城区隆福寺街 99 号
人民东方图书销售中心　电话（010）65250042　65289539